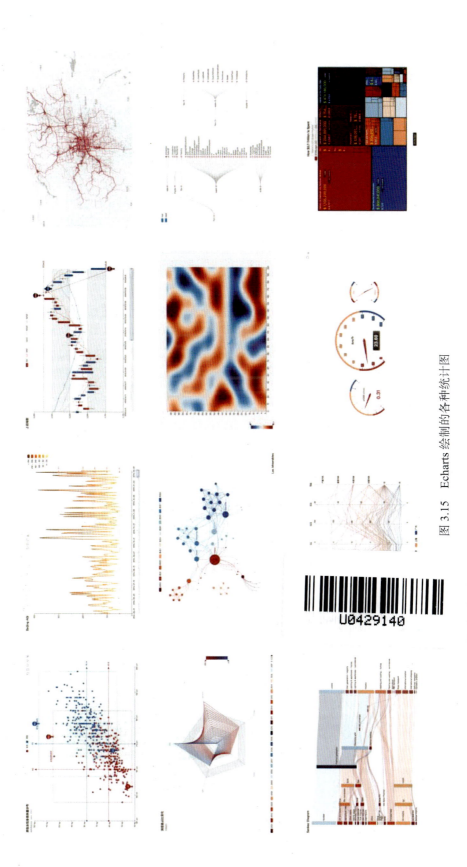

图 3.15 Echarts 绘制的各种统计图

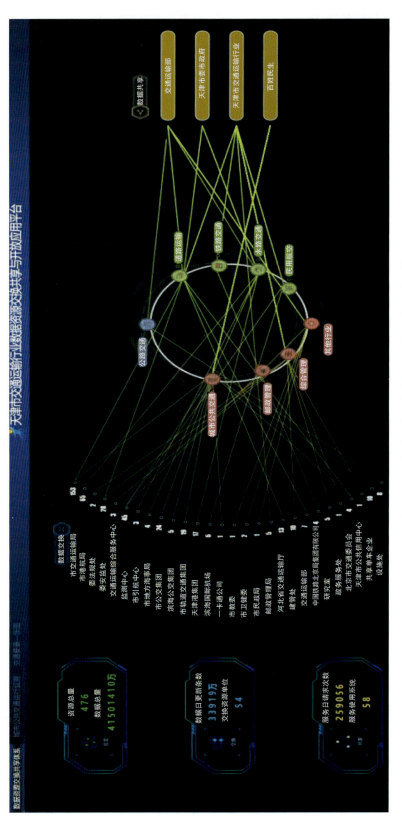

图 3.19 天津市交通运输行业数据资源交换共享与开放应用平台

图 3.21　交通运行与应急指挥系统

图 3.23　城市交通综合分析决策系统

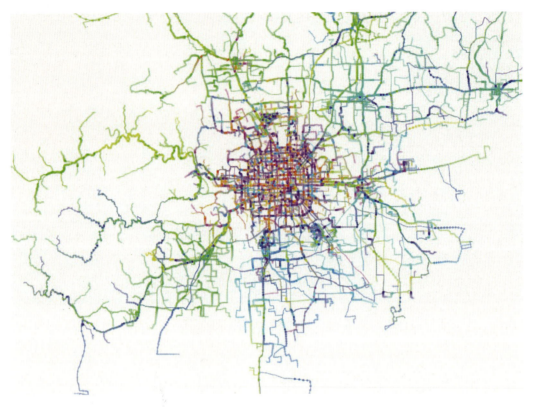

图 4.2　北京市交通拥堵热力图

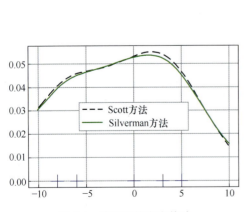

图 4.4　单变量核密度估计

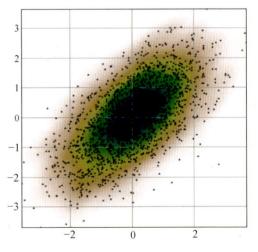

图 4.5　高斯核密度估计（双变量情况）

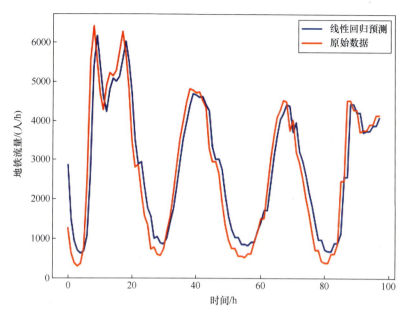

图 4.6　未来 100h 的线性回归预测曲线

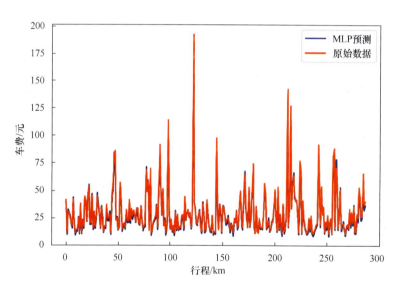

图 4.10　部分行程车费的 MLP 预测曲线

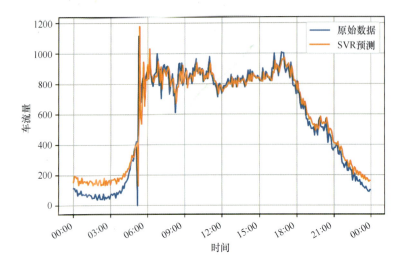

图 4.11 未来 24h 的车流量 SVR 预测曲线

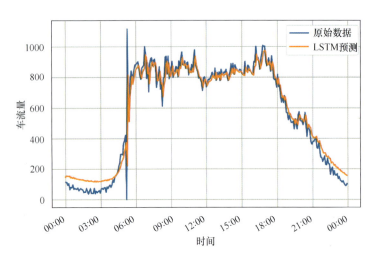

图 4.14 未来 24h 的车流量 LSTM 预测曲线

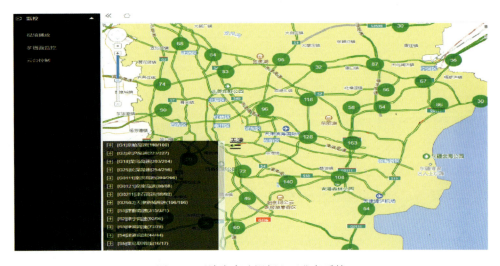

图 5.3 天津市高速视频上云业务系统

图 5.6　多目标运动车辆图像识别

图 5.7　车辆 OD 路径识别与跟踪分析

图 5.10　基于 LSTM 的节假日交通流预测分析界面

a) 空客公司

b) 法国Donecle公司

c) 荷兰Mainblades公司

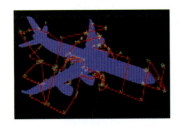
d) 哈利法大学

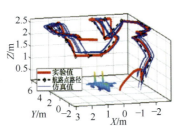
e) 美国空军技术研究院

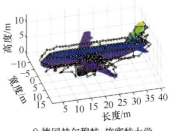
f) 德国赫尔穆特·施密特大学

g) 德国亚琛工业大学

h) 卢森堡大学

i) 俄罗斯国家航空系统研究院

j) 厦门太古飞机工程有限公司

k) 厦门大学

l) 南京航空航天大学

图 6.4　飞机蒙皮检测 UAV

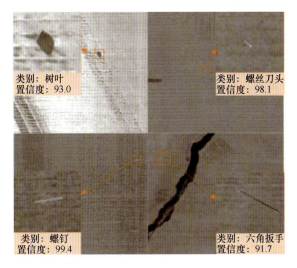

图 6.17 使用 FOD 检测算法对机场道面进行检测的结果

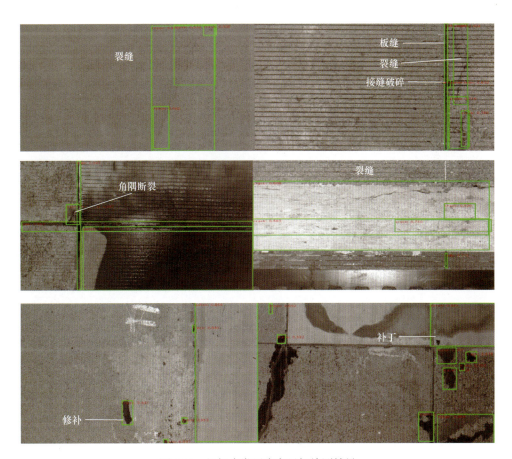

图 6.21 机场多类型病害目标检测结果

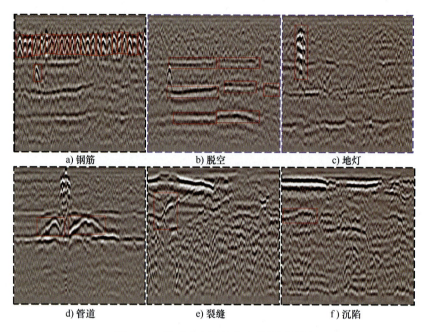

图 6.26　道面地表目标病害的检测结果

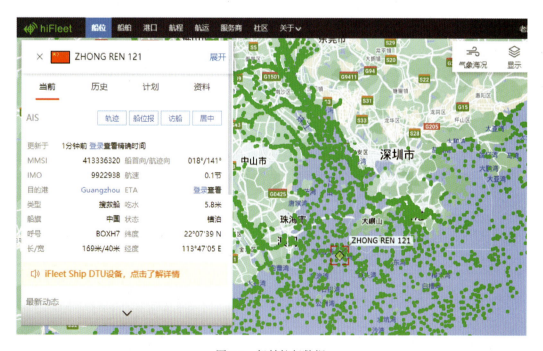

图 7.3　船舶航行数据

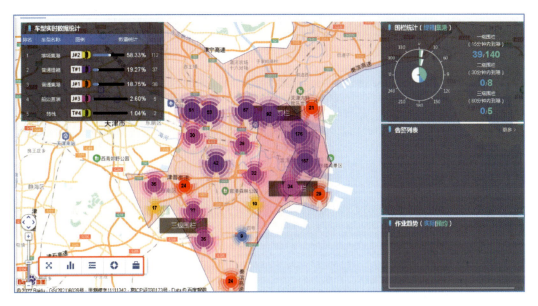

图 7.9 云缓冲区智能作业调度平台的基于三级电子围栏实时预测集装箱货车数量界面

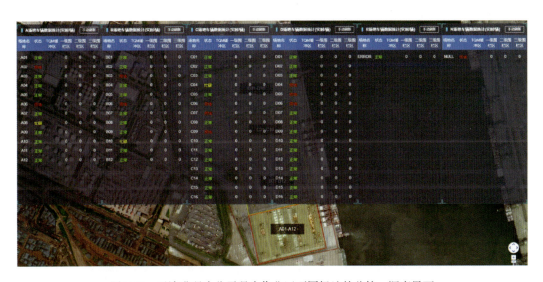

图 7.10 天津港码头公司码头作业区不同场地的监控、调度界面

图 7.11　集／疏港车辆信息数据分析

图 7.12　机力兑现率信息分析

普通高等教育交通类专业系列教材

交通大数据技术与应用

顾明臣　周卫峰　赵怀柏　黄轶淼　杨志新　刘　瑜　著

机 械 工 业 出 版 社

本书以交通大数据为基点，结合公路、铁路、水路、民航、邮政、管道六大业务领域，依次介绍了交通大数据概述、交通大数据技术、大数据中心平台建设、交通数据常用分析方法、高速公路应用、民航应用、港口应用、交通大数据发展展望，实现了从行业需求到核心内容建设，从专业技术落地研究到实际应用，最后到发展趋势展望的全贯通。本书能够帮助智能交通、人工智能、交通运输、大数据等相关专业的学生系统了解以大交通、大数据、人工智能、综合应用为特征的最新的学科知识，并能够使以本科生、研究生为主的读者具备一定实践和初步研究的能力。

本书可作为高等院校交通类专业课程的教材，也可供 IT 行业、交通行业的从业人员自学使用。

图书在版编目（CIP）数据

交通大数据技术与应用/顾明臣等著. —北京：机械工业出版社，2023.7
普通高等教育交通类专业系列教材
ISBN 978-7-111-73315-7

Ⅰ.①交… Ⅱ.①顾… Ⅲ.①数据处理 – 应用 – 交通运输管理 – 高等学校 – 教材 Ⅳ.①U495

中国国家版本馆 CIP 数据核字（2023）第 104559 号

机械工业出版社（北京市百万庄大街 22 号　邮政编码 100037）
策划编辑：李　军　　　　　　责任编辑：李　军
责任校对：丁梦卓　陈　越　　封面设计：马精明
责任印制：常天培
北京机工印刷厂有限公司印刷
2023 年 8 月第 1 版第 1 次印刷
184mm×260mm·12.5 印张·6 插页·309 千字
标准书号：ISBN 978-7-111-73315-7
定价：69.90 元

电话服务　　　　　　　　　网络服务
客服电话：010-88361066　　机　工　官　网：www.cmpbook.com
　　　　　010-88379833　　机　工　官　博：weibo.com/cmp1952
　　　　　010-68326294　　金　书　网：www.golden-book.com
封底无防伪标均为盗版　机工教育服务网：www.cmpedu.com

本书编委会

主　　任：顾明臣　周卫峰　赵怀柏　黄轶淼
副 主 任：杨志新　褚英双　李海丰　李　岩　薛桂香
　　　　　宋建材　刘　瑜　李炳超　郑　城　吴学治
编　　委：戴晓炜　陈宇昂　王　辉　周伟健　张晓虹
　　　　　毛力增　许　沛　江　峰　张　硕

支持单位：

天津市智能交通运行监测中心

交通运输部规划研究院

天津市综合交通大数据重点实验室

河北工业大学

中国民航大学

天津商业大学

上海电科智能系统股份有限公司

天津港信息技术发展有限公司

天津随行科技有限公司

联通（天津）产业互联网研究院

北京市交通运行监测调度中心（TOCC）

成都智行派尔城市科技有限公司

天津南大通用数据技术股份有限公司

前　言

进入21世纪后，随着大数据、人工智能、云计算、物联网、智联网、5G等先进技术的出现，传统的交通行业发生了很大的变化，由此产生了智能交通概念并促进了相关技术在交通行业内的蓬勃发展。智能交通的基础是数据，其核心是解决交通大数据的汇聚和应用两大问题。

本书的策划思路有2个特点。

1. 点面结合，面上尽量涵盖交通行业必要的知识，使读者能概览大交通的全貌；点上突出交通大数据建设、研究、应用的最新情况，有利于本科生满足基本落地操作的要求，有利于启发研究生针对智能交通的一些新的算法研究和应用，有利于智能交通专业人员跟踪国内最新智能交通项目发展趋势。

2. 编写风格体现了通俗易懂、由浅入深的特点，大量采用了本书各研究及实践团队的最新成果图片、工程案例、研究算法等内容。

本书包含8章。

第1章概述了交通发展史，介绍了公路、铁路、水路、民航、邮政、管道六大交通运输领域的基本概念，定义了人流、物流、运输工具流、资金流、交通数据流，介绍了国内外交通大数据现状，为初学者提供了系统的交通大数据入门基础知识。

第2章介绍了交通大数据相关的主要技术，在终端技术方面重点介绍了终端传感技术、边缘计算技术、业务系统，介绍了与交通紧密相关的地理信息系统、卫星定位技术、硬件通信技术、软件通信技术、数据传输和存储技术、ETL技术、数据计算技术、主流开发技术、前后端分离技术、专题二维三维展示组件技术、虚拟现实技术、人工智能技术，为读者进行大数据分析提供了技术选择路线，并进行了技术落地可操作性导入介绍。

第3章介绍了大数据中心平台主要建设内容，包括交通数据种类、数据全生命周期、数据接口及格式，大数据中心形成条件，构建交通三级大数据中心、交通大数据中心主要任务，大数据综合业务框架、综合功能框架、综合存储框架、数据分类设计，基于大数据中心平台的数据分析基础、大数据中心平台应用定位、数据标准、数据制度等。

第4章介绍了交通数据常用分析方法，包括基于交通的GIS数据分析方法、交通流预测分析方法、交通模拟试验分析方法等。

第5章、第6章、第7章介绍了基于大数据、人工智能的高速公路、民航、港口应用场景及相关算法。

第8章对交通大数据发展趋势进行了展望。

本书可作为交通专业的本科生、研究生的教材，也可供从事交通领域项目开发和研究的IT工程师，以及相关专业的高校老师、研究人员或相似产业的技术人员参考。

需要注意的是，第4章部分带"＊"的内容，适合研究生学习使用，本科生可以将其作为课外阅读内容。另外，本书实践部分采用了Python语言作为代码编写工具，建议高校在开设本课程的同时开设一门Python语言编程课程。

读者可通过本书学习交流QQ群获取相关资料，本书配套的PPT、习题及实验手册见QQ群文件夹（学习交流QQ群号：435486822）。

任课老师若需要其他帮助，可以与QQ群群主联系。

在编写本书过程中得到了国内智能交通行业相关专家、高校相关专业老师、IT企业相关领导的大力支持，在此表示感谢。

由于作者能力有限，书中难免有疏漏之处，请读者朋友们多多指正，问题反馈联系方式见本书相关QQ群，特此感谢。

编　者

目　录

前言
第1章　交通大数据概述 ... 1
1.1　交通发展史 ... 1
1.1.1　传统交通发展 ... 1
1.1.2　智能交通发展 ... 2
1.2　交通运输领域 ... 3
1.2.1　公路 ... 3
1.2.2　铁路 ... 4
1.2.3　水路 ... 5
1.2.4　民航 ... 5
1.2.5　邮政 ... 6
1.2.6　管道 ... 7
1.3　交通流 ... 7
1.3.1　人流 ... 7
1.3.2　物流 ... 8
1.3.3　运输工具流 ... 9
1.3.4　资金流 ... 10
1.3.5　交通数据流 ... 11
1.4　国内外交通大数据现状 ... 11
习题及实验 ... 13

第2章　交通大数据技术 ... 14
2.1　终端技术 ... 14
2.1.1　终端传感技术 ... 14
2.1.2　边缘计算技术 ... 15
2.1.3　业务系统 ... 16
2.2　地理信息系统及卫星定位技术 ... 16
2.2.1　地理信息系统 ... 16
2.2.2　卫星定位技术 ... 17
2.3　通信技术 ... 17
2.3.1　硬件通信技术 ... 17
2.3.2　软件通信技术 ... 18
2.4　数据管理及开发技术 ... 19
2.4.1　数据传输技术 ... 20
2.4.2　数据存储技术 ... 21
2.4.3　ETL技术 ... 21

2.4.4　数据计算技术 …………………………………………………………………… 22
2.4.5　主流开发技术 …………………………………………………………………… 23
2.5　展示技术 ……………………………………………………………………………… 24
2.5.1　前后端分离技术 ………………………………………………………………… 24
2.5.2　专题二维三维展示组件技术 …………………………………………………… 25
2.5.3　虚拟现实技术 …………………………………………………………………… 26
2.6　人工智能技术 ………………………………………………………………………… 27
2.6.1　Scikit – learn …………………………………………………………………… 28
2.6.2　PyTorch ………………………………………………………………………… 30
2.6.3　TensorFlow ……………………………………………………………………… 31
习题及实验 …………………………………………………………………………………… 34

第3章　大数据中心平台建设 …………………………………………………………… 35

3.1　交通数据 ……………………………………………………………………………… 35
3.1.1　交通数据种类 …………………………………………………………………… 35
3.1.2　数据全生命周期 ………………………………………………………………… 37
3.1.3　数据接口及格式 ………………………………………………………………… 38
3.2　国内交通大数据中心现状 …………………………………………………………… 39
3.2.1　大数据中心形成条件 …………………………………………………………… 40
3.2.2　构建交通三级大数据中心 ……………………………………………………… 40
3.2.3　交通大数据中心主要任务 ……………………………………………………… 41
3.3　大数据中心平台框架设计 …………………………………………………………… 43
3.3.1　综合业务框架设计 ……………………………………………………………… 43
3.3.2　综合功能框架设计 ……………………………………………………………… 44
3.3.3　综合存储框架设计 ……………………………………………………………… 45
3.3.4　数据分类设计 …………………………………………………………………… 47
3.4　数据分析基础 ………………………………………………………………………… 48
3.4.1　编程语言分析 …………………………………………………………………… 49
3.4.2　SQL分析 ………………………………………………………………………… 51
3.4.3　大数据分析 ……………………………………………………………………… 52
3.4.4　文件数据分析 …………………………………………………………………… 54
3.4.5　AI分析 …………………………………………………………………………… 55
3.4.6　可视化分析 ……………………………………………………………………… 58
3.4.7　其他专用工具分析 ……………………………………………………………… 60
3.5　大数据中心平台应用定位 …………………………………………………………… 61
3.5.1　数据汇聚与共享 ………………………………………………………………… 62
3.5.2　大屏展示与交流 ………………………………………………………………… 62
3.5.3　交通指挥调度 …………………………………………………………………… 62
3.5.4　视频会议协调 …………………………………………………………………… 65
3.5.5　综合决策应用 …………………………………………………………………… 65
3.5.6　定向数据研究 …………………………………………………………………… 66

3.6 数据标准及制度建设 …………………………………………………………… 67
　　3.6.1 数据标准 ………………………………………………………………… 67
　　3.6.2 数据制度 ………………………………………………………………… 68
习题及实验 ……………………………………………………………………………… 68

第4章　交通数据常用分析方法 …………………………………………………… 70

4.1 基于交通的GIS数据分析方法 …………………………………………………… 70
　　4.1.1 热力图及实现 …………………………………………………………… 70
　　4.1.2 OD迁徙图及实现 ………………………………………………………… 75
　　4.1.3 最优路径算法及实现 …………………………………………………… 76
　　4.1.4 核密度估计模型及实现* ………………………………………………… 77
4.2 交通流预测分析方法 ……………………………………………………………… 80
　　4.2.1 线性回归预测分析 ……………………………………………………… 80
　　4.2.2 K最近邻算法预测分析 ………………………………………………… 84
　　4.2.3 贝叶斯网络预测分析* …………………………………………………… 87
　　4.2.4 多层感知机预测分析* …………………………………………………… 89
　　4.2.5 支持向量机预测分析* …………………………………………………… 94
　　4.2.6 深度神经网络预测分析* ………………………………………………… 98
4.3 交通模拟试验分析方法 …………………………………………………………… 102
　　4.3.1 虚拟仿真方法 …………………………………………………………… 102
　　4.3.2 试验仪器方法 …………………………………………………………… 105
习题及实验 ……………………………………………………………………………… 107

第5章　高速公路应用 ………………………………………………………………… 108

5.1 高速公路业务及数据 ……………………………………………………………… 108
　　5.1.1 高速公路主要业务 ……………………………………………………… 108
　　5.1.2 高速公路主要数据 ……………………………………………………… 110
5.2 高速公路主要业务系统及发展方向 ……………………………………………… 112
5.3 高速公路车辆目标轨迹跟踪定位 ………………………………………………… 113
　　5.3.1 车辆跟踪需求分析 ……………………………………………………… 113
　　5.3.2 研究进展 ………………………………………………………………… 115
　　5.3.3 雷达车辆目标识别方法 ………………………………………………… 115
　　5.3.4 运动目标轨迹跟踪方法 ………………………………………………… 116
　　5.3.5 雷达视频联动目标跟踪定位方法 ……………………………………… 117
　　5.3.6 雷达视频联动应用 ……………………………………………………… 118
5.4 高速固定视频图像识别 …………………………………………………………… 120
　　5.4.1 固定视频图像识别需求分析 …………………………………………… 120
　　5.4.2 研究进展 ………………………………………………………………… 121
　　5.4.3 运动目标提取方法 ……………………………………………………… 122
　　5.4.4 运动模式识别方法 ……………………………………………………… 123
　　5.4.5 各类交通事件检测方法 ………………………………………………… 123

5.4.6　固定视频图像识别应用 ………………………………………………… 125
　5.5　高速短时交通流预测 ………………………………………………………… 127
　　5.5.1　短时交通流预测需求分析 ………………………………………………… 127
　　5.5.2　研究进展 …………………………………………………………………… 128
　　5.5.3　基于 LSTM 的短时交通流预测应用 ……………………………………… 129
　习题及实验 …………………………………………………………………………… 130

第6章　民航应用 …………………………………………………………………… 132
　6.1　民航业务及数据 ……………………………………………………………… 132
　　6.1.1　民航主要业务 ……………………………………………………………… 132
　　6.1.2　民航主要数据 ……………………………………………………………… 133
　6.2　民航主要业务系统及发展方向 ……………………………………………… 134
　6.3　航空飞行器检修 ……………………………………………………………… 135
　　6.3.1　检修需求分析 ……………………………………………………………… 135
　　6.3.2　飞机外观检测类型 ………………………………………………………… 136
　　6.3.3　研究进展 …………………………………………………………………… 137
　　6.3.4　绕机检查技术方案实现 …………………………………………………… 142
　6.4　FOD 检测 ……………………………………………………………………… 146
　　6.4.1　FOD 检测需求分析 ………………………………………………………… 146
　　6.4.2　研究进展 …………………………………………………………………… 147
　　6.4.3　无人机 FOD 检测实现 …………………………………………………… 149
　6.5　机场跑道病害检测 …………………………………………………………… 150
　　6.5.1　机场跑道病害检测需求分析 ……………………………………………… 150
　　6.5.2　机场道面自动化运维方法 ………………………………………………… 151
　　6.5.3　机场道面病害图像检测算法实现 ………………………………………… 151
　　6.5.4　机场道面地表病害检测算法实现 ………………………………………… 153
　习题及实验 …………………………………………………………………………… 156

第7章　港口应用 …………………………………………………………………… 157
　7.1　港口业务及数据 ……………………………………………………………… 157
　　7.1.1　港口主要业务 ……………………………………………………………… 157
　　7.1.2　港口主要数据 ……………………………………………………………… 159
　7.2　港口主要系统及发展方向 …………………………………………………… 160
　7.3　港口作业调度 ………………………………………………………………… 164
　　7.3.1　港口作业调度需求分析 …………………………………………………… 164
　　7.3.2　研究进展 …………………………………………………………………… 165
　　7.3.3　码头外部主要影响因素分析 ……………………………………………… 167
　　7.3.4　基于云缓冲区设计思路 …………………………………………………… 168
　　7.3.5　三级云缓冲区模型及实现 ………………………………………………… 169
　　7.3.6　云缓冲区调度模型及实现 ………………………………………………… 170
　　7.3.7　作业趋势分析模型及实现 ………………………………………………… 170
　　7.3.8　作业机力兑现率分析模型及实现 ………………………………………… 171

7.4 集装箱货车到港预约 …………………………………………………………… 172
　　7.4.1 集装箱货车到港预约需求分析 ………………………………………… 172
　　7.4.2 研究进展 ………………………………………………………………… 173
　　7.4.3 基于大数据的预约模型设计方法 ……………………………………… 173
　习题及实验 …………………………………………………………………………… 175

第 8 章 交通大数据发展展望 …………………………………………………………… 177
8.1 运输行业新业态发展 ……………………………………………………………… 177
8.2 数据深入融合应用发展 …………………………………………………………… 178
8.3 高级分布式数据中心发展 ………………………………………………………… 180
8.4 数据安全、确权及交易发展 ……………………………………………………… 182
　习题及实验 …………………………………………………………………………… 183

附录　配套代码清单 ……………………………………………………………………… 184
参考文献 …………………………………………………………………………………… 185
后记 ………………………………………………………………………………………… 190

第 1 章

交通大数据概述

交通大数据（Traffic Big Data）是交通行业向更加安全、高效、便捷、智能化发展的基础研究对象，是智能交通领域入门的基础，也是入门这个行业的读者必须掌握的技术内容。由此，读者需要对交通的发展过程、智能交通的发展情况、国内交通领域、交通流及以交通大数据为基础的发展趋势进行全面了解。

1.1 交通发展史

以是否采用现代 IT 技术为标志，可以把交通发展史分为传统交通发展和智能交通发展。这里的现代 IT 技术指大数据、人工智能、物联网、智联网、5G、区块链等先进技术。

1.1.1 传统交通发展

自人类在这个蓝色星球上迈出第一步开始，传统的交通行为就产生了：人们通过踩踏出来的原始道路（图1.1），进行人与人之间的交流、各种生活信息的传递、各种物品的传送，这是交通的本义和主要功能——有交通路线和旅客、能传递物品和信息。

在距今两千到一万年前的新石器时代，人们驯化了野马、野牛、野驴、野鹿，发明了马牛拉车、独木舟、雪橇、烽火台，人类有了真正意义上的交通工具，物品和信息传递速度得到了第一次明显的提升。

18 世纪下半叶，蒸汽机的发明开启了近代交通运输的发展，以蒸汽火车、蒸汽轮船、自行车为代表的交通工具得到了迅速发展，人类利用交通传递物品和信息的能力得到了第二次大幅提升。

图1.1 原始道路

19 世纪，以无线电报、电话、内燃机、内燃机汽车、内燃机船、内燃机火车、运输管道为代表的通信或交通工具，使人类的交通能力得到了第三次大幅提升。

20 世纪，以计算机、互联网、飞机、电力火车、电力汽车、航天器为代表的通信或交通工具的发明，使人类进入现代交通时代，交通能力得到了第四次大幅提升。

上述五个阶段的发展过程，基本上遵循交通设施、交通或通信工具本身技术的进步规律，并大幅提升了人类传递物品和信息的能力。另外，传统交通运输领域包括交通运输和邮政两个方向。交通运输通过不同的交通工具和线路为人类解决人流、物流到达的问题，邮政则通过不同的交通或通信工具、交通或通信线路解决人类各种信息沟通的问题。同时，大交通行业[一]下的公路、铁路、水路、民航、邮政、管道六大领域的运输体系逐步形成,互为补充,一起有效地满足人类的物品、信息交流需要,如图1.2所示。

1.1.2 智能交通发展

智能交通首先要界定清楚"智能的定义和范围"。何为人工智能（Artificial Intelligence，AI）呢？1950年10月，英国人艾伦·麦席森·图灵发表论文《计算机器与智能》（Computing machinery and intelligence）[1]，后改名为《机器能思考吗》。文中提出著名的"图灵测试"，指出如果第三者无法辨别人类与人工智能机器反应的差别，则可以论断该机器具备人工智能。由此可知，如果高速

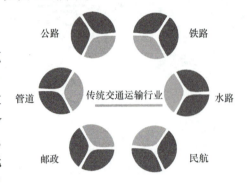

图1.2 传统交通运输行业六大领域

公路上出现了替代人的自动收费系统，该系统无论采用什么样的信息化技术，都可以称之为智能收费系统，如基于ETC[二]的收费系统，基于机器人的收费系统等。另外，利用无人机群、无人车群模仿动物群体行为的智能协同，也应被视为智能交通范畴。显然图灵对人工智能的早期概念存在范围偏差，智能技术应该为借助生物智能代替或延伸人的智能思考和行为的各种技术，如智能算法、智能芯片、计算机及通信技术、大数据技术等。

埃隆·马斯克（Elon Musk）[三]认为，人工智能就是数字智能，随着算法和硬件的改进，数字智能将大大超过生物智能。该定义从技术上体现了数据、算法、算力三要素。所以数据、算法、算力、交通行业知识构成了智能交通的四大基础要素。

20世纪60年代到20世纪末是智能交通的萌芽期，发生于美国、欧盟部分成员国、日本等发达国家[2]。该阶段的特点是计算机、网络技术不发达，对交通智能化的促进作用有限，如存储技术远远达不到交通海量数据的存储需要，CPU、内存运算能力达不到海量数据的计算需要，互联网等现代通信技术才刚刚起步，智能运输系统（Intelligent Transportation System，ITS）[四]主要局限于汽车和公路交通运输的应用发展等。

进入21世纪后，互联网、全球定位系统（Global Positioning System，GPS）、5G、分布式大数据技术、以深度学习为代表的新一代AI技术、边缘计算技术、云计算技术、智能编程技术、智能传感器等的发展，使智能交通系统的应用大范围普及，智能交通进入快速发展阶段。

国内ITS发展起步于20世纪80年代，最早的研究或应用领域为公路和铁路[3]。进入21世纪后，国内智能交通发展水平与国外先进国家逐步靠近，发展范围涵盖了公路、铁路、水路、民航、邮政、管道；进入21世纪第三个十年初，在交通大数据研究及应用、高铁智能控制、新业态应用[五]等方向出现反超趋势。根据我国《交通强国建设纲要》规划，到21

[一] 可以把城市内交通看作小交通，城市以外的交通偏重于大交通范围。
[二] ETC，Electronic Toll Collection，电子不停车收费系统。
[三] 埃隆·马斯克，美国科技界亿万富翁，其名下著名的公司有特斯拉、SpaceX等。
[四] 事实上，ITS概念在国内外定义一直没有统一，真正意义上的ITS应该是面向整个交通行业，而不仅是公路或自动驾驶汽车，因而其准确的英文应该是Intelligent Traffic System，翻译成中文为"智能交通系统"。
[五] 共享单车、网约车等。

世纪中叶，人民满意、保障有力、世界前列的交通强国将全面建成，智能高铁、智能道路、智能航运、自动化码头、数字管网、智能仓储和分拣系统等新型装备设施得到广泛应用，交通基础设施智能化与绿色化水平位居世界前列，交通安全水平、治理能力、文明程度、国际竞争力及影响力达到国际先进水平。

智能交通的研究和应用主要解决交通领域日趋拥堵的压力问题、公众出行及货物运输的便捷问题、绿色低碳的环保问题、日益突出的安全问题，并提高交通设施管理、养护、监督等效率。

1.2 交通运输领域

交通运输主要分为公路、铁路、水路、民航、邮政、管道六大业务领域，认识每个业务领域的主要特征，有利于智能交通技术的研究开发和应用推广。

1.2.1 公路

公路（Highway）按技术等级分为高速公路、一级公路、二级公路、三级公路和四级公路。具体划分标准由国务院交通主管部门规定。

根据 JTG B01—2014《公路工程技术标准》，我国公路等级划分见表 1.1。

表 1.1　我国公路等级划分

公路等级	定义	主要指标
高速公路	高速公路为专供汽车分方向、分车道行驶，全部控制出入的多车道公路	四车道高速公路应能适应将各种汽车折合成小客车的年平均日交通量 25000～55000 辆 六车道高速公路应能适应将各种汽车折合成小客车的年平均日交通量 45000～80000 辆 八车道高速公路应能适应将各种汽车折合成小客车的年平均日交通量 60000～100000 辆
一级公路	一级公路为供汽车分方向、分车道行驶，可根据需要控制出入的多车道公路	四车道一级公路应能适应将各种汽车折合成小客车的年平均日交通量 15000～30000 辆 六车道一级公路应能适应将各种汽车折合成小客车的年平均日交通量 25000～55000 辆
二级公路	二级公路为供汽车行驶的双车道公路	应能适应将各种汽车折合成小客车的年平均日交通量 5000～15000 辆
三级公路	三级公路为供汽车、非汽车交通混合行驶的双车道公路	应能适应将各种汽车折合成小客车的年平均日交通量 2000～6000 辆
四级公路	四级公路为供汽车、非汽车交通混合行驶的双车道或单车道公路	双车道四级公路应能适应将各种汽车折合成小客车的年平均日交通量 2000 辆以下 单车道四级公路应能适应将各种汽车折合成小客车的年平均日交通量 400 辆以下

另外一种常见的公路划分方法，即按照行政区划对公路进行分类：国家公路、省公路、县公路、乡公路、村公路（简称为国道、省道、县道、乡道、村道）及专用公路六个等级。

一般把国道和省道称为干线，县道和乡道称为支线。国家公路由交通运输部批准专门机构负责修建、养护和管理，省公路由当地省（直辖市、自治区）公路主管部门负责修建、养护和管理，县公路由当地县主管部门负责修建、养护和管理，乡、村公路由当地县主管部门审批并指定相关部门负责修建、养护和管理。

> ⚠️ **提醒**
>
> 国务院颁布的《城市道路管理条例》（2019年3月24日）第六条规定，由各级建设行政主管部门主管当地的城市道路管理工作。如城市道路设施的建设及养护在天津市由天津市城市管理委员会负责、在浙江省由浙江省住房和城乡建设厅负责，显然非当地交通主管部门负责，非大交通管理范围；城市交通管理设施，如路侧交通摄像头、信号灯等，则由当地的公安部门负责；而城市道路运输如长途客车、公交车、出租车、网约车、共享单车、货车等，在天津市则由天津市交通运输委员会负责管理。不同省市自治区对上述城市道路管理内容的主管单位安排略有差异。城市道路边界范围由当地政府统一规划确定。

公路的主要组成部分有路基、路面、桥梁、涵洞、渡口码头、隧道、绿化、通信、照明等设备及其他沿线设施。我国最早的高速公路为始建于1984年的沈大（沈阳到大连）高速公路。

1.2.2 铁路

铁路（Railway）是供火车等交通工具行驶的轨道线路。我国最早办理客货运输业务的铁路为建成于1876年的上海吴淞铁路。根据运输对象的不同，铁路可以分为客运专线铁路、货运专线铁路、客货共线铁路三种。

根据 TB 10098—2017《铁路线路设计规范》及 TB 10621—2014《高速铁路设计规范》，高速铁路、传统铁路、地铁等级分类见表1.2。

表1.2 我国铁路等级分类①

分类	分类等级	主要指标
高速铁路	高铁级	250km/h 及以上的标准轨距的客运专线铁路
传统铁路（含客货共线、货运专线）	国铁Ⅰ级	120~200km/h，分为电气化快速铁路（含城际铁路）、电气化普通铁路、燃气型普通铁路三大档次；铁路网中起骨干作用，或近期年客货运量大于或等于20Mt
	国铁Ⅱ级	80~120km/h，铁路网中起联络、辅助作用，或近期年客货运量小于20Mt且大于或等于10Mt
	国铁Ⅲ级	服务于地区或企业，近期年客货运量小于10Mt且大于或等于5Mt
	国铁Ⅳ级	服务于地区或企业，近期年客货运量小于5Mt
地铁	地铁级	40~160km/h，主要运行于地下

铁路基础运输设备包括线路、机车、车辆、信号设备、车站、通信设备等，运输安全设备包括监控设备、检测设备、自然灾害预报与防治设备、事故救援设备等。

---

① 有些资料还包括轻轨、有轨电车、磁悬浮列车、单轨等。

1.2.3 水路

水路（Waterway）指可以在水上航行的线路，其主要运输工具为船舶、排筏和其他浮运工具。水路领域包括水路运输和水运工程两大方向。

水路运输按其航行的区域可以分为内河运输、沿海运输与远洋运输。

水运工程（Waterway Engineering）包括港口、航道、防波堤（防砂堤）、护岸（海堤）、船闸（通航建筑物）、船坞等海岸、近海或内河工程。

航道（Channel）是指沿海、江河、湖泊、水库、渠道及运河内可供船舶、排筏在不同的水位期通航的水域。

根据 GB 50139—2014《内河通航标准》，可以把航道分为七个等级，见表 1.3。

表 1.3 我国水路航道等级分类

航道等级	通行船舶吨位/t	说明
Ⅰ级	[3000，∞）	航道最低水深要求 3.5~4.0m、单线最低宽度 70~125m
Ⅱ级	[2000，3000）	航道最低水深要求 2.6~3.0m、单线最低宽度 40~100m
Ⅲ级	[1000，2000）	航道最低水深要求 2.0~2.4m、单线最低宽度 30~55m
Ⅳ级	[500，1000）	航道最低水深要求 1.6~1.9m、单线最低宽度 30~45m
Ⅴ级	[300，500）	航道最低水深要求 1.3~1.6m、单线最低宽度 22~35m
Ⅵ级	[100，300）	航道最低水深要求 1.0~1.2m、单线最低宽度 15m
Ⅶ级	[50，100）	航道最低水深要求 0.7~0.9m、单线最低宽度 12m

注：通航标准低于Ⅶ级的航道可称为等外级航道，该标准适用于我国沿海航道和内陆水域航道。

港口（Port）是位于海、江、河、湖、水库沿岸，具有水陆联运设备及条件，以供船舶安全进出和停泊的运输枢纽；是工农业产品和外贸进出口物资的集散地，也是船舶停泊、装卸货物、上下旅客、补充给养的场所[4]。综合性港口的运输根据货物运输装载形态，可以分为集装箱（Container）、散装、滚装三大类运输方式。集装箱可以把一系列商品以标准容量方式统一封装、统一规格安排运输，是港口运输吞吐量的一个主要标志。散装是将铁、铜、煤矿石等直接装载到船体里。滚装则主要指汽车或装货的汽车通过滚装船进行运输。

水路运输与公路、铁路运输相比，最大的优势是运输成本低。

1.2.4 民航

民航为民用航空（Civil Aviation）的简称，指使用各类航空器从事除国防、警察和海关等国家航空活动以外的所有的航空活动⊖。民用航空是航空活动的一部分，有别于军用航空，主要提供公共航空运输、通用航空服务。

民用航空由政府航空管理部门、民航企业、民用机场三大部分组成。政府航空管理部门主要制定民航相关的法规、条例，并监督执行；对航空企业进行规划、审批和监管；对航路进行规划和管理，对空中交通实行管理；对民用器及相关技术装备的制造、使用进行审核、颁证、监督及事故调查；对民用机场进行统一规划和业务管理；对民航从业人员制定工作标

⊖ 《中华人民共和国民用航空法》第五条规定。

准、颁发执照、进行培训和考核。民航企业主要指从事和民航有关的各类企业，最主要的是各类航空公司，民航服务主要由它们提供；其他相关航空企业包括航空用油供货企业、航材供货企业、航空零售企业等。

民用机场是指专供民用航空器起飞、降落、滑行、停放及进行其他活动使用的划定区域，包括附属的建筑物、装置和设施（不包括临时机场）。

民用机场主要包括候机楼、跑道、塔台、停机坪及其他配套设施，为公众提供售票服务、候机服务、零售服务等，为飞机提供机场管制、空中管制、加油、维修等服务，并进行地面设施、设备的维护，以及提供消防救援、应急救护等服务。

机场的等级根据飞行区等级（Airfield Area Class）（或称飞行区指标）进行区分。具体由飞行区指标Ⅰ和Ⅱ进行分级，其中飞行区跑道的各类飞机中最长的基准飞行场地长度分为四个等级（用数字1~4表征），见表1.4。飞行区跑道的各类飞机中最大翼展或最大主起落架外轮外侧边的间距分为六个等级（用字母A~F表征），见表1.5[5]。

表1.4 飞行区指标Ⅰ

飞行区指标Ⅰ	飞机基准飞行场地长度/m
1	<800
2	[800, 1200)
3	[1200, 1800)
4	≥1800

表1.5 飞行区指标Ⅱ

飞行区指标Ⅱ	飞机翼展/m
A	<15
B	[15, 24)
C	[24, 36)
D	[36, 52)
E	[52, 65)
F	[65, 80)

表1.4中的飞行区指标Ⅰ与表1.5中的飞行区指标Ⅱ的结合组成了不同等级的机场。如4F代表国内最高等级的机场，可以起降空客A380-800、波音B747-8、安124、安124-100。截至2022年，国内4F等级的机场有北京首都国际机场、北京大兴国际机场、上海浦东国际机场等15座。

1.2.5 邮政

邮政（Postal）是由国家管理或直接经营寄递各类邮件（信件或物品）的事业，服务对象包括政府、企业、个人。邮政起源于三千年前的中国，为中国古代设置的驿站，利用专用马、船等传递官方文书和军情。进入21世纪后，国内邮政业务主要集中于邮政快递及物流、邮政金融、寄递包裹、寄递信件、邮政汇兑、邮政电子商务、发行邮票及期刊等㊀。

　　EMS（Express Mail Service）是邮政特快专递服务，是国际邮件快递服务在我国的延伸，在我国境内是由中国邮政提供的一种快递服务。EMS为国内外客户提供传递国际、国内紧急信函、文件资料、金融票据、商品货物、鲜花礼仪等服务。拥有EMS业务的中国邮政速递物流在国内31个省（自治区、直辖市）设立分支机构，并拥有中国邮政航空有限责任公司、中邮物流有限责任公司等子公司。截至2020年底，公司注册资本250亿元人民币，员工近16万人，业务范围遍及全国31个省（自治区、直辖市）的所有市县乡（镇），通达全球200余个国家和地区，自营营业网点近9000个㊁。

1.2.6　管道

　　管道是管道运输（Pipeline Transport）的简称，指用管道作为运输工具的一种长距离输送液体、气体等流体货物的运输方式，也兼顾部分固体物资的运输，如煤炭、化学品、粮食等。近年来，美国、中国、瑞士等已经在研究用真空管道运输超高速车辆的可能，其理论速度为1000～4000km/h[6]。

　　现代管道运输起源于1865年，美国宾夕法尼亚州建成了第一条原油输送管道。管道运输在石油、天然气运输方面得到了广泛推广。

　　管道运输在输送石油、天然气方面与公路、水路、铁路、航空运输相比较，其主要优点为：运输量大，占地少，与铁路相比投资少，建设周期短，运输过程安全可靠，连续性强，能耗低，成本低，效益好。其缺点为：只适用于特定货物的运输，灵活性差，一次性固定投资大，专营性强[7]。

　　目前我国的石油、天然气管道统一由中国石油天然气总公司下属的中国石油天然气管道局负责管理。

　　管道运输属于新兴运输领域，国内交通运输部管理职能未把该领域纳入其管理职责范围。

1.3　交通流

　　狭义的交通流（Traffic Flow）指汽车在道路上连续行驶形成的车流。广义的交通流庞大而复杂，根据交通线路上的运行及数据采集对象，可以将交通流分为人流、物流、运输工具流、资金流、交通数据流。通过交通流数据的采集和规律分析，可以促进交通运输更加有序、高效、安全、科学地进行。

1.3.1　人流

　　本书中的人流（Flow of People）特指在交通路线上或设施里聚散的人群。交通运输里的客运是以人为主体的运输服务活动。交通路线上的人群具有明显的聚集和疏散特点。

　　在城市里，火车站、机场、公交站点、旅游景点道路、商业街、学校路口、医院路口等

㊀ 见中华人民共和国国家邮政局官网，机构概况里的"国家邮政局主要职责"栏目和中国邮政集团有限公司官网里的公司简介。

㊁ 见中国邮政速递物流官网简介。

是人群易于聚集的地方。城市交通警察往往会在相应现场进行疏导指挥。城市交通管理部门会预测人群聚集的高峰期和趋势，如公交车、地铁会缩短发车间隔，以更好地满足人们出行需要。人流的聚集会影响道路车流的速度，为此城市管理部门通过搭建人行天桥、设置人行道与车行道进行合理隔离，一方面可以保证人、车之间的安全，另一方面可以加快车流的速度。

当人群从一个交通站点疏散时，人流的去向也是交通运输管理者关注的问题，他们是否需要转乘其他交通工具？往哪些区域去的人流集中？在哪些时间段比较集中？这决定了城市管理者如何设计不同交通工具的无缝驳接，提高公众出行的舒适度。如高铁站与长途汽车、公交车、出租车、地铁、共享单车的无缝对接，有利于快速疏散高铁站的人流。

另外，客流量的 OD 分布规律也是城市管理者或交通运输管理部门非常感兴趣的。这里的 O 指 Origin，表示出行的出发点；D 指 Destination，表示出行的目的地。通过 OD 调查和分析，得出人流的出行规律，管理者可以根据 OD 分布规律，优化交通站点及线路的布局、配套商业设施、交通工具的调度计划。

1.3.2 物流

物流（Logistics）是指根据实际需要，将运输、储存、装卸、搬运、包装、流通加工、配送、信息处理等基本功能实施有机结合，使物品从供应地向接收地进行实体流动的过程[8]。

从交通角度来说，物流要实现物品从一个地方向另外一个地方的流动，这会涉及交通路线、交通工具的选择和物流对象本身的管理。

1. 物流的交通路线选择

现代物流从同城物流到跨洋物流，物流线路网络密密麻麻遍布全球。

陆路物流线路包括城市内部、城市之间、城市乡村之间的公路物流线路，快递能到达的地方都存在公路物流网络；对于时效性要求不高的大宗货物，如煤、铁矿石等则会选择专用铁路物流线路进行运输，如从山西大同到河北秦皇岛的运煤"大秦专线"。

航空物流为需要远途、高价值、时效性要求很高的小宗物品的运输提供了选择路线，如连接国内外主要城市的 EMS 专用货运航班、开辟国内外专用快递线路的顺丰航空物流等。

水运物流是最早的大宗物品运输选择方式，尤其是跨洋海运物流是目前国际贸易最主要的选择路线。世界著名的航海路线包括北大西洋航线（从西欧到北美洲东岸、南岸）、亚欧航线（东亚经苏伊士运河到西欧各国）、好望角航线（西亚经非洲南端好望角到西欧）、北太平洋航线（亚洲东部、东南部到北美洲西海岸）、巴拿马运河航线、南太平洋航线（亚太地区国家到南美洲西海岸）。

管道物流线路选择余地有限，主要供石油、天然气等几种有限专用物品的流通。国内知名的管道物流线路有西气东输管道（新疆到上海）、中俄东线天然气管道（俄罗斯东西伯利亚到中国的黑龙江）、中缅油气管道（缅甸西海岸皎漂港到中国云南）、南海东海海底石油管道等。

2. 物流的交通工具选择

物品流动需要选择合适的交通工具，主要满足用户对物品运输的时间、成本、安全管控需要，并考虑交通工具的可到达性。

(1) 从时间角度选择交通工具　对时间要求高的物品，如从东海发货的高价值活海鲜到日本东京，往往采用货运飞机；对于价值稍低、量大、距离合适（1天内可达）的海鲜，则可以通过冷链货车送达。对于时间要求不高的货物，如从山西运输煤到浙江，则可以选择运煤专线到河北海港，再通过海运到达浙江沿海港口。

(2) 从成本角度选择交通工具　同样数量的物品送达同一个地点，不同的交通工具产生的物流运输成本是有明显差异的。如从秦皇岛运送成百吨的煤到广州，海运成本最低、铁路运输其次、公路运输成本最高，而管道运输和航空运输无法选择。

(3) 从安全角度选择交通工具　物流物品运输需要考虑物品本身的安全性要求，以及对人和环境的破坏安全性要求。不同物品在安全方面对交通工具的选择是有要求的。

危险品运输（Hazardous Article Transport），如爆炸品、压缩气体、液化气体、有毒气体、易燃固体、自燃物品和遇湿易燃物品等[9]在公路上运输时，根据《道路危险货物运输管理规定》，需要进行危险品运输的车辆，应向道路运输管理机构提出申请，取得道路运输许可。未取得道路危险货物运输许可，擅自从事道路危险货物运输的，道路运输管理机构应当依据《中华人民共和国道路运输条例》《道路危险货物运输管理规定》实施处罚。同时交通运输部门对危险品运输实行严格的监管。显然，个人未经许可是不允许私自运输危险品的。

冷链运输（Cold-chain Transportation）主要对象为鲜活品、加工食品、医疗产品，如水果、鲜肉、需冷冻的药品，需要长途运输时，必须考虑采用冷链运输方式，否则会导致物品本身的变质，失去使用价值。相应的运输工具必须具备冷冻、冷藏功能。

(4) 多式联运工具选择　为了追求合理的运输性价比，通过铁路、水运、公路等多种运输方式的不同交通运载工具的接驳运输，把货物送到目的地，是物流行业一直在追求的运输方式。这就为"多式联运"模式的研究及推广提供了市场。

3. 物流对象本身的管理

物流对象本身涉及物品的种类、来源地、规格、质量、数量、性质、价格、唯一标志码等基本属性信息的收集和判断，为选择物流线路、物流运输工具提供依据，并根据不同来源地物流物品的变化，为物流线路的建设和调整提供依据。

1.3.3　运输工具流

运输工具流（Flow of Transport Vehicle）指火车、汽车、轮船、飞机、共享单车等交通载运工具在交通线路上运行而产生的如水的流动状态。

通过对运输工具流的OD分析，以及不同时段的流量、速度变化分析，可以判断线路负荷情况、线路通行效率、出行占比情况、交通国民经济活跃度。如某条高速公路日交通流量长期超过设计交通流量，则认为该线路超负荷运行，交通主管部门应该考虑车辆分流或新建分流高速新线路。通过高速公路设计速度与实际车辆流量速度的对比，可以得到线路通行效率比（注意高速公路的车速不是越快越好）。通过高速公路车辆类型分析及数量分析，可以得到高速公路客车、货车占比的情况。通过高速公路年货车通行流量的统计，可以大致判断一个地区的经济活跃程度。

目前，运输工具流数据的采集和分析采用人工现场抽样调查和传感设备自动采集两种方式。随着大数据、5G、卫星定位、物联网、智联网、无线传感技术的成熟应用，逐渐可以实现数据大规模存储及分析,传感设备自动采集方式优势日趋明显,而人工现场抽样调查方式逐渐被淘汰。

卫星轨迹定位及城市通信定位技术如北斗、GPS、GLONASS⊖、城市通信差分基站,可以使车辆、飞机、轮船、共享单车等实现实时轨迹定位,并为 OD 分析等提供了数据基础。图 1.3 为 2022 年 10 月 8 日 22:40 全世界民航飞机部分空域实时航班流。

收费信息则可以更加详细地描述运输工具流所承载的内容。如高速公路收费信息,记录了车牌、进出收费站名称、进出收费站时间、付费记录、人员信息、车辆类型等。

广播等无线电台、电视台、各种导航系统、调度系统为优化运输工具出行路线,解决线路拥堵,消除交通工具事故带来的影响提供了方便。

1.3.4 资金流

资金流(Fund Flow)指的是在供应链成员间随着业务活动而发生的资金往来。资金流概念本身属于金融术语,在交通流领域也发挥着很重要的建设和服务功能,有必要予以独立介绍。在交通运输物流流通领域最早提出资金流概念,体现了资金周转在物流中的重要作用。

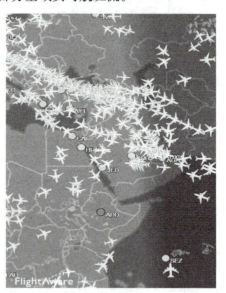

图 1.3 全世界民航飞机部分空域实时航班流⊜

从整体交通体系来说,资金流的影响至少分为如下几个方面。

1. 交通运输服务功能

选择公共交通工具出行,如飞机、轮船、高铁、地铁、公交车、长途客车、出租车、网约车、共享单车等都需要支付费用,私家车出入高速公路也需要支付相关的费用。由此,产生了与交通紧密相关的两个资金流管理需求。

(1)资金结算中心 如各省市自治区都会建立各自的高速公路资金结算中心,为不同的高速公路公司提供统一的资金拆分、核算功能,并有利于政府监管和国民经济统计。类似的资金结算中心还存在于公路、民航、铁路、港口等领域。资金结算中心基本技术特点为:网络采用专用通道(为了确保资金支付安全),建有专用机房,配备专业技术及管理人员。

(2)支付手段的持续升级 交通运输领域出行支付服务经历了从人工服务到智能技术自助服务的过程。

早期的出行支付以人工收费支付为主,支付效率低下,出行服务体验感差。如公交车采用人工收费,效率低下,资金周转周期长;随着无线射频技术的应用,出现了公交卡刷卡支付,提高了出行支付效率,资金周转周期有所缩短;进入 21 世纪第二个十年后,国内开始大量采用手机网络支付,进一步提高了公交车、出租车等支付效率,加快了资金的周转。在

⊖ 北斗、GPS、GLONASS 分别为我国、美国、俄罗斯的全球导航卫星系统。

⊜ 感兴趣的读者可以在计算机上访问 FlightAware 网站,其可以跟踪正在飞行的所有飞机的航行状态。

高速公路收费站出现了ETC，极大提高了高速公路通行效率。而民航、铁路则采用网上预购支付方式，省去了旅客现场排队之苦。

2. 建设投资功能

交通运输领域的投资是我国固定资产投资的重点方向。根据交通运输部发布的《2021年交通运输行业发展统计公报》，2021年全年我国完成交通固定资产投资3.6万亿元。然而2021年我国全年GDP产值为114.37万亿元，交通固定资产投资占比达到了3.1%。交通领域每年持续投入，大幅完善了我国交通路线的布局，使交通线路末端能延伸到乡村，促进了国民经济更好地发展。

3. 交通金融功能

物流大宗物品的采购、进出口贸易、交通工程建设及养护，都会涉及银行的信贷、履约保函；货物运输过程的保险、旅客出行过程的保险、交通工具的保险、交通设施的保险，则会涉及各大保险公司。利用银行、保险公司的资金，扶持交通行业更加健康地发展，是交通运输领域最新研究方向。

1.3.5　交通数据流

交通数据流（Traffic Data Flow）主要是指从交通工具、交通路线及设施、交通服务对象上产生的数据，并经过各种通信网络汇集到交通数据中心或机房的主数据流，也存在从机房流向交通工具、交通路线及设施、交通服务对象的次数据流。把交通数据流分为主数据流和次数据流，主要依据为流动数据量及流动方向的区别。

主数据流以高速公路收费系统为例，假定一个收费站点一天来往车辆达到5万辆，则会产生5万笔收费记录，收费终端系统把这些数据通过专用网络，汇总到收费中心机房形成收费数据集。而收费中心很少甚至不给各个收费站的收费终端发送数据。类似的数据流规律在高铁、飞机、公交、网约车、共享单车等交通工具支付系统中随处可见。跟踪运输工具运行状态的卫星定位轨迹数据，几乎是单向上传到机房。另外，交通研究人员利用出行人员随身携带的智能手机与通信基站之间产生的手机信令数据分析交通流量、出行人群的不同特征，该类数据需要从通信公司购买或让其提供分析服务。

次数据流以路侧情报板、交通工具实时出行服务App等系统为例，存在从机房到交通服务终端的数据流向，但是该方向的数据量少，以纯交通服务业务数据为主。

随着交通数据流量的增大、交通数据汇集种类的丰富，从2013年左右开始国内出现了专业的交通数据中心，用于交通大数据的汇集、存储、共享，并提供数据分析服务。目前，该方面做得比较好的有北京、天津、上海等地的交通数据中心（具体称呼有所不同）。

1.4　国内外交通大数据现状

美国的Gartner信息咨询机构把大数据定义为高速、巨量且（或）多变的数据。所谓高速，是指数据的生成或者变化速度很快。所谓巨量，是指数据的规模很大。所谓多变，是指数据类型的范围或数据中所含信息的范围非常广泛。

大数据原始含义来自21世纪初，Apache Lucene创始人Doug Cutting和Mike Cafarella对海量互联网网页数据的存储与处理，他们需要每天面对10亿条网页数据的搜索任务[10]。于是他们发明了以 Hadoop 分布式系统为基础的大数据技术,并在 21 世纪第一个十年末得到了成功应用。大数据技术的成熟应用起步于 21 世纪第二个十年。从数量角度进行衡量,目前公认 PB[一]级的存储量,才称得上是大数据。在实际工程实践中,若传统的数据技术[二]无法解决(主要指存储容量和数据检索响应速度),需要通过分布式技术、内存运算技术[三]进行处理的交通数据,都可以称为交通大数据。

交通大数据(Traffic Big Data)是指在交通运输行业产生的大数据集。交通行业是天然的大数据应用行业[11]。根据 2021 年发布的《2021 年交通运输行业发展统计公报》中的数据,2021 年年末,国内铁路营业里程达到了 15 万 km(其中高铁达到了 4 万 km),公路总里程达到了 528.07 万 km,水路内河航道通航里程达到了 12.76 万 km,全国拥有港口生产用码头泊位 20867 个、民航定期航班通航机场 248 个、铁路机车 2.2 万台、公路运营汽车 1231.96 万辆、水上运输船舶 12.59 万艘、城市公共汽电车 70.94 万辆,全年完成营业性客运量达 83.03 亿人,完成营业性货运量 521.60 亿 t。

上述仅提供静态数据统计量,若加上动态数据,则交通行业的每个领域都可以很轻松达到大数据的规模。以客运量的收费数据为例,每个旅客购买出行票据的信息(姓名、身份证、时间、出发地、目的地、交通工具编号、价格、票 ID 号等)折合成数据量为 100B,则 100B×83.03 亿人次得到存储量约为 0.755TB。以装在车辆上的卫星定位系统为例,系统平均每 15s 向数据中心发送一次数据,假设一天运行 10h,则需要发送 2400 次,假设每次发送 50B 数据量,则公路运营汽车一年的数据发送量为 50×2400×365×12319600,换算得到约 490TB 数据量,5 年将达到约 2.4PB 数据量[四]。

交通大数据的标志性产物是交通大数据中心或平台,要求其具备 PB 级数据存储及使用能力,建立集数据采集、传输、存储、共享、分析、应用于一体的数据管理系统。

2011 年,北京市交通委员会建立了国内第一个 TOCC[五],其建设内容包含交通数据中心的功能,是国内最早的具有代表性的交通大数据中心,建设初期侧重于交通运输体系内 41 个业务系统的数据汇集、统一存储、交换共享。

2019 年,天津市交通运输委员会智能监测中心上线了天津市交通运输行业数据资源交换共享与开放应用平台。截至 2022 年 10 月,该平台在公路、道路运输、铁路、水路、民航、邮政、城市交通等九大领域汇聚了 4000 亿条数据。该中心是国内第一个在省级交通领域发布数据资源共享目录的交通大数据中心,其实现了跨行业数据共享,数据共享服务对象达到了 100 家。2022 年,天津成立了第一家省级综合交通大数据重点实验室,用于交通大数据的深度应用研究。

由于大数据技术发展起步不久,加上国内交通信息化建设速度加快,国内交通市场体量

[一] 数据存储单位,1PB = 1024TB = 1024×1024GB。

[二] 以传统集中式数据库技术为代表的数据处理技术,传统数据处理技术一般单表检索量超过几百万条,响应性能将急剧下降,在计算机显示屏上表现为卡顿现象;一般最大数据存储容量受服务器硬盘存储容量的限制,最多支持几十 TB。

[三] 边缘计算技术、内存数据库技术等。

[四] 数据单位换算关系为 1EB = 1024PB,1PB = 1024TB,1TB = 1024GB,1GB = 1024MB,1MB = 1024KB,1KB = 1024B。

[五] TOCC,Transportation Operations Coordination Center,中文名称为交通运行监测调度中心。

庞大等优势，在交通大数据建设及应用方面，国内整体居于全球先进水平。

习题及实验

1. 习题

（1）填空题

1）交通的本义和主要功能——有交通路线和旅客、能传递（　　）和（　　）。

2）大交通包括（　　）、水路、（　　）、民航、邮政、管道六大运输体系。

3）根据运输对象的不同，铁路可以分为（　　）专线铁路、货运专线铁路、客货共线铁路三种。

4）民用航空是航空活动的一部分，有别于（　　），主要提供公共航空运输、通用航空服务。

5）广义的交通流庞大而复杂，根据交通线路上的运行及数据采集对象，交通流可以分为（　　）、运输工具流、（　　）、资金流、交通数据流。

（2）判断题

1）交通运输行为自人类产生就开始了。（　　）

2）如果高速公路上出现了替代人的自动收费系统，该系统无论采用什么样的信息化技术，都可以称为智能收费系统。（　　）

3）山区羊肠小道也是公路的一种。（　　）

4）航道（Channel）是指江河、湖泊、水库、渠道及运河内可供船舶排筏在不同的水位期通航的水域。（　　）

5）邮政起源于三千年前的中国。（　　）

2. 实验

调查交通运输领域的数据采集情况，预估某一方向的年交通流量。

实验要求：

1）交通流量可以是某个城市的公交车、出租车、共享单车、地铁、火车、飞机等产生的客流量及其数据量。

2）调查手段不限，数据来源要求有科学依据。

3）预估要有过程。

第 2 章 交通大数据技术

只有信息化技术和交通业务相结合,才能实现交通大数据的采集、汇聚、存储、共享及应用。因此需要了解相关的终端技术、地理信息系统、卫星定位技术、通信技术、数据存储技术、大数据分析技术、主流开发技术、数据展示技术、人工智能技术。

2.1 终端技术

大数据的源头是各种产生数据的终端技术,交通领域的终端技术主要包括终端传感技术、边缘计算技术、业务系统。

2.1.1 终端传感技术

从数据产生和交通领域应用两个角度来看,交通领域相关常见的终端传感技术应用有以下几种。

1. 公路领域终端传感技术

公路领域终端传感技术包括路上感应并识别车流量的磁线圈、激光雷达、微波雷达、固定位置摄像头,高速公路的 ETC 无线射频识别(Radio Frequency Identification,RFID)技术、车牌识别技术、测速毫米波雷达,自动驾驶车辆的环境感知雷达、视频识别摄像头,城市道路路侧抓拍摄像头,桥梁等设施的监测传感技术,交警及路政智能执法移动终端,北斗卫星终端等。

2. 铁路领域终端传感技术

铁路领域终端传感技术包括高铁、国铁、地铁的自助售票及验票进站技术、人脸识别技术、防火感应技术、安全检查技术、调度控制系统技术等。

3. 水路领域终端传感技术

水路领域终端传感技术包括货物电子标签技术、港口及水道的监控摄像头、自助收费技术、VTS[一]船舶交通管理技术、船舶定位技术等。

4. 民航领域终端传感技术

民航领域终端传感技术包括自助出票技术、安全检测技术、检票验票识别技术、物品托运识别技术、视频监控技术、防火感应技术等。

5. 邮政领域终端传感技术

邮政领域终端传感技术包括托运货物及信件等电子标签识别技术、视频监控技术、防火感应技术等。

[一] VTS,Vessel Traffic Service,中文指船舶交通服务。

除了上述直接业务终端传感技术外,还会涉及交通气象、海洋、地震等感应技术的应用。这些传感技术所产生的数据量大、数据格式多、数据采集频率相对较高、数据采集环境复杂,不同的终端传感技术,会有不同的行业使用标准,是交通大数据来源之一。

2.1.2 边缘计算技术

边缘计算(Edge Computing)是指在网络边缘执行计算的一种新型计算模型。边缘计算操作的对象包括来自于云服务的下行数据和来自于万物互联服务的上行数据,而边缘计算的边缘是指从数据源到云计算中心路径之间的任意计算和网络资源,是一个连续统[12]。

随着终端设备的增多、计算时效要求的提高、计算量的增大,把所有的数据汇总到数据中心集中进行计算,再把计算结果发送到终端,将给网络带宽、数据存储、计算资源带来很大压力。如在自动驾驶车辆应用场景中,当车辆前面的摄像头拍摄到有小狗横穿马路时,先把横穿马路事件的视频信号上传到数据中心进行图像识别,再把图像识别结果回传给路侧通信设备,路侧通信设备发送横穿马路事件的数据给自动驾驶车辆。由于网络传输的延时和计算延时,等把数据回送给自动驾驶车辆时,自动驾驶车辆很可能已经撞上了小狗。而边缘计算则利用路侧设备直接进行图像识别计算,并把计算结果数据发送给自动驾驶车辆,会大幅缩短数据传输延时,使自动驾驶车辆能以最快的速度接收小狗横穿马路事件数据,可以及时避免碰撞事故的发生。

提高数据传输时效性、分担数据中心计算及存储压力是边缘计算的优势。

交通领域是边缘计算技术的重点应用领域,如上万路视频信号的图像识别应用、自动驾驶车辆的车路协同应用、物流车辆的运输路径选择与导航等都应用了边缘计算技术。

图 2.1 为车路协同设计的路侧设备(Road Side Unit,RSU),用于视频计算、其他数据源的接收、数据无线传输给路过的自动驾驶车辆或示警装置。

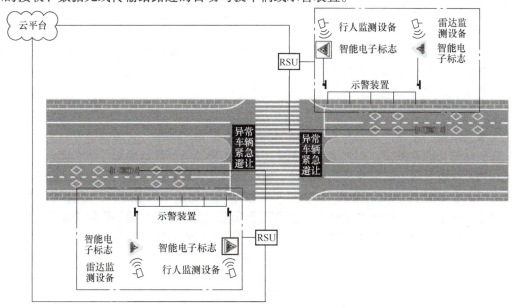

图 2.1 车路协同设计的路侧设备⊖

⊖ 图片来自中国道路交通安全协会发布的 T/CTS 1—2020《车联网路侧设施设置指南》。

2.1.3 业务系统

进入 21 世纪后,国内交通领域业务信息化系统建设蓬勃发展,并取得了良好的社会应用效果。具体交通业务系统根据投资来源主要分为政府投资系统、企业投资系统、政府企业联合投资系统。

1. 政府投资系统

交通行业常见的政府投资系统包括政务办公系统、政务执法系统、行业设施养护系统、行业工程管理系统、行业信用系统、行业调度服务系统、行业出行指数系统、行业应急系统、数据共享平台、出行信息服务系统、监控视频系统、交通流量调查系统、交通地图服务系统、交通设施管理系统、危险品监管系统、热线服务系统、交通信号管制系统等。

2. 企业投资系统

交通行业常见的企业投资系统包括线上线下售票系统、出行工具查询系统、检票验票系统、通行自助支付系统、出行预约系统、出行导航系统、交通工具调度系统、设施管理系统、设施养护系统、运行监控系统、指挥调度系统、物品安全监测系统、物流配送系统、数据中心平台、咨询服务平台、ERP①系统、应急管理系统、企业施工管理系统、无人驾驶系统等。

3. 政府企业联合投资系统

政府企业联合投资系统主要采用政府补助一部分,企业投入一部分的方式运行,如高速公路全国联网收费系统、全国高速公路光纤网工程等。

上述业务系统会产生源源不断的业务数据,为交通大数据平台的建立提供了数据接入基础。

2.2 地理信息系统及卫星定位技术

交通运输服务的最大特征是可以实现各种客货的交通空间位置移动,自然交通信息化离不开地理信息系统和卫星定位技术。

2.2.1 地理信息系统

交通线路遍布全球,只要有人能到达的地方都需要依据地形、交通线路进行出行参照。在实际的交通业务中,用到交通电子地图的有车辆导航系统、船舶导航系统、飞机导航系统、列车导航系统、交通应急指挥系统、城市网格化管理系统、公交车出行 App、飞机实时跟踪系统、船舶自动识别系统②、出租车管控系统、网约车管控系统、共享单车管控系统、物流配送系统、公交车调度系统、快递服务系统、航道监管系统、地铁调度系统、公路设施管理系统、公路设施养护系统、"两客一危"③车辆监管系统、列车调度指挥系统等。

地理信息系统(Geographic Information System,GIS),是指综合处理和分析地理空间数

---

① ERP,Enterprise Resource Planning,中文意思为企业资源计划。
② Automatic Identification System,简称 AIS。
③ 两客一危是指从事旅游的包车、三类以上班线客车和运输危险化学品、烟花爆竹、民用爆炸物品的道路专用车辆。

据的技术，是采集、存储、管理、分析和描述各种与地理分布有关数据的信息系统[13]。

目前，借助 GIS 开发相应的交通系统，主要采用如下两种技术路线。

1）利用百度地图等公开接口实现地图应用开发。百度地图为开发者提供了开发入门帮助和对应的开发接口服务，其访问地址为：https：//lbsyun.baidu.com/。

2）购买专用地图及地图开发工具实现地图应用开发。对于安全性、地图精度要求比较高的用户，可以购买专用地图数据，并采购 SuperMap GIS[14]、ArcGIS[15]等开发平台进行专业级别开发。

地图数据从维度角度可以分为二维地图数据、三维地图数据，从技术实现格式角度可以分为矢量数据、栅格数据等。

2.2.2 卫星定位技术

要掌握运输工具的实时运行位置、交通事故的准确位置、家用汽车等的准确线路导航，离不开卫星的定位服务。图 2.2 为导航卫星为汽车提供定位示意图，天上同一时刻最少需要有三四颗导航卫星为车载卫星信号接收器提供导航定位信号，才能保证基本的定位导航要求，提供服务的卫星越多，导航位置准确度越高。

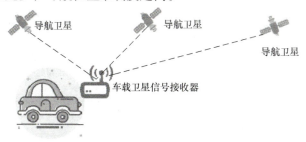

图 2.2　导航卫星为汽车提供定位示意图

目前，世界上能提供卫星导航服务的主要为美国的全球定位系统（Global Positioning System，GPS）、我国的北斗导航卫星系统（BeiDou Navigation Satellite System，BDS）、俄罗斯的全球导航卫星系统（GLONASS）、欧盟的伽利略导航卫星系统（Galileo Navigation Satellite System）。

导航卫星系统的定位接收器接收经度、纬度、海拔、定位时间、定位状态、纬度半球、地面速率、地面航向等信息，并通过相关接口为软件提供接口数据服务。接口开发文档可以咨询相关定位接收器的供应商或通过网上在线专业文档、专业书籍资料获取。

2.3　通信技术

要把交通领域分散在广阔地理空间范围的数据收集到相关中心机房，必须借助通信技术。从软件工程角度来说，需要借助硬件通信技术、软件通信技术进行整合实现。

2.3.1　硬件通信技术

硬件通信技术主要包括硬件数据采集终端、传输通信网络及相关的网络设备。

1. 硬件数据采集终端

硬件数据采集终端包括智能专用手机、海事卫星电话、移动摄像头、固定摄像头、条码设备、自助售票机、自助检票机、RFID 读写器、计算机、激光雷达、微波雷达、线圈、卫星信号接收器、公交刷卡器、桥梁监测传感器、隧道监测烟感器、路侧情报板等。上述设备都具有数字化电子器件,并具备数据收发功能,可以实现采集数据并通过网络通道上传数据。

2. 传输通信网络

传输通信网络可以分为有线网、无线网两大类。

有线网包括光纤网络（国际互联网的主体、城域网的主体都由光纤网构成）、局域网双绞线等。图 2.3 采用通信运营商提供的城市光纤通道,实现公路视频数据的上传。

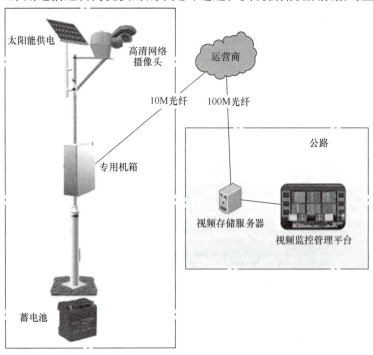

图 2.3 公路视频数据的上传

无线网络分为无线广域网、无线城域网、无线局域网、无线个域网、无线体域网。无线广域网主要为卫星通信网络,代表技术为 4G、5G。无线城域网主要为在城市范围通信的无线网络,代表应用为通过通信公司提供的无线基站通信技术为移动电话、车载装置提供数据通信服务。无线局域网的代表技术为 WiFi 技术。无线个域网代表技术为蓝牙技术等。无线体域网技术指附着在人体身上或植入人体内的传感器之间的通信,代表应用是采用 IEEE 802.15.6 等标准的运动手表、人工心脏等。无线广域网传输距离最远,最远可传输几千千米,无线体域网传输距离最短,在 0～2m 之间。

3. 相关的网络设备

在数据采集终端通过网络传输数据的过程中,需要提供一些相关网络设备,以确保数据安全、可靠地被传输到机房。这里常见的设备包括网关、网卡、交换机、路由器、防火墙、视频编解码器等。

2.3.2 软件通信技术

硬件物理通信通道建立后,需要在数据传输协议的基础上实现数据的传输,进而为软件开发所用。

要实现终端到服务器端的数据正确传输，而且可以被应用开发软件调用，需要实现数据传输软件的功能和对应通信协议的建立。

通信协议（Communications Protocol）是指双方实体完成通信或服务必须遵循的规则和约定。协议定义了数据单元使用的格式、信息单元应该包含的信息与含义、连接方式、信息发送和接收的时序，从而确保网络中的数据顺利地传输到确定的地方。

从交通大数据应用及软件开发角度需要了解常见的 TCP/IP、HTTP、HTTPS、FTP。

1. TCP/IP

传输控制协议/互联网协议（Transmission Control Protocol/Internet Protocol，TCP/IP）是指能够在多个不同网络间实现信息传输的协议族。TCP/IP 不是指 TCP 和 IP 两个协议，而是指一个由 FTP、SMTP、TCP、UDP、IP 等构成的协议族，只是因为在 TCP/IP 中 TCP 和 IP 最具代表性，所以被称为 TCP/IP[16]。

TCP/IP 是一个四层的体系结构，应用层、传输层、网络层和数据链路层都包含其中。

TCP 即传输控制协议，是一种面向连接的、可靠的、基于字节流的通信协议。其主要是确认传输数据包的可靠到达性。

IP 为互联网上的每一个网络和每一台主机分配一个逻辑地址，以此来屏蔽物理地址的差异。其有固定使用格式要求，如 127.0.0.1 为主机的本地地址。

2. HTTP

超文本传输协议（Hyper Text Transfer Protocol，HTTP）是一个简单的请求-响应协议，它通常运行在 TCP 之上[17]。其主要为浏览器访问服务器端 Web 网站提供数据请求响应协议。

3. HTTPS

超文本传输安全协议（Hyper Text Transfer Protocol Secure，HTTPS）是以安全为目标的 HTTP 通道，在 HTTP 的基础上通过传输加密和身份认证保证了传输过程的安全性[18]。现在主流 Web 网站为了增强安全管理，都趋向采用 HTTPS 来提供数据访问服务。

4. FTP

文件传输协议（File Transfer Protocol，FTP）是用于在网络上进行文件传输的一套标准协议，它工作在 OSI 模型的第七层、TCP 模型的第四层，即应用层，使用 TCP 而不是 UDP 传输，客户在和服务器建立连接前要经过一个"三次握手"的过程，保证客户与服务器之间的连接是可靠且面向连接的，为数据传输提供可靠保证[19]。

TCP/IP 偏向于计算机等硬件设备的数据传输设置及服务，在实际软件开发中，IP 地址为访问数据库、Web 网站等提供了方便。HTTP、HTTPS 在软件开发时主要用于 Web 系统部署设置及对外提供浏览器等访问方式，FTP 主要用于软件中的文件上传、下载支持。

2.4 数据管理及开发技术

交通数据汇集到机房，需要进行统一管理，并进行数据管理与开发应用。具体技术包括数据传输技术、数据存储技术、ETL 技术、数据计算技术、主流开发技术等。

2.4.1 数据传输技术

数据终端所产生的数据上传服务器端时，根据并发能力的强弱，传输方式主要有三种：点对点低频率传输、Web Server 服务器端软件提供中等频率传输、专用数据传输工具高频率传输。

1. 点对点低频率传输

点对点低频率传输数据主要借助 FTP、SMTP，实现文件的提交上传、电子邮件的定向发送。这里的点对点指通过客户端软件提供的 IP 地址，向服务器端软件传输数据的过程，如图 2.4 所示。

点对点低频率传输数据时，服务器端并发接收数据能力有限，一般限制在每秒几十到几百次。

图 2.4 从客户端发送邮件给邮件服务器端

2. Web Server 服务器端软件提供中等频率传输

Web Server 服务器端软件传输数据，主要借助 HTTP、HTTPS，实现数据接收和响应反馈过程。如图 2.5 所示，典型数据传输从浏览器端、App 端提交数据，Web Server 服务器端软件（如 Nigix[①] 服务器端代理软件）接收数据，然后写入数据库或文件服务器，最后 Web Server 服务器端软件把数据写入结果反馈给客户端。

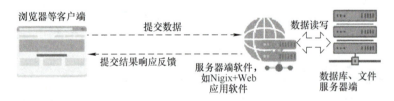

图 2.5 从客户端提交数据到服务器端

以 Nigix 服务器端软件为例，其一般情况下能实现每秒几万次的数据传输访问，满足中高频率的访问要求。

3. 专用数据传输工具高频率传输

在高频率、高吞吐量传输环境下需要通过专用的数据传输工具，实现分布式、高并发、高可靠性的数据传输。

Kafka 是一种高吞吐量的分布式发布订阅消息系统[②]。它擅长处理实时流数据，如卫星定位数据、数据中心汇聚实时业务数据的接收和共享服务等。同时它还提供分布式部署和数据传输功能，在一台服务器出现故障时，能由其他服务器继续正常进行数据传输服务。接收的数据具有排队等待的功能，方便不同数据读取对象按照自己的时间节奏读取数据。

在普通服务器环境下，Kafka 也可以支持每秒几十万次的访问并发量。

[①] Nigix 是俄罗斯人开发的免费、开源、高性能的 HTTP 和反向代理 Web 服务器，同时它也提供 IMAP/POP3/SMTP 服务。

[②] Kafka 官网定义，https：//kafka.apache.org/。

2.4.2 数据存储技术

交通数据兼有地理位置分散、大数据、数据结构种类多、实时性数据多的特点。如不同省市的视频数据、高速公路收费数据会在几百到几十万平方千米范围产生,一辆测试用自动驾驶汽车一天产生的数据在 4~10TB 之间,产生的视频数据是非结构型的,收费数据需要实时上传。根据上述特点,结合存储设备、存储数据库情况,需要合理设计存储方式。

> **说明**
> 采用关系型数据库(如 MySQL、Oracle、SQL Server 等数据库)存储的数据是结构型的,实际工作中,交通领域接触的大量数据以结构型数据为主,如卫星定位轨迹数据、公众出行数据、物流数据等;而视频、音频、照片、网页类属于非结构型数据。

1. 边缘存储和数据中心存储

对于收费数据、自动驾驶数据、视频数据,现在的存储设计主要采用分级存储方式:产生数据的设备进行现场存储,数据中心实现数据的统一存储。现场存储,如一个收费站现场有一台服务器,用于当天收费数据的临时存储,这样设计的好处是,在本地存储读写速度快,不受网络环境的影响,有利于为驾驶人提供收费服务,提高服务质量。收费数据中心则接收和存储所有收费站点产生的收费数据,有利于数据永久性存储和数据分析使用。这种两级存储、分别服务的方式,是边缘计算设计的雏形。

2. 不同存储数据库技术的选择

数据存储离不开数据库管理。在大数据环境下可选的大数据存储技术有 Hadoop 体系下的存储技术、独立的分布式数据库系统。

Hadoop 体系下的存储技术起步于 2008 年,擅长处理网页等非关系型数据,并支持 PB 级的数据存储,采用分布式存储技术。所谓的分布式存储,是指把数据存储到不同服务器里,并进行统一读写数据服务。

独立的分布式数据库系统,如可以独立处理非关系型数据的 MongoDB 数据库系统,其也是采用分布式存储技术,可以管理 PB 级的数据,相对 Hadoop 而言,维护难度、成本低。目前,不少关系型的数据库厂家也陆续推出了分布式关系型的数据库系统,如国内巨杉公司的 SequoiaDB 数据库系统、蚂蚁集团的 OceanBase 数据库系统,国外的 Oracle、MySQL 等数据库也陆续提供了分布式数据库产品。

2.4.3 ETL 技术

数据抽取 - 数据转换 - 数据加载(Extract - Transform - Load,ETL)技术主要指数据从数据产生源传输到数据中心后,进行抽取(Extract)、转换(Transform)、加载(Load)至目的数据库的过程。这里的目的数据库可以是进行数据统一标准化、主题化管理的数据仓库(Data Warehouse,DW),也可以是需要被定向数据分析应用的数据集市(Data Mart,DM)。

图 2.6 为 ETL 在数据仓库中的位置,业务系统数据库的数据通过 Kafka 等传输工具把数据传输到临时存储至数据库;临时存储数据库数据通过 ETL 工具的数据处理,按照不同主体、标准存储至数据仓库数据库;数据仓库数据库数据通过 ETL 工具把不同角度的数据迁移到数据集市数据库,满足不同的数据分析、数据共享需求。

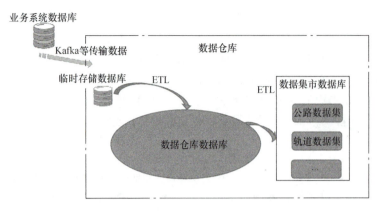

图 2.6　ETL 在数据仓库中的位置

ETL 在操作界面上是一个可视化、可拖拽、可以轻松实现源数据库到目的数据库数据迁移操作的工具。国内外相关公司提供了专业产品，如国内东方通公司的 TongETL 工具，国外 IBM 公司的 DataStage ETL 工具、Pentaho 公司的 Data Integration（早期叫 Kettle）多数据源 ETL 工具等。

2.4.4　数据计算技术

数据源产生数据后，往往需要数据计算。如车路协同的路侧视频服务器，利用视频数据实时计算路况，把路面信息实时传递给路过的自动驾驶汽车。数据中心大屏需要实时跟踪显示车辆轨迹，实时统计车辆数量，如高速公路 ETC 对入口站车辆进行信息实时采集、识别、支付、放行判断。

在大数据计算背景下，数据计算技术可以分为流式计算（Stream Computing）、批量计算（Batch Computing）、交互计算（Interactive Computing）、图计算（Graph Computing）等。其中流式计算、批量计算属于更为常用的大数据计算模式。

1. 流式计算

流式计算指对动态流动的数据进行数据分析计算。

流式计算的特点是可以适应数据实时传输计算要求，并能实时反馈计算结果。流式计算与传统数据计算的区别如下：

流式计算可以很好地对在不断变化的运动过程中的大规模流动数据实时地进行分析，捕捉到可能有用的信息，并把结果发送到下一计算节点。而传统数据计算首先把产生的数据存储到数据库，然后从数据库读取数据进行数据分析，在计算时间响应上满足不了实际特定业务需要。

在大数据、实时计算要求比较高的情况下，Apache 软件基金会支持的非营利项目 Apache 提供了一些成熟的、免费的、开源的流式计算工具，如 Spark[⊖]、Storm[⊖]、Flink[⊜]。

（1）Spark　Apache Spark 是专为大规模数据处理而设计的快速通用的计算引擎。其在

⊖ Spark 官网地址：https://spark.apache.org/。
⊖ Storm 官网地址：https://storm.apache.org/。
⊜ Flink 官网地址：https://flink.apache.org/。

计算数据时，首先把流数据分成小的时间片段（几秒），然后分别提交给不同的分布式服务节点，各个节点以小批量数据的形式进行计算处理，并把计算结果汇总给总主节点。Spark 流式计算兼顾实时计算和小规模数据批量计算的特点。另外 Spark 为机器学习提供了 MLlib 库，可以兼顾大数据分析和机器学习使用的需要。

（2）Storm　Apache Storm 是一个实时的、分布式的、可靠的流式数据处理工具。每个节点每秒可以处理的数据元组达到 100 万个，在实时分析、在线机器学习、持续计算方面具有优势。

（3）Flink　Apache Flink 是一个兼顾实时流处理和批量处理的大数据分布式计算工具。它把批量提交的数据也看作是特殊的流，只是它的输入数据流被定义为有界的。

2. 批量计算

批量计算指对静态的数据进行读取，然后进行数据分析计算。这里的静态数据包括数据库数据、数据文件数据、业务系统手工触发提交数据，它们在数据计算前已经准备就绪。

在流式计算模型中，输入是持续的，可以认为在时间上是无界的，这也就意味着，永远得不到全量数据去进行计算。同时，计算结果是持续输出的，即计算结果在时间上也是无界的。批量数据是有界的，在时间上有其开始和结束节点。

Hadoop 的 MapReduce 适用于大数据环境下的分布式批量数据分析计算，不适用于实时数据流计算。

2.4.5　主流开发技术

基于大数据的分析计算和应用开发，目前主流代码开发语言为 Python、Java、R、Matlab、Scala、Go 语言。

Python 是最易入门、重点支持数据分析技术和人工智能技术学习的一门编程语言[20]。其有利于非计算机专业的学生快速掌握编程语言，并进行基于数据的工程开发和研究测试。Python 科学计算生态圈非常丰富，其与 Numpy、Scipy、Pandas、Matplotlib、PyGIS 等库的结合，可以完美地进行数据分析研究；与 Scikit–learn、PyTorch、TensorFlow 等库结合，可以实现人工智能相关知识的学习和研究[21]。从 2021 年 10 月开始，在 TIOBE⊖ 编程语言排行榜中，Python 语言连续排行第一。本书的主要代码都用 Python 语言来实现。

Python 支持在 Linux、Windows、Mac OS 等操作系统下安装和使用。在 Python 官网下载 Python 开发包后，就可以通过其自带的 IDLE 代码开发工具，进行代码学习。IDLE 开发界面如图 2.7 所示。

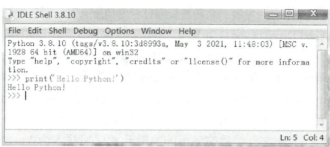

图 2.7　Python 自带的 IDLE 开发界面

⊖ TIOBE 编程语言排行榜地址：https://www.tiobe.com/tiobe–index/。

Java 是跨操作系统平台，在目前市场开发中主流的代码开发语言。其与 Python 类似，在开发方向上属于全栈型开发语言。这里的全栈型开发包括 Web 开发、硬件嵌入式开发、App 开发、桌面端开发等。在学习和使用难度上，Java 比 C、C++ 容易，比 Python 难。它支持数据分析、人工智能技术的开发。

R 是用于统计分析、绘图的编程语言。其支持的 CRAN[①] 收录的各类开发包有 4000 多个，可以应用于经济统计、金融分析、人工智能等。R 语言是新西兰奥克兰大学 Ross Ihaka、Robert Gentleman 等设计的免费、开源、一种解释型的面向数学理论研究工作者的语言。

Matlab 是美国 MathWorks 公司出品的商业数学软件，用于数据科学、深度学习、机器学习、计算生物学、自动驾驶系统、图像处理和计算机视觉、电力系统分析与设计、物联网、机器人仿真、信号处理仿真等领域。Matlab 在高校、实验室等广受科学家和老师们的欢迎，主要基于不同数据源、数学模型进行科学研究建模、仿真、测试等工作。

Scala 语言是瑞士联邦理工学院 Martin Odersky 在 2001 开始设计的一种多范式的编程语言，类似 Java，其设计初衷是要集成面向对象编程和函数式编程的各种特性。Scala 语言在金融领域非常受欢迎。Kafka 由 Scala 和 Java 编写而成，Spark 由 Scala 编写而成。

Go 语言是 Google 的 Robert Griesemer、Rob Pike 及 Ken Thompson 于 2007 年开始开发的一种静态强类型、编译型语言。Go 语言的设计意图是解决 C 语言的低效开发问题和 C++ 语言在编译及内存资源释放等方面存在的诸多问题，同时兼顾 C 语言、C++ 语言的强大开发功能、运行速度快及 Python 语言易学易用的优点。Go 语言的应用领域非常广泛，如 Web 开发、分布式和微服务开发、网络编程、数据库系统及容器虚拟化开发、人工智能、云平台开发、游戏开发、数据分析及科学计算、系统运维等[22]。

2.5 展示技术

数据分析后，为了能更直观地使用，数据必须借助应用开发展示技术进行展现。现阶段数据展现技术可以分为前后端分离技术、专题二维三维展示组件技术、虚拟现实技术三种。

2.5.1 前后端分离技术

通过普通的网页展示数据，是大多数业务系统提供的数据展示方式，其展示内容可以是表格、统计图、图文结合、声音、动图等。

近几年，网页展示技术有所发展，尤其是从项目开发角度来看，前后端分离技术日趋流行。

后端开发（Backend Development）为 Web、App 等前端界面提供调用接口、业务数据处理、后端登录及数据库访问管理等功能。目前流行的后端技术框架，基于 Java 的有 Spring Boot 和 Dropwizard，基于 JavaScript 的有 Express，基于 Python 的有 Flask、Django、FastAPI 等。

前端开发（Frontend Development）是创建 Web 页面或 App 等前端界面呈现给用户的过程，通过 HTML、HTML5、CSS 及 JavaScript，以及衍生出来的各种技术、框架、解决方案，实现互联网产品的用户界面交互。目前流行的前端开发框架技术为 Vue.js、React.js、Flutter，采用前端框架技术可以实现前端功能的快速开发。

---

① R 综合典藏网（Comprehensive R Archive Network，CRAN），收录了全球 R 开发包。

前后端分离设计思想是前端信息显示功能与后端数据管理功能分离，前端通过后端提供的数据资源访问接口地址进行读写访问。这样做的优势有以下几个方面：

1）项目特别是大型项目开发时，前端项目组合和后端项目组合可以分开开发，只要事先设计好前后端调用接口。

2）前端可以采用不同的开发技术，仅需要其调用接口满足后端提供的接口标准要求即可。

3）前后端功能更新更加独立、方便。

> **说明**
>
> 作为初学者，首先要学习编程语言基本知识，然后选择对应的不同技术开发框架。如先学习 Python 语言，再学习 Flask 框架技术，选择 Java 技术的先学习 Java 编程语言，再学习 Spring Boot 框架技术和 Vue.js 框架技术。

2.5.2 专题二维三维展示组件技术

相对于前后端分离技术，为了更加直观、专业地显示数据分析效果，现在基于大屏主体展示的界面，一般采用更加专业、更加美观的专题二维三维展示组件技术。该方面支持的组件也分为免费和收费两类。

1. 免费展示组件

Python 技术体系下最有名的二维三维免费展示组件（库）是 Matplotlib，可以用来绘制各种静态、动态、交互式的图表，如线图、双轴图、散点图、等高线图、条形图、饼状图、柱状图、振动图、箱形图、提琴图、热力图、泡泡图、3D 图、图形动画，Python、Numpy、Scipy、Matplotlib 的结合能实现 Matlab 的主要功能，具备科学研究级别的图形图像处理要求。

用 Matplotlib 绘制的等高线图，如图 2.8 所示，Python 代码实现如下。

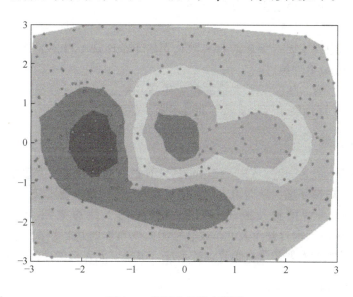

图 2.8 带圆点的等高线图

```
# - * - coding: utf - 8 - * -
"""
Created on Tue Oct 18 20:11:56 2022
为了避免在 Python 基础上安装 Numpy、Matplotlib 等的麻烦,可以直接安装 Anaconda① 科学开发工具包。
@author:代码主要部分来自 Matplotlib 官网。
"""

import matplotlib.pyplot as plt          #导入 Matplotlib.pyplot 绘图子功能库
import numpy as np                        #导入 Numpy 库
import matplotlib.cm as cm                #导入 Matplotlib 颜色子功能库

#提供绘制数据:
np.random.seed(1)
x = np.random.uniform(-3, 3, 256)         #随机产生绘制点的 x 坐标
y = np.random.uniform(-3, 3, 256)         #随机产生绘制点的 y 坐标
z = (1 - x/2 + x**5 + y**3) * np.exp(-x**2 - y**2)  #用于提供等高线的数值
levels = np.linspace(z.min(), z.max(), 7)  #取最大最小值范围的 7 等分值
print(levels)
# 绘制等高线及圆点:
fig, ax = plt.subplots()                   #生成绘图区域对象
cmap = cm.get_cmap(name='jet')             #配置颜色条为 jet 风格
ax.plot(x, y, 'o', markersize=2, color='red')  #绘制随机产生的圆点
ax.tricontourf(x, y, z, levels=levels, cmap=cmap)  #用于在非结构化三角形网格上绘制轮廓
ax.set(xlim=(-3, 3), ylim=(-3, 3))          #设置 x,y 坐标刻度值范围
plt.show()                                  #显示绘制结果
```

Java 下最有名的免费展示组件为 Chart.js。

2. 收费展示组件

国内收费展示组件主要有帆软软件有限公司的 FineReport 图表工具(可以免费试用)、百度数据可视化 Sugar BI② 组件。

以 FineReport 为例,其提供了大量的报表生成功能,提供对数据地图的支持,操作简单,适宜 PC 端及大屏端展示,也支持移动端展示,如图 2.9 所示。

2.5.3 虚拟现实技术

虚拟现实(Virtual Reality,VR)技术包括计算机、电子信息、仿真技术,其基本实现方式是计算机模拟虚拟环境,从而给人以环境沉浸感[23]。虚拟现实技术可以做到人与虚拟情景的互动,如联通智网科技股份有限公司研发的天津海教园 5G 车联网服务平台(图 2.10),可以实现远程驾驶无人汽车或监控无人汽车实时运行情况。又如国内张雄等研发了基于虚拟现实的无人驾驶飞机仿真训练系统,实现了无人机仿真模拟训练效果[24]。

---

① Anaconda 官网:https://anaconda.org/。

② BI 是 Business Intelligence 的缩写,中文意思为商业智能。

图 2.9　基于 FineReport 开发的大屏展示系统

图 2.10　天津海教园 5G 车联网服务平台

虚拟现实技术的投入成本相对较高,但是因为其最接近真实世界的表达,所以虚拟现实技术是一个发展趋势。类似的技术或概念还有 CIM⊖、BIM⊖、数字孪生[25]（Digital Twins）技术、元宇宙（Metaverse）技术等。

2.6　人工智能技术

交通与 AI 技术的结合,促进了智能交通高水平的发展。在高铁、机场、地铁等检票口,人们可以通过人脸识别快速检票进站;在一些社区,人们享受着无人配送机器人、无人配送机快速方便的快递服务;在风景区,人们享受自动驾驶汽车的迎来送往服务。上述智能交通服务需要借助 AI 技术的支持,才能更好地实现。

⊖　CIM 为 City Information Modeling 的缩写,中文意思是城市信息模型。
⊖　BIM 为 Building Information Modeling 的缩写,中文意思是建筑信息模型。

Scikit-learn、PyTorch、TensorFlow 等先进、开源的 AI 技术框架,为人工智能技术的研究和应用提供了方便。

2.6.1 Scikit-learn

科学工具学习(Science Kit Learn,Scikit-learn),也叫 sklearn,是一款基于 Python 编程语言的,适合入门学习的免费、开源的机器学习库。Scikit-learn 库是在 Scipy、Numpy 库的基础上新派生出来的专业用于机器学习的库,广泛使用 Numpy 库进行高性能的线性代数和数组运算。Scikit-learn 库主要功能分为六大部分:分类、回归、聚类、降维、模型选择和评估、数据预处理[①]。

(1)分类(Classification) 确定数据对象的所属类别。常见应用场景为垃圾邮件分类、可标记图像识别等。Scikit-learn 库提供支持普通最小二乘线性、线性和二次判别分析、向量机(Support Vector Machines,SVM)、随机梯度下降、最近邻、高斯处理、交叉分解、朴素贝叶斯、决策树、合奏方法、多类和多标签、特征选择、半监督、等渗回归、概率校准、神经网络算法等功能。

由于 Scikit-learn 不支持深度学习,不支持 GPU[②]加速,因此对于多层感知机[③](Multi-layer Perceptron,MLP)不适合大规模数据处理的应用场景。

(2)回归(Regression) 是指预测与给定对象相关联的连续属性。常见应用场景有预测药物反应、预测股票价格趋势等。Scikit-learn 库提供支持向量回归(Support Vector Regression,SVR)、岭回归、套索(Lasso)回归、弹性网络、最小角度回归(Least Angle Regression)、贝叶斯回归、稳健型回归、多项式回归算法等功能。

(3)聚类(Clustering) 指自动识别具有相似属性的给定对象,并将其分组为集合,属于无监督学习的范畴。常见的应用场景有顾客细分、试验结果分组。Scikit-learn 库提供 K 均值聚类、亲和力传播聚类、光谱聚类、均值偏移聚类、分层聚类、基于密度的噪声应用空间聚类(Density-Based Spatial Clustering of Applications with Noise,DBSCAN)等算法功能。

(4)降维(Dimensionality Reduction) 指采用主成分分析(Principal Component Analysis,PCA)、截断奇异值分解(Singular Value Decomposition,SVD)语义分析、字典学习、因子分析、独立成分分析、非负矩阵分解(Non-negative Matrix Factorization,NMF)或特征选择等降维技术来减少要考虑的随机变量的个数,以提高运行计算速度。其主要应用场景有可视化处理、自然语言处理、信息检索和计算效率提升等。

(5)模型选择和评估(Model Selection and Evaluation) 指通过调整参数对模型进行比较、验证、选择,以选择最佳精度的模型效果。Scikit-learn 库提供交叉验证、各种模型评估、模型持久性、验证曲线等功能。

(6)数据预处理(Data Preprocessing) 指数据特征的提取和归一化,是机器学习过程中第一个也是最重要的一个环节。这里归一化是指将输入数据转换为具有零均值和单位权方

---

① 内容来自于 https://scikit-learn.org/stable/index.html。
② 图形处理器(Graphics Processing Unit,GPU),利用 GPU 对图像处理算法进行加速,提高运算速度。
③ MLP 又叫人工神经网络(Artificial Neural Network,ANN)。

差的新变量,但因为大多数时候都做不到精确等于零,所以会设置一个可接受的范围,一般都要求落在0~1之间。而特征提取是指将文本或图像数据转换为可用于机器学习的数字变量。

部分算法基于上述分类的混合,通过参数等进行区别,如被动攻击算法(Passive Aggressive Algorithms)、随机梯度下降算法(Stochastic Gradient Descent,SGD)、核岭回归算法等。

Scikit-learn库本身提供两类数据,一类是自带的小数据集(Toy Datasets),另一类是在线真实世界数据集。小数据集在安装Scikit-learn时已附带,其数据内容见表2.1。

表2.1 Scikit-learn 小数据集名称

序号	小数据集名称	调用方式	数据内容说明
1	鸢尾花数据集	from sklearn. datasets import load_iris	记录三个品种共150朵鸢尾花(各50朵),并附带分类标签值(0,1,2)
2	波士顿房价数据集	from sklearn. datasets import load_boston	506条波士顿房价数据,含13个字段属性,标签MEDV自住房屋的中位数价值1000美元
3	糖尿病数据集	from sklearn. datasets import load_diabetes	442名糖尿病患者数据,10个字段属性
4	手写数字数据集	from sklearn. datasets import load_digits	1797个手写数字图片,每个图片记录了64个像素属性值(8×8),属性值范围为0~16,标签值标记10类数字(0,1,2,…,9)
5	人生理数据集	from sklearn. datasets import load_linnerud	20个人生理数据集,两个小数据集:生理数据集 linnerud_physiological. csv;运动数据集 linnerud_exercise. csv
6	葡萄酒识别数据集	from sklearn. datasets import load_wine	178条葡萄酒数据,13个字段属性,标签值:三个品种的葡萄酒的值(0,1,2)
7	乳腺癌威斯康星(诊断)数据集	from sklearn. datasets import load_breast_cancer	569条乳腺癌威斯康星(诊断)数据,30个字段属性,标签值;恶性(0)、良性(1)
……	……	……	……

Anaconda软件自带sklearn库,在Spyder代码编辑里可以直接调用sklearn库。用sklearn库加载鸢尾花小数据集,代码示例如下。

```
from sklearn. datasets import load_iris      #导入鸢尾花数据加载函数
iris_data = load_iris()                       #加载数据
data_x = iris_data. data                      #鸢尾花属性数据
data_y = iris_data. target                    #标签值(0,1,2),分别表示三个品种的鸢尾花
print(data_x[0])                              #打印第一朵鸢尾花的属性值
print(data_y[100])                            #打印第三个品种鸢尾花的分类标签值
```

上述代码执行结果如下。

```
array([5.1, 3.5, 1.4, 0.2])    #萼片长度、萼片宽度、花瓣长度、花瓣宽度
2                              #第三个品种鸢尾花的分类标签值
```

若要详细了解 sklearn 库,可以参考刘瑜编著的《Python 编程从数据分析到机器学习实践》第 13 章相关内容。

2.6.2 PyTorch

2017 年 1 月,Facebook AI 研究院发布了 PyTorch。PyTorch 是在 Torch 基础上用 Python 语言重新编写完善的一款深度学习框架,提供了三个高级功能:

1)提供了利用 GPU 加速 Numpy 计算功能。
2)提供了能够自动求导的深度神经网络计算功能。
3)提供了一些常用的网络层,如卷积层、池化层、全连接层、激活函数等,用它们来搭建网络是非常方便的。

PyTorch 相对容易学习,更适合科研人员使用。

在 Anaconda 软件包的基础上,需要手动安装 PyTorch 开发环境包,在 Anaconda Prompt 里执行 pip3 install torch torchvision torchaudio 命令(不支持 GPU 加速的安装版本[⊖]),如图 2.11 所示,开始安装,安装过程大概需要几十分钟。

图 2.11　安装 PyTorch 开发环境包

PyTorch 安装完成后,重新启动 Spyder 代码开发工具,输入如下代码,就可以实现 PyTorch 的调用和相关功能的使用。

```
In [1]:import torch as pth        #导入 Torch 包
In [2]:x = pth.zeros(3,3)         #调用 zeros 函数,创建 3 行 3 列值为 0 的数组
In [3]:x                          #执行二维数组对象 x,显示结果如下
Out[4]:
tensor([[0., 0., 0.],
        [0., 0., 0.],
        [0., 0., 0.]])
```

PyTorch 提供多类数据,包括图像分类、目标检测、语义分割、视频分类等,数据集需要下载,部分数据内容见表 2.2。

⊖　PyTorch 安装版本分为仅支持 CPU 的版本和支持 GPU 的版本。

表 2.2　PyTorch 小数据集名称

序号	小数据集名称	调用方式	数据内容说明
1	手写字符识别的 EMNIST 数据集	torchvision. datasets. EMNIST (root：str, split：str, ** kwargs：Any)	包含数字和大小写字母，大小为 1.65GB
2	实物分类的 LSUN 数据集	torchvision. datasets. LSUN (root：str, classes：Union [str, List [str]] = 'train', transform：Optional [Callable] = None, target_transform：Optional [Callable] = None)	包含 100 万个带标签的图像，10 个场景类别，20 个物体类别
3	人脸识别的 CelebA 数据集	torchvision. datasets. CelebA (root：str, split：str = 'train', target_type：Union [List [str], str] = 'attr', transform：Optional [Callable] = None, target_transform：Optional [Callable] = None, download：bool = False)	包含 10177 个身份，202599 张人脸图像，以及 5 个地标位置
4	场景分类的 Places365 数据集	torchvision. datasets. Places365 (root：str, split：str = 'train-standard', small：bool = False, download：bool = False, transform：Optional [Callable] = None, target_transform：Optional [Callable] = None, loader：Callable [str, Any] = < function default_loader >)	数据集一共包含 1000 多万张图片，400 多种场景类别
5	语义分割的 Cityscapes 数据集	torchvision. datasets. Cityscapes (root：str, split：str = 'train', mode：str = 'fine', target_type：Union [List [str], str] = 'instance', transform：Optional [Callable] = None, target_transform：Optional [Callable] = None, transforms：Optional [Callable] = None)	Cityscapes 数据集包含语义分割、车和人的实例分割，共有 30 类。其中有 50 个城市，春、夏、秋多个季节，一天的不同时间段，不同的天气，拥有 5000 个精准标注和 20000 个粗标注
……	……	……	……

用 PyTorch 库加载 FashionMNIST 数据集，代码示例如下。

```
from torchvision import datasets                    #导入 datasets 包
from torchvision. transforms import ToTensor        #导入 ToTensor 包
training_data = datasets. FashionMNIST(             #导入 FashionMNIST 数据集
    root = "data",                                  #数据集的本地保存位置
    train = True,                                   #下载训练集
    download = True,                                #检查是否已下载数据集
    transform = ToTensor( )                         #用于数据预处理、数据增强
)
print( training_data[0][0]. shape)                  #打印图片形状
```

上述代码执行结果如下。

```
(1,28,28)                                           #图像通道数为 1,长宽均为 28
```

2.6.3　TensorFlow

TensorFlow 发布于 2015 年 11 月 9 日，自发布以来逐渐成为人工智能领域运用最广泛的

深度学习框架。TensorFlow 是一个大规模机器学习的开源框架，提供多种深度神经网络的支持；是一个开放源代码软件库，用于进行高性能数值计算。借助其灵活的架构，用户可以轻松地将计算工作部署到多种平台（CPU、GPU、TPU[一]）和设备（桌面设备、服务器集群、移动设备、边缘设备等）。

TensorFlow 由谷歌人工智能团队谷歌大脑（Google Brain）开发和维护，拥有包括 TensorFlow Hub、TensorFlow Lite、TensorFlow Research Cloud 在内的多个项目及各类应用程序接口（Application Programming Interface，API）。

在 Anaconda 软件包基础上，需要手动安装 TensorFlow 开发环境包，在 Anaconda Prompt 里执行 pip install －－ignore－installed －－upgrade tensorflow 命令，如图 2.12 所示，开始安装，安装过程大概需要几十分钟。

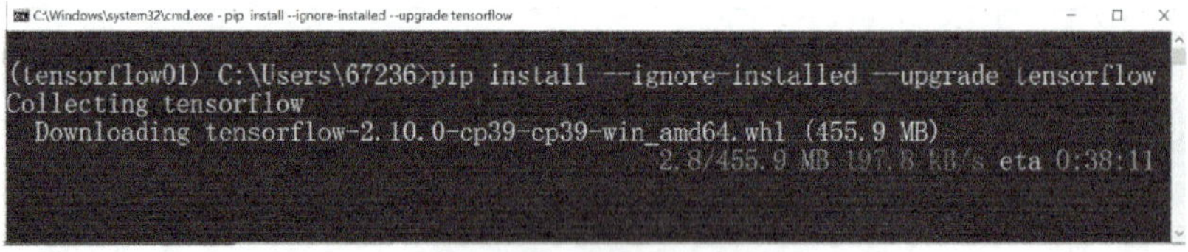

图 2.12　安装 TensorFlow 开发环境包

TensorFlow 安装完成后，输入如下代码，就可以实现 TensorFlow 的调用和相关功能的使用。

```
In [1]:import tensorflow as tf                #导入 TensorFlow 包
In [2]:x = tf.constant([[1,2,3],[4,5,6]])     #建立常数矩阵对象 x

In [3]:x                                      #执行二维常数矩阵对象 x,显示结果如下
Out[4]:
tf.Tensor([[1 2 3]
          [4 5 6]],
          shape=(2,3), dtype=int32)
```

TensorFlow 可用于训练大规模深度神经网络所需的计算，使用该工具涉及的计算往往复杂而深奥。为了更方便 TensorFlow 程序的理解、调试与优化，可视化工具 TensorBoard 应运而生。使用 TensorBoard 来展现 TensorFlow 图，绘制图像生成的定量指标图及显示附加数据（如其中传递的图像）。而 TensorFlow 所支持的 CNN[二]、RNN[三] 和 LSTM[四] 算法，正是目前图像识别、自然语义翻译和 NLP[五] 最流行的深度神经网络模型。

[一] CPU、GPU、TPU 分别为中央处理器（Central Processing Unit）、图形处理器（Graphics Processing Unit）、张量处理器（Tensor Processing Unit）。

[二] CNN 指卷积神经网络（Convolutional Neural Networks），是深度学习（Deep Learning）的代表算法之一，被应用于计算机视觉、自然语言处理等领域。

[三] RNN 指循环神经网络（Recurrent Neural Network），是一种节点定向连接成环的人工神经网络，更善于处理语音识别、手写文字识别。

[四] LSTM 指长短期记忆网络（Long Short－Term Memory），可用于图像识别、语音识别、控制机器人、自然语义处理等。

[五] NLP 指神经语言程序学（Neuro－Linguistic Programming），是研究人类大脑如何工作的学科。

TensorFlow 相比 Scikit – learn、PyTorch 更侧重于工程实现，其对 C++、Python 等语言进行了友好调用支持。TensorFlow 自带的小数据集见表 2.3。

表 2.3　TensorFlow 小数据集名称

序号	小数据集名称	调用方式	数据内容说明
1	波士顿房价数据集	boston_housing = tf. keras. datasets. boston_housing	这个数据集包含美国人口普查局收集的关于马萨诸塞州地区中波士顿的住房信息
2	CIFAR – 10 数据集	cifar10 = tf. keras. datasets. cifar10	10 类 60000 张、32×32 的彩色图片
3	CIFAR – 100 数据集	cifar100 = tf. keras. datasets. cifar100	100 类 60000 张、600 张/类、32×32 的彩色图片
4	图像分类数据集	fashion_mnist = tf. keras. datasets. fashion_mnist	10 类 70000 张运动鞋和衬衫等服装图像，28×28 灰度图，MNIST 数据集的替代升级版
5	IMDB 数据集	imdb = tf. keras. datasets. imdb	50000 条 IMDB 影评，专门用于情绪分析
6	手写数字的 MNIST 数据集	mnist = tf. keras. datasets. mnist	10 类 70000 张、28×28 灰度手写数字，计算机视觉机器学习程序的 "Hello, World"
7	文档分类基准数据集	reuters = tf. keras. datasets. reuters	它是一个多类（如有多个类）、多标签（如每个文档可以属于许多类）的数据集。它有 90 个类，7769 个训练文档和 3019 个测试文档
……	……	……	……

用 TensorFlow 库加载 MNIST 数据集，代码示例如下。

```
import tensorflow as tf    #导入 TensorFlow 包
minst = tf. keras. datasets. mnist
(x_train, y_train), (x_test, y_test) = minst. load_data()    #数据可以这样导出
#还可以进一步查看数据形状
print("x_train shape", x_train. shape)
print("y_train shape", y_train. shape)
print("x_test shape", x_test. shape)
print("y_test shape", y_test. shape)
"输出如下:
x_train shape (60000, 28, 28)
y_train shape (60000,)
x_test shape (10000, 28, 28)
y_test shape (10000,)
"
```

习题及实验

1. 习题

（1）填空题

1）大数据的源头是各种产生数据的终端技术，交通领域的终端技术主要包括终端传感技术、边缘计算技术和（　　）。

2）要掌握运输工具的实时运行位置、交通事故的准确位置、家用汽车等的准确线路导航，离不开卫星的（　　）服务。

3）要把交通领域分散在广阔地理空间范围的数据收集到相关后端机房，必须借助（　　）技术。

4）数据终端所产生的数据上传服务器端时，根据并发能力的强弱，传输方式主要有三种：点对点低频率传输、（　　）服务器端软件提供中等频率传输、专用数据传输工具高频率传输。

5）现阶段数据展现技术可以分为（　　）、专题二维三维展示组件技术、虚拟现实技术三种。

（2）判断题

1）边缘计算（Edge Computing）是指在网络中间执行计算的一种新型计算模型。（　　）

2）交通线路遍布全球，只要有人能到达的地方都需要依据地形、交通线路进行出行参照。（　　）

3）要实现终端到服务器端的数据正确传输，而且可以被应用开发软件调用，需要实现数据传输软件的功能和对应通信协议的建立。（　　）

4）在大数据计算背景下，数据计算技术可以分为流式计算、批量计算、交互计算、图计算等。其中交互计算、批量计算属于更为常用的大数据计算模式。（　　）

5）Scikit-learn、PyTorch、TensorFlow等先进的、开源的AI技术框架，为人工智能技术的研究和应用提供了方便。（　　）

2. 实验

自行安装Scikit-learn、PyTorch、TensorFlow软件，并进行代码测试，最后形成测试报告。

实验要求：

1）截取安装过程界面。

2）利用自己的代码测试安装是否成功，并给出一段测试代码（不能采用书中示例代码）。

3）形成实验报告。

第 3 章 Chapter 3
大数据中心平台建设

交通领域的数据种类繁多,以天津市交通运输委员会的数据为例,其涉及公路、水路、铁路、民航、邮政及其他综合类数据。同时这些数据需要汇集、存储、共享、监管、分析使用,由此需要建立大数据中心,通过大数据中心平台实现数据的统一管理。

3.1 交通数据

交通数据是交通大数据建设、分析、应用的基础,需要从种类、全生命周期、接口及格式等方面进行了解。

3.1.1 交通数据种类

交通数据种类繁多,来源复杂。

1. 根据交通结构分类

根据交通结构,交通数据可以分为交通结构化数据、交通半结构化数据、交通非结构化数据。

交通结构化数据是目前主要存储、分析、应用的数据,以关系型数据库存储的数据为主,如高速公路收费数据、货车轨迹数据、港口作业调度数据、民航飞行数据、高铁车次数据、地铁进出检票数据、邮政快递单数据等。常见的 ETC 部分数据内容(仅用于示例,与实际情况有一定差距)见表 3.1。

表 3.1 ETC 部分数据类型示例

字段名称	类型	数据示例	说明
车道序列号	数值型	1	高速公路分为双向四车道、双向六车道和双向八车道三种,每个站点车道编号从 1、2、3、4、5、6 依次编排
卡编号	数值型	8888888888888888	—
卡类型	数值型	1	1—记账卡、2—储值卡
入口名称	字符串型	团泊湖收费站	—
入口日期时间	日期时间型	2022 - 10 - 27 15:50:10	—
出口名称	字符串型	塘沽收费站	—
出口日期时间	日期时间型	2022 - 10 - 27 16:50:20	—

(续)

字段名称	类型	数据示例	说明
出口车道类型	数值型	3	1—货车道、2—客车道、3—ETC 车道
交易金额	数值型	20	—
储值卡余额	数值型	240	—
……	……	……	……

交通半结构化数据不太常见，如报道交通路况的网页新闻或公众留言、记录交通各种统计报告的 PDF 文件等。

交通非结构化数据，最多的是高速公路视频（图 3.1），由于视频数据占用的存储空间很大，以一个分辨率为 960P①的摄像头为例，1h 存储视频数据在 1~1.5GB，一个月将近 1TB，对本地 PC 服务器造成比较大的存储压力，所以，一般都临时存储周期为一个月的最新视频数据。另外非结构化数据是一些交通方面的照片、音频数据。

图 3.1　高速公路视频

2. 根据交通行业领域分类

交通行业按照领域分为公路、铁路、水路、民航、邮政、管道六大类，由此对应六大类交通数据。

以水路港口为例，港口出口预约单数据见表 3.2。

表 3.2　港口出口预约单数据

字段名称	类型	数据示例	说明
预约到港序号	数值型	1	自动增值
码头名称	字符串型	A 码头	—
船名	字符串型	远洋货 1 号	—
航次	字符串型	223	—

① 960P 是指分辨率为 1280×960 像素的视频图像。

(续)

字段名称	类型	数据示例	说明
提单号	字符串型	2022102700001	—
箱号	字符串型	J20230030	—
箱型	字符串型	冷藏箱集装箱	杂货集装箱、散货集装箱、液体货集装箱、冷藏箱集装箱
创建时间	日期时间	2022－10－28 14:07	—
预约时间	日期时间	2022－10－29 14:07	—
……	……	……	……

3. 根据数据采集来源分类

按照数据采集来源,交通数据可以分为自动设备采集、人工业务处理采集、其他系统共享、系统内部生成四类。

自动设备采集数据包括公路的激光雷达测速、微波雷达测车流量、ETC 感应收费、桥梁健康监测传感器(振动、温度、烟感、位移……)等产生的数据。

人工业务处理采集数据主要通过 App、Web 业务终端,输入业务数据。

其他系统共享数据则通过数据中心获取其他业务系统推送的数据。

系统内部生成数据包括系统操作日志数据等。

4. 实时数据和非实时数据

实时数据在传输方面时效性要求高(一般在秒级间隔上传,并可响应返回),是连续性传输的数据,如货车卫星定位轨迹数据、地铁检票数据等。

非实时数据在传输方面时效性要求不高,是间断性传输的数据,如各种统计报表数据。

3.1.2 数据全生命周期

对行业数据来源、数据种类等有所了解后,若把这些数据汇总在一起,放到一个统一的平台,并供相关方使用或共享,这样的平台叫作大数据中心平台。大数据中心平台需要全方位管理数据,由此,需要了解数据全生命周期管理的内容。

根据国内外对数据全生命周期的定义[26,27],结合作者的实际工作及数据管理经验,把数据全生命周期管理(Data Life Cycle Management,DLCM)分为数据产生、数据归集、数据存储、数据加工、数据应用、数据共享、数据销毁 7 个环节,如图 3.2 所示。

图 3.2　数据全生命周期管理

1. 产生

数据产生环节通过人为输入或设备自动感应实现原始数据的生成,是业务系统或大数据中心平台的数据源,如 ETC 感应数据、地铁检票数据、12306 网上火车票预订数据、货车到港口预约数据、邮寄快递数据等。

不同的数据源是大数据中心平台数据接入的对象。

2. 归集

数据归集环节主要是通过数据对接接口,把数据从产生环节接入大数据中心平台的过程。

要使数据源数据通过网络传入大数据中心平台,必须考虑传输协议、传输地址、传输接口。

3. 存储

数据存储环节把数据源传输过来的数据,按照一定标准,存储到大数据中心平台指定的存储区域。

这里的存储,需要考虑数据的临时性存储、永久性存储,需要按照数据的重要性分区存储,需要根据共享及数据分析要求开设数据存储专区,在大数据环境下需要考虑分布式存储需要,并考虑数据备份等要求。

4. 加工

数据加工环节包括数据中心内部数据质量加工处理和数据专题算法处理。

5. 应用

数据应用环节分为内部应用和外部应用,内部应用满足数据中心本身数据分析展示需要,外部应用主要通过数据共享实现。

6. 共享

数据共享环节包括共享目录服务、共享接口服务、共享状态监控、共享标准及制度的建立、数据共享分类分级管理等,为其他单位、其他系统的数据共享提供服务。

7. 销毁

数据销毁是指对没有使用价值的数据进行永久性消除处理。该环节分为涉密数据销毁和非涉密数据销毁,在实际工作中极少实行数据销毁动作,除非国家明文规定或大数据中心平台存储容量有限。

3.1.3 数据接口及格式

大数据中心平台无论是接入数据还是共享数据都离不开数据接口的支持,数据接口为数据接入或共享提供了桥梁的作用。数据传输过程需要遵守一定的格式约束。

图 3.3 为数据调用接口的作用,数据源通过数据请求发送数据,数据调用接口收到调用请求后,把数据发送给服务器端的平台,如大数据中心平台;服务器端处理完数据请求,把处理结果通过数据调用接口响应返回给数据源处。

图 3.3 数据调用接口的作用

1. 数据接口

大数据中心平台常见的数据接口包括 WebService 模式下的 Rest[⊖]风格接口、基于中间件的分布式消息接口（如 JMS[⊖]规范接口、Kafka 中间件接口）、基于 FTP 的文件下载上传接口、基于 Socket 的流数据接口、数据库接口（如 JDBC 接口）。

例如，Rest 需要表述的是数据资源，包括数据库里的记录、各种文件等。要让一个资源可以被浏览器访问，需要提供一个唯一标识，在 Web 中这个唯一标识就是 URI（Uniform Resource Identifier）。如"127.0.0.0：8000/use/1"，假设 1 指向数据库 use 下的一条数据记录，则整个 URI 就是一个数据资源地址[28]。

2. 数据格式

通过接口知道获取或共享数据的地址后，需要进一步确定调用数据的格式，确保调用数据符合要求。大数据中心平台常见的数据格式包括 SQL[⊖]数据格式、JSON 数据格式、XML 数据格式、文件数据格式。

以 JSON 数据格式[29]为例，其使用案例如下：

```
{
{"Book_ID":"100002",
    "Name":"《Python 语言》",
    "Price":79
}
{"Book_ID":"100003",
    "Name":"《C 语言》",
    "Price":50
}
{"Book_ID":"100004",
    "Name":"《Java 语言》",
    "Price":80
}
}
```

通过上例可知，JSON 格式数据最外面用 {} 表示，{} 里面可以嵌套 {}，每个 {} 记录称为一个文档，文件主要数据内容由键值对表示，如" Book_ID":"100002" 的 Book_ID 表示键，其对应值为 100002。一个文档记录里允许存在多个键值对，用逗号分隔。

3.2 国内交通大数据中心现状

国内从 2010 年左右开始，以大数据为基本特征的新一代交通大数据中心建设拉开了序

⊖ Rest 把 Web 服务器端的所有对象都看作资源，每个资源赋予唯一的地址（ID），通过 IP 地址＋端口号＋ID 可以读写相关数据，也为目前流行的前后端分离提供了接口支持。

⊖ Java 消息服务（Java Message Service，JMS）是 Java 提供的一种与厂商无关的 API 技术规范，用来约定如何访问收发系统消息。遵守 JMS 规范的具体中间件产品有 Apache ActiveMQ、RocketMQ 等。

⊖ 结构化查询语言（Structured Query Language，SQL）是一种计算机语言，用来存储、检索和修改关系型数据库中存储的数据的标准化语言。

幕。北京在 2011 年启动 TOCC 建设（内含大数据中心），上海交通信息中心 2014 年启动大数据中心建设，天津市交通运输委员会 2016 年启动大数据中心建设，目前国内主要省市自治区已经建立或正在建立大数据中心。

3.2.1 大数据中心形成条件

在云计算、5G、大数据、人工智能、智能传感技术等逐步突破及计算机硬件技术迅猛发展的背景下，交通行业应用系统布局日趋完善，建立基于大数据的综合交通数据中心成了必然趋势。

要使交通大数据中心具备建设条件，至少需要在技术、业务生态、运行环境上满足要求。

1. 技术条件

新一代交通大数据中心建设，首先需要满足大数据存储要求。大数据入门标准从 2008 年开始的 TB 级转变到现在的 PB 级数据存储及运算是现代交通大数据中心的标配建设要求。以分布式技术为基本特征的数据库，以云计算为基本特征的云平台的使用，是大数据存储的基础条件。天津市交通运输委员会从 2016 年开始建立起了国内交通领域第一朵私有云，并采用 Hadoop 技术用于存储大数据，设计初期存储容量达到了 1PB。

其次，要满足数据使用要求，如基于大数据的计算及分析、基于实时传输的流计算、基于跨行业跨部门跨系统的共享使用、基于数据安全等级的保护、基于海量传输的接入等。

2. 业务生态成型

交通大数据中心建立的另外一个重要条件，是本系统内具有良好的业务系统生态，具备数据大量接入和融合使用的前提条件。

交通大数据中心建设如果没有一定规模的业务系统作为支撑，那么数据无法得到大规模的产生和归集，交通大数据中心建设就会成为空中楼阁，很容易失败。

以天津市交通运输委员会的大数据中心为例，其已接入各类业务系统 57 个，日均接入结构化数据达到 3.6 亿条⊖，每年新增约 24TB 的结构化数据（不包括视频、图片、语音、文件等非结构化、半结构化数据）。

3. 运行环境

建立交通大数据中心的第三个重要条件，是在整个交通体系里要具备"通信一张网"，无论采用光纤网络还是采用无线网络，都可以顺利地把各个终端产生的数据通过网络收集上来。如天津市交通运输委员会通过 20 年的信息化项目建设，已经实现了天津市域主要终端的光纤网全贯通，通信网络涉及高速公路、普通公路、城市道路、港口、民航、国铁、地铁、邮政等的业务部门、业务站点。无线网络实现了公交车、"两客一危"车辆、12t 以上普货货车、出租车、网约车、共享单车等的全覆盖。

3.2.2 构建交通三级大数据中心

2013 年，云南省交通运输厅信息中心马晓军、张春节提出在"政务办公系统、电子公文传输系统、公路基础信息系统、档案系统、VOD 视频点播、科技系统、安全统筹系统、

⊖ 新冠疫情期间的日接入均值，在正常年份日接入可以达到五六亿条。

人事系统、邮件系统、交通流量调查系统、视频会议系统、交通资源共享平台、公路基础数据系统、GIS养护管理系统、道路运输管理信息系统、高速公路联网收费系统、路产管理系统、路政执法系统、云南省海事管理综合业务系统、船舶检验系统等"的基础上整合数据，建立统一、共享的云计算数据中心的构想[30]。

2013年，中国交通通信信息中心曹德胜博士在《推进大数据时代下的交通运输数据中心建设》一文中提出了"以交通运输部级数据中心为核心节点，省级交通数据中心为二级节点，通过安全、畅通的部－省两级数据交换渠道的建设，形成部省两级数据交换体系"[31]的构想。经过十多年的持续建设，大交通体系已经初具"部－省－地区"三级交通大数据中心框架，如图3.4所示。

部级大数据中心主要负责全国交通领域数据共享平台的搭建，为跨省市自治区数据对接与共享提供统一服务，并牵头制定行业大数据标准，颁布相关法规政策。

省级大数据中心汇聚本地区的公路、铁路、水路、民航、邮政、管道等数据，对内为各个部门、各个基层单位提供数据共享服务，对外为地方政府、交通运输部等提供数据共享服务，并提供数据综合分析及应用服务，制定交通大数据地方标准、地方管理办法。

地区级大数据中心（专业领域大数据中心）汇总本地区的交通数据或本集团的交通数据，并为各自的业务部门提供数据共享、分析、应用服务，为省级大数据中心提供数据共享服务。

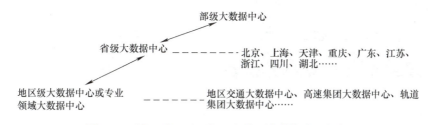

图3.4 "部－省－地区"三级交通大数据中心框架

3.2.3 交通大数据中心主要任务

交通大数据中心需要解决以下四个问题。

1. 共享数据问题

一个省级交通部门至少会涉及几十家各类单位，如公路局、道路运输局（中心）、地方铁路局、邮政局、港口局、民航局、高速集团、城市轨道集团、公交集团、交通集团、交通研究院等。在出现数据共享平台之前，这些单位之间的数据流动是非常困难的，甚至产生数据孤岛——也就是数据无法流动，各自为政，制约了数据利用的最大化。一个单位内部也会产生类似问题，如公路工程部门的公路工程数据、公路养护部门的设施养护数据、公路运营部门的路政执法数据，在没有共享机制的情况下，会导致部门之间数据产生隔阂，无法很好互惠利用。

数据共享平台的建立是解决上述问题的良策，既能保持各个单位各个部门内部现有信息化系统的独立，又可以实现数据之间的及时共享。所以，近年来，随着交通大数据中心数据共享平台的建设，很少再有人提出类似数据孤岛的问题了。因此，建立数据共享平台是交通大数据中心的一项核心任务。

2. 综合使用问题

在交通领域经常会碰到类似问题，旅客下了高铁希望能第一时间得到最近的公交站、出租车、城市地铁站、共享单车等信息。而这些信息对应的数据分别存在于公交部门、运输部门、轨道部门，把这些部门的数据打通，并进行定向分析服务，才能为旅客提供一手跨交通工具的驳接信息。在该方向上，国内交通领域已经取得了长足的进步，以北京 TOCC 为例，其利用交通大数据分析，实现了城市道路拥堵预警，为公众出行提供了方便，如图 3.5 所示。

图 3.5　实时路况拥堵预警

以通过铁路运输货物为例，如何及时和公路货车对接，如何方便地实现公路、铁路、水路、民航之间的高效联运，这背后需要跨部门数据的无缝对接和精准分析服务，才能保证高效"多式联运"的实施。

因此，把数据汇聚起来后，根据不同的交通应用场景，进行定向数据分析应用服务，是交通大数据中心的另外一项基本任务。

3. 统一管理问题

要使数据能顺利汇总和共享，离不开数据对接标准的统一。如对于不同单位所产生的单位名称等基本信息，需要建立统一的接口标准，统一名称数据类型、数据存储长度，方便数据统一存储和使用。

在没有大数据中心统一管理平台之前，交通领域的数据是分散存储于各个单位的，存在数据丢失（单位合并、人事变动等引起）、数据标准不统一、数据无法跨界融合等使用问题。因此，进行这些数据的统一汇总、统一存储，可以很方便地解决这些问题，进而发挥交通大数据的优势。

另外，对于数据的汇总情况、共享授权情况、数据存储情况，需要进行统一监管。

统一标准、统一存储、统一监管成为交通大数据中心数据管理的一项必要任务。

4. 数据质量、数据安全保障问题

数据汇总后，会涉及数据质量、数据安全保障问题。

数据质量用来解决数据可用性问题，要求所汇总的数据满足基本的使用要求，避免数据质量引起的业务使用失误。

数据安全首先要满足《中华人民共和国数据安全法》《中华人民共和国个人信息保护法》等法律法规上位法的约束需要，其次要从运行环境、技术和内部管理上保证数据中心所汇集数据本身的安全，避免数据泄露等问题的发生。

因此，数据质量、数据安全保障管理是交通大数据中心管理的一项基础性任务。

3.3 大数据中心平台框架设计

大数据中心平台建设需要解决综合业务框架设计、综合功能框架设计、综合存储框架设计、数据分类设计等问题。

3.3.1 综合业务框架设计

建设交通大数据中心平台，首先要确定主要业务服务范围，明确不同业务范围的数据特征，有利于功能框架和大数据存储框架的设计。

交通数据特征需要考虑所处业务领域、数据产生及交换特点、数据结构类型、数据预计存储量等。

以某直辖市大数据中心平台为例，其综合业务框架设计如图 3.6 所示。

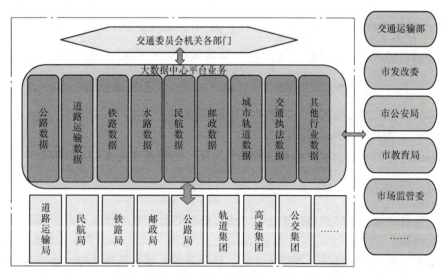

图 3.6　某直辖市大数据中心平台综合业务框架

图 3.6 核心内容为大数据中心平台业务，一般涉及公路数据、道路运输数据、铁路数据、水路数据、民航数据、邮政数据、城市轨道数据、交通执法数据、其他行业数据的汇聚、存储与共享。这些数据来自交通体系内外的三大部分，一部分为道路运输局、民航局、铁路局、邮政局、公路局、轨道集团、高速集团、公交集团等产生的业务数据，一部分来自

交通委员会机关各部门，另一部分来自交通运输部、地方政府其他委办局等。对这些业务数据的梳理和汇聚准备是建立交通大数据中心平台的第一步。

这些业务部门产生的结构化数据，根据实时性传输要求及数据规模，可以分为大规模实时数据和非大规模实时数据。大规模实时数据包括普通货车、网约车、出租车、共享单车、公交车、长途客车、旅游包车、危险品货车、货船、飞机、快递车、火车等的卫星定位数据，要求大数据中心平台能实时接收、存储，并可以大规模被调用。非大规模实时数据包括工程设计数据、工程招投标数据、工程建设数据、设施养护数据、基础设施数据、设施监测数据、日常管理数据、应急处置数据、对公服务数据、交通地图数据等。非结构化数据主要包括交通方面的视频数据、图片数据、语音数据等。

1）结构化数据一年存储量预估如下。式（3.1）用于估算一年 m 个单位所有业务系统所产生的数据存储量。

$$\text{YearDataStorage} = \sum_{i=1}^{365}\left(i \times \sum_{n=1}^{m}\left(n \times \sum_{j=1}^{s}\left(j \times \sum_{c=1}^{dc}(\text{avg} \times c)\right)\right)\right) \times \text{DS} \quad (3.1)$$

式中，YearDataStorage 为某大数据中心平台结构化业务数据一年存储预估值；avg 为一条业务数据的存储量（B）；c 为一天产生的平均条数；dc 为一个业务系统一天产生的最大数据条数；j 为 s 个业务系统；n 为 m 个数据产生单位；i 为一年的天数，最大取值 365；DS 为数据+数据结构联合产生的存储开销系数（一般建议在 1.1~1.2）[⊖]。

> ⚠ **提醒**
> 在计算一台服务器可以存储的空间时，必须考虑服务器需要安装的各种系统软件所占用的存储量，并预留10%的磁盘空间（用于数据读写缓冲）。也就是说，一台服务器的存储空间分为系统软件存储空间、数据存储空间、磁盘缓冲读写存储空间三部分。

2）非结构化数据一年存储量预估如下。以视频存储量为例，一路视频一年的存储量为

$$\text{YearVideoData} = \frac{\text{CodeRate}}{8} \times 24 \times 3600 \times 365 \quad (3.2)$$

式中，CodeRate 为视频传输码流[⊖]，即每秒传输的视频流，除以 8 则单位从 bit 变成 B；24 为小时数；3600 为秒数；365 为天数。

CodeRate 在分辨率为 1080P 的高清视频情况下，传输速率为 4~48Mbit/s。

3.3.2 综合功能框架设计

要把各种数据统一存储到数据中心，并进行进出数据的有效管理，则需要设计大数据中心平台功能框架。

大数据中心平台主要提供数据接入功能、数据集成及质量管理功能、数据共享功能、数据监控功能、数据共享目录管理功能、数据统计及展现功能、数据分析及模型管理功能、数据标准管理功能、数据运维管理功能，如图3.7所示。

⊖ 为了准确确定 DS 平均系数，可以往数据库里插入指定条数的数据，然后查看对应数据库表文件存储量的变化，通过多次重复测试，确定 DS 平均系数。

⊖ 码流，也叫比特率，指的是单位时间内（通常是每秒）编码媒体内容后的数据量，通常的单位是 bit/s、kbit/s、Mbit/s。

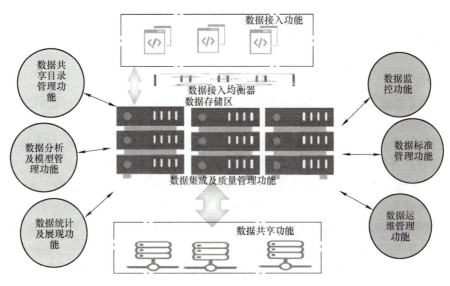

图 3.7 综合功能框架设计

（1）数据接入功能 需要提供数据接入接口，并能对所有接口进行统一管理。对于接入量过大的情况，如需要接入 20 个以上的接口，应该考虑接入均衡调度，并支持服务器集群，方便接入接口服务器的快速扩充。

（2）数据集成及质量管理功能 需要提供该方面的统一管理数据中间件，能满足 ETL 基础上的扩展功能。如平台提供了简单易用的开发、管理功能，以及从数据集成逻辑的设计、开发、调试、部署，到运行、管理、监控各个生命周期不同阶段的集成开发功能，具有稳定可靠、性能良好的高可用特性。

（3）数据共享功能 需要提供共享服务申请、共享服务授权、共享服务发布、共享服务安全管理、共享服务监控。

（4）数据监控功能 需要提供数据采集监控、数据存储监控、数据质量处理监控、数据共享服务监控、系统运行状态监控、系统网络状态监控等。

（5）数据共享目录管理功能 需要提供数据共享目录编辑、发布功能，可为数据服务对象提供数据目录查看服务。

（6）数据统计及展现功能 需要提供各类数据查询统计、数据主题分析、应用专题展现功能等。

（7）数据分析及模型管理功能 需要提供数据分析模型构建、数据分析模型调用管理等功能。

（8）数据标准管理功能 需要提供元数据、数据编码、数据分类等功能。

（9）数据运维管理功能 需要提供用户管理、审计管理、故障监控管理、运维日志管理等功能。

图 3.7 中大数据中心平台的九大功能都是建立在数据存储区数据的基础上的。

3.3.3 综合存储框架设计

在预计数据存储量能达到几百 TB 级别后，必须考虑大数据存储、大数据分析、大数据应用问题。交通大数据目前主要存储的还是结构化数据，在分布式数据库技术出现之前，要实现大量历史结构化数据处理，只能选择传统的结构化数据仓库（Data Warehouse，DW）技术。

1. 数据仓库

数据仓库由数据仓库之父比尔·恩门（Bill Inmon）于 1990 年提出。数据仓库定义为，一个面向主题的（Subject Oriented）、集成的（Integrated）、相对稳定的（Non‑Volatile）、反映历史变化（Time Variant）的数据集合，用于支持管理决策（Decision Making Support）。数据仓库技术主要解决一个大型跨国企业遍布世界各地的所有业务数据统一管理、统一分析的问题[32]。其数据分析主要是基于累积的历史数据，进行非实时统计分析，为企业出具不同维度的分析报告。如迪士尼乐园采用数据仓库技术分析不同国家迪士尼产品的销售情况，然后根据统计分析结果优化营销策略、调整产品资源的分布。在分布式技术未被发明的时期（1990—2008 年），数据仓库早期只能借助专业的小型机，甚至大型机进行数据统一存储和管理。其成本昂贵，数据管理模型复杂，数据统计响应慢，无法支撑大数据，需要非常专业的技术人员进行运维。传统的数据仓库技术在数据中心建设过程中，一直存在建设及管理复杂，投入产出效益不高的问题。但数据仓库设计的几个概念仍然值得现在的大数据中心平台设计借鉴。

图 3.8 为基于传统数据仓库的设计原理。数据仓库从数据源获取数据，并进行统一 ETL 处理，统一主题存储；或通过实时流方式推送到数据集市（同步推送到数据仓库）。数据集市（Data Mart）主要满足特定的部门或者用户的需求，按照多维的方式进行存储，包括定义维度、需要计算的指标、维度的层次等，生成面向决策分析需求的数据立方体。数据集市的数据主要满足一个部门的数据分析使用要求，同时可以减轻数据仓库的数据访问压力。

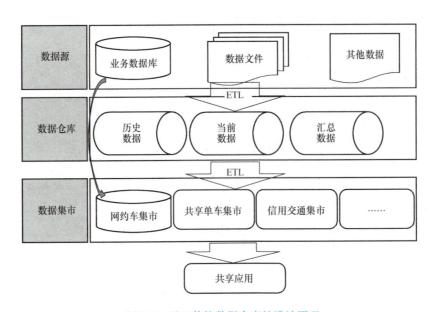

图 3.8　基于传统数据仓库的设计原理

2. 大数据技术

在 2008 年 Hadoop 分布式数据库存储技术正式进入实用阶段后，经验证，分布式技术具备解决大数据存储、访问、分析的能力。2011 年左右出现的分布式结构化数据库，又初步解决了海量结构化数据的存储、访问、分析问题。显然，传统数据仓库解决不了的大数据存储、管理问题，不能很好解决的非结构化大数据问题，在分布式数据库技术面前都可以较好解决。21 世纪第二个十年出现了以分布式大数据技术为特征的新的大数据存储框架，如图 3.9 所示。

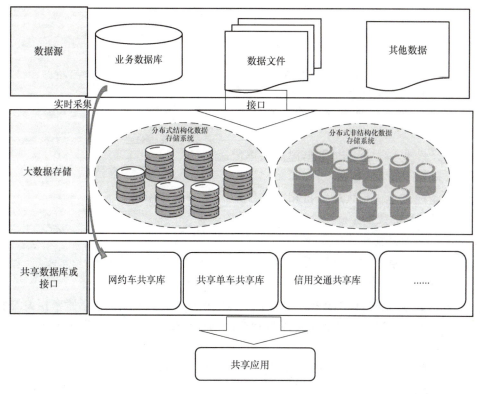

图 3.9　大数据存储框架

3. 数据湖

2020 年，又出现一种新的大数据存储概念，叫"数据湖（Data Lakehouse）"，其主要理念是把所有的原始数据都存储在一起，在数据分析时，再进行数据抽取、转化，这与数据仓库先抽取转化再数据分析有明显区别[33]。

3.3.4　数据分类设计

对于大数据中心平台建设的数据，必须进行分类设计，以方便数据共享、数据重要资产管理、数据分类统计等。

数据分类设计依据包括《中华人民共和国数据安全法》《中华人民共和国个人信息保护法》《网络数据安全管理条例（征求意见稿）》、行业数据法律法规、行业数据标准及实际业务要求。

1. 按照数据来源业务领域分类

按照数据来源业务领域分类，即可以根据不同业务部门进行数据归类，这样还可以方便统计分析，这是现在大数据中心平台数据的一种最基本的分类方法。

图3.10是天津市交通行业政务服务分类界面，将数据资源分为公路交通、道路运输、城市公共交通、水路交通、铁路交通、民用航空、邮政管理、综合管理及其他行业九大类，每大类下面又分为若干细类。

2. 按照可共享范围分类

根据数据可共享范围的大小，可以把数据分为不予共享、有条件共享、无条件共享。

（1）不予共享的交通数据　指涉及国家安全、行业机密、企业商业秘密、个人隐私的数据。

（2）有条件共享　指经过数据源提供单位许可，可以有条件共享的数据。

（3）无条件共享　指无须征得相关单位同意，可以直接共享的数据。

3. 按照数据资产重要性分类

按照数据资产重要性，可以把数据分为敏感数据、重要数据、一般数据。

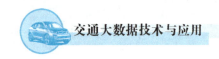

图3.10　天津市交通行业政务服务分类界面

（1）敏感数据　通过该类数据可直接识别特定用户，它是与用户生活紧密相关的数据。

（2）重要数据　通过该类数据可以得知产品商业价值等，它是需要谨慎使用的用户相关数据、产品核心数据。

（3）一般数据　支撑业务逻辑及运行的数据，通过统计、分级、加工，不会对用户或公司利益产生影响。

上述三种分类方法只是交通大数据分类常见的数据分类方法，随着数据管理要求的变化、国家数据分类分级法律法规建设的发展，交通数据分类方法会继续优化和调整。

3.4　数据分析基础

有了数据后，只有通过数据分析（Data Analysis），数据才能更好地产生价值。由此，需要掌握基本的数据分析工具，并采用不同的数据分析方法针对性地解决实际问题。

数据分析的数学基础在20世纪早期就已确立，但直到计算机的出现才使得其实际操作成为可能，并使得数据分析得以推广。数据分析是数学与计算机科学相结合的产物[34]。在大数据及应用日趋发展的情况下，数据分析工具也日趋完善，现在市场上的主流数据分析工具可以分为编程语言分析、SQL分析、大数据分析、文件数据分析、AI分析、可视化分析和其他专用工具分析七大类，如图3.11所示。

图 3.11　主流数据分析工具

3.4.1　编程语言分析

通过编程语言实现数据分析,是数据科学研究和数据工程里最常用的一种分析方法。根据对统计学专业分析函数、机器学习分析功能等支持的程度及现在市场上受欢迎程度,Python、Java、R、Matlab、Scala、Go 在数据分析领域是最受欢迎的几种主要编程语言。

Python 语言对数据分析的支持功能可以分为两类:一类为 Python + Numpy + Scipy + Pandas 等的组合,可以实现 Matlab 的专业级别数据分析要求,而且具有工程化开发优势;另外一类支持 Scikit – learn、PyTorch、TensorFlow 进行 AI 数据分析应用。

1. Numpy 数据分析

Numpy 为矩阵和线性代数的计算提供了一系列函数,而矩阵、线性代数可以用于视频跟踪、图片处理等机器学习应用场景。Numpy 在工程领域、研究领域都有广泛的应用。

Numpy 基于数组对象(支持多维数组),利用自带的丰富的函数库,实现数据计算分析。下面用 Numpy 自带的 det(d) 函数实现行列式值的计算,其中 d 为行列式数据数组参数。在 Anaconda 的 Spyder 交互式代码编写界面,对式(3.3)进行编码求值。

$$d = \begin{vmatrix} 1 & 2 \\ 3 & 4 \end{vmatrix} \tag{3.3}$$

依次输入如下代码,对指定行列式对象 d 进行值计算。

```
In [1]:import numpy as np                      #导入 numpy 库
In [2]:d = np.array([[1,2],[3,4]])             #用 array()函数建立二维行列式数组对象
In [3]:value = np.linalg.det(d)                #用 linalg 模块下的 det()函数计算行列式 d 的值
In [4]:value                                    #执行 value 变量,查看值
Out[4]: -2.0000000000000004                    #行列式 d 值的计算结果
In [5]:int(value)                               #取整,去掉小数位
Out[5]: -2                                      #取整后的值
```

Numpy 库的 det（）函数核心部分是用 Fortran 语言编写的，以浮点数形式返回计算结果，出现了不希望出现的 0000000000000004 问题，可以通过保留指定小数位的方式加以解决。

2. Pandas 数据分析

Pandas 是一款基于 Python 语言的优秀数据处理、分析工具，是数据工程师、数据科学家优先考虑的使用工具之一。该工具最初用于金融数据的分析处理，因此其基于时间序列的数据分析功能尤为强大。Pandas 可以处理的数据范围很广，包括从 SQL 数据库数据到 Excel 数据、各种数据文件数据（csv、hdf5 等）、各种 Web 格式的数据、NoSQL 数据库数据等。

对数据进行统计，是数据分析的一项重要任务之一。Pandas 提供了自带的统计函数，如基础数学统计包括数值求和函数 sum（）、元素数量统计函数 count（）、求数值平均数函数 mean（）、求算术中位数函数 median（）、求最小值函数 min（）、求最大值函数 max（）、求最小值对应的索引值函数 idxmin（）、求最大值对应的索引值函数 idxmax（）等；又如以统计学的样本数为基础的各种数值统计，具体包括求样本标准差函数 std（）、样本方差函数 var（）、求样本值的分位数函数 quantile（）、样本值的累计积函数 cumprod（）、一阶差分函数 diff（）、计算百分数变化函数 pct_change（）、描述性统计函数 describe（）等。

下面以描述性统计函数 describe（）为例，说明数据统计分析过程。该函数提供的统计内容包括 count（列向元素数量统计）、mean（列向元素均值统计）、std（列向标准差统计）、min（列向最小值）、百分位所处列向数值（25%，50%，75%）、max（列向最大值）。

学生成绩表见表 3.3。用 describe（）对表 3.3 做描述性统计，其代码实现如下。

表 3.3　学生成绩表

学生姓名	语文	数学	英语
张三	90	100	95
李四	60	75	75
王五	85	85	90

```
In [1]:import pandas as pd                                              #导入 Pandas 库
In [2]:score = {'语文':[90,60,85],'数学':[100,75,85],'英语':[95,75,90]}   #定义分数字典对象
In [3]:S = pd.DataFrame(score)                                          #创建 Pandas 二维表
In [4]:S.describe()                                                     #描述性统计
Out[4]:                                                                 #统计结果如下
            语文          数学          英语
count   3.000000    3.000000    3.000000
mean   78.333333   86.666667   86.666667
std    16.072751   12.583057   10.408330
min    60.000000   75.000000   75.000000
25%    72.500000   80.000000   82.500000
50%    85.000000   85.000000   90.000000
75%    87.500000   92.500000   92.500000
max    90.000000  100.000000   95.000000
```

3.4.2 SQL 分析

用 SQL 进行结构化数据分析，是专业数据分析师最常用的数据分析技巧。在交通数据实际分析工作中，使用最频繁的是 SQL，其主要原因是交通大数据最主要的数据是数据库存储的结构化数据。

SQL 结构化查询语言对数据基本的操作功能分为 Insert（插入）、Delete（删除）、Update（修改）、Select（查询）四种，在数据分析时主要依赖 Select 语句。

这里以 MySQL 数据库为例，进行数据分析示例。MySQL 数据库系统的安装及使用可参考数据库相关书籍，也可以参考其他书籍或网上相关资料。

桥梁基本信息表见表 3.4。表 3.4 对应的桥梁巡视记录表见表 3.5，用来记录表 3.4 中的桥梁日常病害巡视内容。

表 3.4 桥梁基本信息表（Tbaseinf）

桥梁编号	桥梁名称	所在区域	建设时间	设计寿命/年	桥使用类型
1	1 号桥	河东区	1860 年	0	拱形人行桥
2	2 号桥	河西区	1960 年	80	4 车道梁式公路桥
3	3 号桥	河北区	2002 年	100	异形钢结构公路桥
4	4 号桥	河南区	2015 年	120	悬索公路桥
……	……	……	……	……	……

表 3.5 桥梁巡视记录表（TCheck）

自增 ID 号	桥梁编号	病害描述	病害打分	病害危害等级	记录日期
1	2	桥墩水泥脱落面积 $3m^2$，深度 3cm	100	危桥	2021 年 3 月 3 日 8:30:15
2	3	桥面存在 $25cm^2$ 的防锈漆脱落	3	一般	2021 年 7 月 3 日 8:50:15
3	1	桥一侧长杂草，面积 $0.5m^2$	2	一般	2021 年 9 月 3 日 10:50:15
4	2	桥面出现宽度 3cm，长度 10m，深度 5cm 的裂缝	100	危桥	2021 年 3 月 3 日 9:30:15
……	……	……	……	……	……

把表 3.4、表 3.5 的数据插入 MySQL 的 Bridge 库对应的表内。然后，用 Select 语句统计各座桥的病害程度，根据病害打分总数排行，说明哪座桥梁病害程度最高。

第一步，在 MySQL 建立 Bridge 库。

第二步，创建桥梁基本信息表（Tbaseinf）、桥梁巡视记录表（TCheck）。

第三步，分别把表 3.4、表 3.5 的案例数据插入 Tbaseinf、TCheck，表数据插入示例如下。

INSERT INTO｀bridge｀.｀tbaseinf｀
(｀bridge_id｀,｀name｀,｀area｀,｀b_year｀,｀lifetime｀,｀b_type｀)
VALUES(4,'4 号桥','河南区',2015,120,'悬索公路桥');

第四步，用 SQL 的 Select 语句实现数据查询统计分析，如下所示。

select bridge_id,name,sum(c. score) from tbaseinf b,tcheck c where b. bridge_id = c. b_id group by bridge_id,name order by sum(c. score)

该 Select 语句执行的病害统计排序结果如图 3.12 所示，2 号桥病害打分和为 200，属于病害最重的桥梁。

bridge_id	name	sum(c.score)
1	1号桥	2
3	3号桥	3
2	2号桥	200

图 3.12 病害统计排序结果

3.4.3 大数据分析

大数据分析是从 NoSQL 数据库系统开始的，最早起源于 2008 年的 Hadoop 系统，其大数据分析系统包括 Hive SQL、Spark 等，其后 MongoDB 数据库在 2009 年正式发布。2011 年后陆续出现了 SQL 结构化分布式数据库系统，如国内的巨杉（SequoiaDB）[一]、达梦（DamengDB）[二]、南大通用（GBase）[三]等数据库。由此，大数据分析包括 NoSQL 和 SQL 两大类。

1. MongoDB

截至 2022 年 11 月，MongoDB 数据库高居数据库排行榜[四]，NoSQL 数据库类的第一名。MongoDB 是一款开源、跨平台、分布式的，具有大数据处理能力的文档存储数据库。

MongoDB 数据库的安装及基本使用操作，可参见《NoSQL 数据库入门与实践（基于 MongoDB、Redis）》（第 2 版），或其他相关资料。

在 MongoDB 的 Shell 端，选择 goodsdb 数据库，往 Sale_detail 集合里连续插入 4 条文档记录，然后用 aggregate 聚合命令进行文档记录的统计，代码实现如下。

```
> use goodsdb
> db.Sale_detail.insertMany(      #连续插入4条文档记录
    [ {goodsid:"1001",amount:2,price:10.2,ok:false},
      {goodsid:"1001",amount:3,price:14.8,ok:false},
      {goodsid:"1002",amount:10,price:50,ok:false},
      {goodsid:"1002",amount:2,price:10,ok:true}
    ]
)
> db.Sale_detail.aggregate(
    [
      {
        $match:{ok:false}
      },                           #查找条件，与find()的查找条件使用方法一样
      {
        $group:{
          _id:"$goodsid",total:{$sum:"$amount"}
        }                          #按 goodsid 分类统计 amount 字段的总数量
      }
    ]
)
```

统计结果显示如下。

[一] 巨杉数据库官网：https://www.sequoiadb.com/cn/。
[二] 达梦数据库官网：https://www.dameng.com/。
[三] 南大通用数据库官网：http://www.gbase.cn/。
[四] 数据库排行榜：https://db-engines.com/en/ranking。

```
{ "_id" : "1002" , "total" : 10 }
{ "_id" : "1001" , "total" : 5 }
```

2. GBase 8a MPP Cluster

南大通用大规模分布式并行数据库集群系统是在 GBase 8a 列存储数据库基础上开发的一款 Shared Nothing①架构的分布式并行数据库集群，具备高性能、高可用、高扩展等特性，可以为各种规模数据管理提供高性价比的通用计算平台，并广泛用于支撑各类数据仓库系统、BI 系统和决策支持系统。在 2022 年 TPC – DS 性能测试中，凭借对大规模的数据在真实业务场景下的分析查询，GBase 8a 拿下数据库"探花"名次。GBase 8a MPP Cluster 产品共包含三大核心组件，即分布式管理集群 GCWare、分布式调度集群 GCluster 和分布式存储计算集群 GNode。

登录进入 GBase 8a 数据库，进行新建数据库、新建表、向表中插入数据、查询表数据等数据库操作，测试集群的基本功能正常。操作过程示例如下：

```
[gbase@ gbase01 gcinstall]$ gccli – uroot    #在 Linux 环境下启动 gccli 数据库客户端登录工具
gbase > show databases;                      #查看数据库
+--------------------+
| Database           |
+--------------------+
| information_schema |
| performance_schema |
| gbase              |
| gctmpdb            |
| gclusterdb         |
+--------------------+
12 rows in set (Elapsed: 00:00:00.00)


gbase > create database test;        #创建 test 数据库
Query OK, 1 row affected (Elapsed: 00:00:00.01)


gbase > use test;                    #把 test 设置为当前数据库
Query OK, 0 rows affected (Elapsed: 00:00:00.01)


gbase > create table t1(a varchar(20));   #在当前数据库里创建 t1 表
Query OK, 0 rows affected (Elapsed: 00:00:00.03)
```

---

① Shared Nothing 架构，每个结点的数据库进程都有自己的 CPU、内存、存储。跨结点的数据访问通过结点之间的网络通信来完成。

```
gbase > insert into t1 values('b');#往 t1 表里插入一条记录
Query OK, 1 row affected (Elapsed: 00:00:00.01)

gbase > select * from t1;#用 select 命令查看 t1 表里的记录
+-------+
|   a   |
+-------+
|   b   |
+-------+
1 row in set (Elapsed: 00:00:00.01)
```

从 GBase 8a MPP Cluster 对数据库的操作语句可以看出，其采用了 SQL 命令操作标准，大幅降低了读者的学习难度。

3.4.4 文件数据分析

数据文件是计算机里最常见的一类文件，一般情况下由不同的软件创建、编辑和管理。数据文件的主要存储格式可以分为二进制格式和纯文本格式。

常见的数据文件扩展名有 csv（逗号分隔值文件）、dat（通用数据文件）、xml（可扩展标记语言文件）、json（JavaScript 对象格式文件）、xlsx（Excel 文件）等。

利用上述数据文件存储的数据，主要基于中小规模的数据存储量，无法满足大数据的存储及分析需求，但是不妨碍一般读者的数据分析学习和操作。

以 Excel 文件为例，简单介绍其数据分析功能。用 Excel 进行数据分析，主要通过其自带的函数进行。Excel 函数一共有 11 类，分别是工程函数、统计函数、逻辑函数、财务函数、数学和三角函数、数据库函数、日期与时间函数、信息函数、查询和引用函数、文本函数及用户自定义函数。

表 3.6 为某水果店员工的销售日报，通过 Excel 的统计函数和逻辑函数，分析日销售额大于等于 5000 元的员工为优秀，小于 5000 元的为普通，并进行销售额排名。

表 3.6 水果店员工销售日报表

员工编号	员工姓名	销售额/元
1001	张三	2001
1002	李四	8602
1003	王五	5006
1004	麻六	4070
1005	丁七	7888

Excel 自带的 rank 函数用于指定字段值范围的排序，该函数的使用格式如下：

= rank（数值，引用区域，排位方式）

数值代表字段编号，引用区域指字段排序范围，排位方式默认 0 为升序，1 为降序。

用逻辑函数 if 判断销售额大于等于 5000 时，为优秀；小于 5000 时为普通。if 函数使用格式如下：

if（计算条件的表达式或值，满足条件返回 true，否则返回 false）

图 3.13 为用 Excel 进行水果店员工日销售额分析的结果。其实现步骤为：

E2　fx　=IF(C2>=5000,"优秀","普通")

	A	B	C	D	E
1	员工编号	员工姓名	销售额 / 元	排名	是否优秀
2	1001	张三	2001	5	普通
3	1002	李四	8602	1	优秀
4	1003	王五	5006	3	优秀
5	1004	麻六	4070	4	普通
6	1005	丁七	7888	2	优秀

图 3.13　水果店员工日销售额分析结果

第一步，把表3.6 内容输入到图 3.13 里，建立数据表，然后在“销售额/元”列后建立“排名”“是否优秀”两个新列（直接输入列名）。

第二步，用 rank（）函数，对销售额进行排序，在 2001 值右边“排名”下面单击单元格，在 *fx* 右边输入框输入“=RANK（C2，C2：C6）”，其中 C2 指“销售额/元”第二格的值，C2：C6 表示“销售额/元”的值，范围为 2～6 个单元格里的值，然后直接回车，产生排名 5，然后继续在该单元格里单击鼠标左键，单元格右下角出现一个小的“+”，单击鼠标左键，并往下拉到同列第 6 个单元格，完成排名。

第三步，用 if（）函数，在“是否优秀”列实现大于等于 5000 的赋值“优秀”，小于 5000 的赋值“普通”；其操作过程类似 rank（），先单击“是否优秀”列下面的第一个单元格，然后在 *fx* 右边输入框输入“=IF（C2>=5000,"优秀","普通"）”，回车，鼠标单击第一个单元格右下角“+”并下拉到同列第 6 个单元格，实现所有员工是否优秀的自动分析。

3.4.5　AI 分析

AI 分析方法在交通领域应用越来越多，它属于高级数据分析方法，常见的应用如图像识别车牌、图像识别人脸检票、交通流预测[35]、交通设施病害识别[36]等。

AI 数据分析首先要有数据，然后才能通过 AI 算法实现数据分析。下面以 Anaconda 软件包自带的 Scikit-learn 为例，举例说明聚类算法的实现过程。

1. 聚类算法基本实现思路

聚类算法基本实现思路分为划分法（Partitioning Methods）、层次法（Hierarchical Methods）、基于密度的方法（Density-based Methods）、基于网格的方法（Grid-based Methods）、基于模型的方法（Model-Based Methods）。这里重点介绍划分法的实现思路。

第一步，通过指定 K 确定需要形成的簇的个数，即首先确定样本数据集分为 K 类的个数。

第二步，通过迭代找到每簇的质心点，迭代过程中，首先确定 K 类的 K 个初始质心，把相近距离的样本点纳入该簇中，依次完成 K 个初始质心的一次样本归类；其次计算各自分簇样本数据的距离均值，以各自均值为新的质心，依次计算并调整样本数的归类；最后再反复迭代计算，一直到新质心稳定不变或符合迭代阈值要求，实现样本数据的预测分类。

迭代过程改变分簇，使得每一次改进之后的分簇方案都较前一次好，而所谓好的标准就是：同一分簇中的记录越近越好，而不同分簇中的记录越远越好。为了达到全局最优，基于划分的聚类可能需要穷举所有可能的划分，计算量将随着样本数的增大而剧增。为此，在实际使用过程采用了启发反复，如KMeans、K中心算法，逐步提升聚类质量，这类算法适用于中小规模的样本数据集的预测分类。

2. KMeans 聚类算法原理

在 KMeans 聚类一簇中，样本数据与质心之间进行欧几里得距离的计算。

$$Dis = \sqrt{(x_2 - x_1)^2 + (y_2 - y_1)^2} \tag{3.4}$$

式中，Dis 为两个平面坐标点的直线距离；(x_2, y_2)、(x_1, y_1) 为二维平面上的两个点的坐标，这里可以把其中一个坐标看作质心坐标，然后指定的 K 个质心坐标与其他样本数据坐标进行欧几里得距离计算，算出距离最近的质心，纳入该质心的簇中，一直循环计算直至所有样本数据都被轮询计算完成。

然后，计算每簇内质心到各个数据点的平均距离 M，这个平均距离是新产生的质心点；继续重新开始轮询计算新质点到样本数据的距离，再计算平均距离 M，如此轮询直到平均距离最小，且稳定为止，或到达某一指定阈值为止，停止迭代循环。

3. KMeans 模型对象

KMeans 模型为：KMeans(n_clusters, init, n_init, max_iter, tol, precompute_distances, verbose, random_state, copy_x, n_jobs, algorithm)。

1）n_clusters，整数，可选，指定样本要生成的簇个数（质心数），即 K 值，默认值为 8。

2）init，可选项 {'k-means++', 'random', an ndarray}，指定聚类计算初始化分簇质心（centroid）⊖位置的方法。其中，默认值 'k-means++'，以智能方式选择指定个数的初始聚类质心，并快速收敛；'random' 从初始质心的数据中随机选择 K 个观测值；如果传递的是 ndarray，则形状应该是（n_clusters, n_features），并给出初始质心值。

3）n_init，整数，默认值为 10，计算质心迭代次数；一般情况下可以不修改该值，当 K 值较大时，可以适当增大该值。

4）max_iter，整数，默认值为 300，指定单次运行算法的最大迭代次数；对于非凸数据集，存在算法无法很好收敛的问题，通过指定该值让运行的算法在指定次数范围内退出。

5）tol，浮点数，默认值为 1e-4，指定算法收敛时的容差值。

6）precompute_distances，预计算数据之间的距离，但会占用更多的内存，可选项 {'auto', True, False}。其中，'auto' 值时，当样本数超过 1200 万个，不进行预先计算；True 值时，始终预先计算距离；False 值，则不预先计算距离。

7）verbose，整数，默认值为 0，指定详细模式。

8）random_state，整数，随机或 None，确定质心初始化的随机数生成器；默认值为 None，则不固定随机生成数。

9）copy_x，布尔值，当使用 precomputing distances 参数时，将数据质心化会得到更准确的结果；若布尔值设为 True，则原始数据不会被改变；若值设为 False，则会直接在原始数

⊖ 质心，几何物理学术语，质量中心的简称。这里可以理解为一组相似数据平均距离的中心位置。

据上做修改并在函数返回值时将其还原。

10）n_jobs，整数或None（默认值），可选，指定用于并行计算 n_init 的作业数。

11）algorithm，指定该模型的具体实现算法，可选项 {"auto"，"full"，"elkan"}。其中，"full" 适用于稀疏数据集情况下的计算；"elkan" 适用于密集数据集情况下的计算；默认值"auto" 表示根据数据集是否为稀疏值自动选择"full" 或"elkan" 算法。

4. KMeans 的主要方法

1）fit(X[,y])，进行数据集的模型训练，KMeans 聚类计算。

2）fit_predict(X[,y])，计算聚类的簇质心，并预测每个样本的聚类索引值。

3）predict(X)，预测测试样本的簇分类。

4）score(X,[y])，评估预测结果准确度。

5. KMeans 代码示例

```
from sklearn.cluster import KMeans                    #导入 KMeans 模型
import numpy as np
Data = np.array([[1,2],[2,4],[1,1],                   #预置第一类训练集数据
                 [7,5],[8,4],[8,6]])                  #预置第二类训练集数据
kmeans = KMeans(n_clusters=2, random_state=133)       #创建模型，指定K值为2，样本数据分两类
kmeans.fit(Data)                                      #样本数据 KMeans 模型训练
lb = kmeans.labels_                                   #训练结果的分类标签
print('KMeans 模型训练结果分类标签',lb)
result = kmeans.predict([[2,3],[9,5]])                #数据测试预测分类
print('测试集的测试分类结果',result)                   #预测结果
kc = kmeans.cluster_centers_
print('KMeans 模型计算最后质心',kc)
```

上述代码执行结果如下。

```
KMeans 模型训练结果分类标签[0 0 0 1 1 1]              #前3个样本数据分到0类,后3个分到1类
测试集的测试分类结果 [0 1]                             #测试前一个坐标点分到0类,后一个分到1类
KMeans 模型计算最后质心[[1.33333333 2.33333333]       #0 类的质心坐标
 [7.66666667 5.      ]]                               #1 类的质心坐标
```

对上述 KMeans 模型聚类结果进行可视化，如下所示。执行结果如图 3.14 所示。

```
import matplotlib.pyplot as plt
plt.figure()
plt.plot(Data[:3,0],Data[:3,1],'bo')                  #绘制蓝色圆点第1类样本
plt.plot(Data[3:,0],Data[3:,1],'gv')                  #绘制绿色下三角点第2类样本
plt.plot(kc[:,0],kc[:,1],'k*',markeredgewidth=10)     #绘制黑色粗*质心点
plt.show()
```

KMeans 聚类要求数据具有一定的离散分类特征，且没有异常或孤立点数据，否则会降低聚类准确度，并增加计算量。

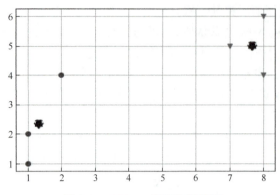

图 3.14　KMeans 模型聚类结果

3.4.6　可视化分析

人类大脑更加喜欢通过可视化内容判断相关信息，如电子导航地图里马路的拥堵指数，用绿、黄、红等颜色进行表示，而没有采用数值来提示。信息化软件的发展过程也一直在追求美观、直观的各种图像界面，从早期的黑白色的 DOS 界面，到三维桌面端界面，再到 Web 网页界面，然后到最近专题二维、三维动静结合的智能化展示组件界面，信息化软件发展趋于可视化。

目前，市场上常见的数据可视化分析界面软件包括 Tableau、Echarts、SovitChart 等。

Tableau⊖ 是美国 Tableau Software 公司开发的一款智能化数据分析及可视化软件，支持电子表格、数据库、大数据系统等的数据接入与数据分析；无须编程，仅通过单/双击鼠标操作，可以快速实现数据连接和可视化分析展示；可以在几分钟内生成美观、专业的图表、坐标图、仪表盘图、专题报告、地图分析等。该软件可以免费下载试用。

Echarts⊖ 是一款基于 JavaScript 的数据可视化图表库，提供直观、生动、可交互、可个性化定制的数据可视化图表软件，是由百度团队开发的、免费、开源的软件。

Echarts 可以提供散点图、折线图、烛台图、地形图、雷达图、节点 - 链接图、热力图、树形图、桑基图、平行坐标、仪表盘图等，用于数据分析展示[37]，如图 3.15 所示。在 Echarts 官网可以下载该组件、查看不同图形的示例。

Echarts 默认为 Java、JavaScript 语言环境下的可视化组件，若需要用 Python 调用，则需要先安装 Pyecharts⊖。Pyecharts 是在 Echarts 的基础上封装了 Python 调用接口，使 Python 使用 Pyecharts 实现了使用 Echarts 的效果。在 Anaconda Prompt 里执行如下命令，安装 Pyecharts 组件。

```
pip3 install pyecharts
```

提示安装成功后，就可以在 Spyder 里调用 Pyecharts。下列代码用 Python 代码调用 Pye-

⊖ Tableau 官网地址：https://www.tableau.com/。

⊖ Echarts 官网地址：https://echarts.apache.org/zh/index.html。

⊖ Pyecharts 官网地址：https://pyecharts.org/#/。

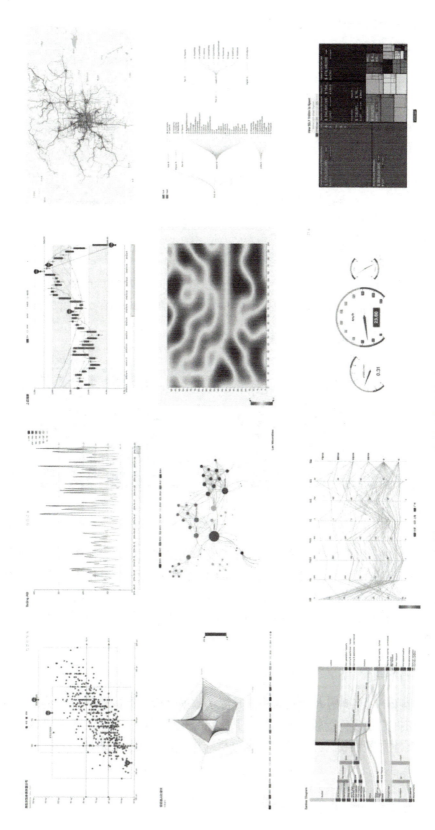

图3.15 Echarts绘制的各种统计图（见彩插）

charts 组件，实现了数据的条形图展现。

```
# - * - coding: utf - 8 - * -
"""
Created on Sun Nov 20 11:18:33 2022
用 Python 调用 Pyecharts 组件
代码文件:callPyecharts.py
@author:Administrator
"""
from pyecharts.charts import Bar    #从 charts 子模块导入 Bar()对象
bar = Bar()                          #创建条形图对象
bar.add_xaxis(["西瓜","苹果","橘子","梨","樱桃","蓝莓"])
bar.add_yaxis("数量(个)",[23,100,50,30,75,90],color='green')
bar.render("showfruits.html")       #生成带条形图的 html 文件
```

执行上述代码，生成 showfruits.html 文件。在该代码执行文件对应的路径下找到 show-fruits.html 文件，双击鼠标，在浏览器里显示用 Pyecharts 绘制的条形图，如图 3.16 所示。

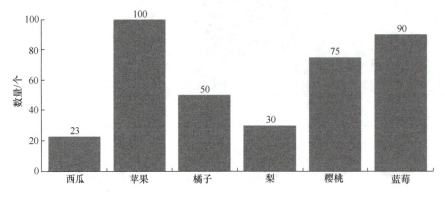

图 3.16　用 Pyecharts 绘制条形图

SovitChart①是一款通过在线拖拽式页面设计实现可视化的敏捷开发工具，由长沙数维图信息科技有限公司开发，并对个人免费。SovitChart 可以用来制作可视化大屏界面、企业系统领导驾驶舱页面、看板页面、图表式统计报表页面、大数据可视化页面及常用的可视化 Web 页面等。同时它还可以用来配合售前人员进行案例快速制作、动态原型的快速制作，提供系统演示等。

3.4.7　其他专用工具分析

RapidMiner②是 2001 年德国人开发的一款开源大数据分析工具，总部位于美国，可用于数据分析和文本挖掘，分为免费版和付费版。其特点是拖拽建模，自带上千个函数，无须编程，简单易用，支持大多数数据源的接入，是分析师集成数据准备、机器学习、预测模型部

---

① SovitChart 官网地址：https://www.sovitjs.com/m/sovit_chart.html。
② RapidMiner 官网地址：https://rapidminer.com/。

署等的领先平台之一。

阿里巴巴的 DataV[1] 组件提供丰富的可视化模板，满足会议展览、业务监控、风险预警、地理信息分析等多种业务的展示需求，分为免费版和付费版，属于开源工具。DataV 组件库基于 Vue.js[2] 开发使用，主要用于构建大屏数据展示页面，即数据可视化。

Sugar BI 是百度智能云推出的敏捷 BI 和数据可视化平台，目标是解决报表和大屏的数据 BI 分析和可视化问题，解放数据可视化系统的开发人力。

Sugar BI 基于百度 Echarts，支持丰富的图表组件（100 多种：折线图、柱形图、饼图、拓扑图、地形图、散点图等）和过滤条件（10 多种：单选、多选、日期、输入框、复杂逻辑等），拥有酷炫的 3D 地图效果，能够充分满足复杂的可视化需求。图 3.17 为 Sugar BI 官网提供的三维动态大屏展示示例界面。Sugar BI 提供免费使用和付费使用两种方式。

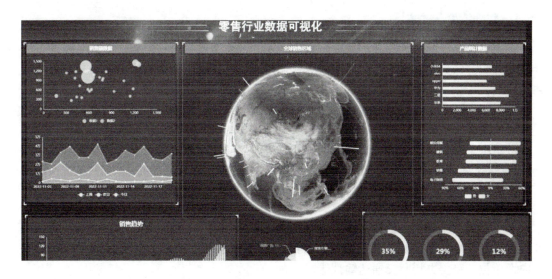

图 3.17　Sugar BI 官网提供的三维动态大屏展示示例界面

其他比较有名的可视化工具包括网易的有数 BI[3]、微软的 Power BI[4]、Zoho Analytics[5] 等。

3.5　大数据中心平台应用定位

交通大数据中心的数据汇集后，需要通过数据分析和系统开发，进行专题应用。大数据中心平台常见的应用定位包括数据汇聚与共享、大屏展示与交流、交通指挥调度、视频会议协调、综合决策应用、定向数据研究六大部分，如图 3.18 所示。

---

[1] DataV 官网地址：http://datav.jiaminghi.com/。
[2] Vue.js 官网地址：https://vuejs.bootcss.com/guide/。
[3] 有数 BI 官网地址：https://youdata.163.com/。
[4] Power BI 官网地址：https://powerbi.microsoft.com/zh-cn/。
[5] Zoho Analytics 官网地址：https://www.zoho.com.cn/analytics/data-analytics-software.html。

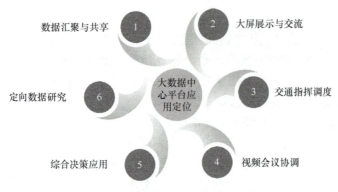

图 3.18　大数据中心平台应用定位

3.5.1　数据汇聚与共享

交通大数据面对的数据种类繁多，需要从不同的业务系统进行汇总，以统一标准、统一管理的方式存储到大数据中心。对于需要数据的单位，则通过大数据中心平台，对数据进行共享使用。

对于数据汇聚，需要通过大数据中心平台设置对接接口，确定数据推送或抽取方式，实现实时或离线批次数据传输；对于数据共享，则需要明确共享方式，如前置机推送、实时接口推送、不定期接口读取等。数据的汇聚和共享需要专业技术人员进行设置和管理。

图 3.19 为天津市交通运输行业数据资源交换共享与开放应用平台，日均接入数据在 3.3 亿~6 亿条，涉及接入数据包括普通公路、高速公路、民航客运、民航货运、城市公交、城市出租车、城市网约车、城市轨道、城市共享单车、道路货运运输、危险品运输、长途汽车客运、旅游包车客运、铁路运输、港口运输、邮政快递、运输执法、其他行业（卫健委、发改委、教育委）等。日均共享数据 25 万~100 万条，共享对象包括天津市交通运输委员会内设单位、跨委办局、交通运输部等。

3.5.2　大屏展示与交流

对于大规模的交通大数据中心，通过 DLP⊖大屏和相应数据应用系统的结合，为来访客人提供系统展示，并进行业务、技术交流，提升交通数据应用水平，是交通大数据中心平台的一项日常应用工作。

图 3.20 为某大数据中心大屏展示与交流现场。

讲解人员面对大屏所展示的系统，为访客提供系统功能讲解，边讲解边演示相关系统功能，并与访客互动。讲解的内容因业务系统而异，包括应急处置系统、交通视频系统、交通预测分析系统、指挥调度系统、交通工具监管系统等。

3.5.3　交通指挥调度

交通行业在实际环境下，面对的是庞大的交通设施和人流、物流、交通流，所经历的环境差异性也很大，存在各种突发事故，需要随时处理。通过大数据中心与数据的深度融合，采用可见、可控、可预测的，有日常监管与应急响应功能的交通指挥调度系统，是国内很多

⊖　DLP 是 Digital Light Procession 的缩写，中文意思为数字光处理。

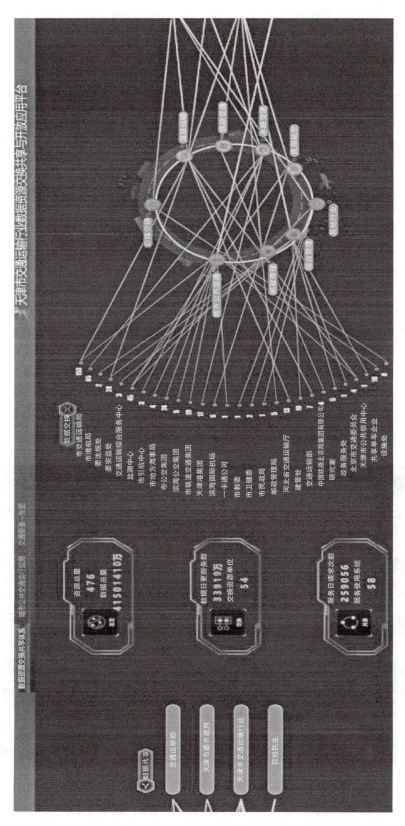

图 3.19 天津市交通运输行业数据资源交换共享与开放应用平台（见彩插）

省级交通中心建设的方向。

可见，则意味着需要在公路、铁路、民航机场、轨道、城市道路等设施上加建一定规模的摄像头，监控人流的变化情况、车辆的拥堵情况、易产生地质灾害路段的变化情况、路面特殊气象情况（如高速公路起团雾）、隧道桥梁的病害变化情况、路面车祸情况等。以高速公路为例，国内很多省市通过路网管理与应急处置系统工程、两类设施⊖工程、省界站拆除工程等，实现了高密度的高清摄像头的覆盖，为可见提供了可操控设备支持。

可控，则要求能及时发现问题，及时指挥调度处理，做到第一时间应急响应，将问题影响最小化。从系统上可以通过对讲机、智能手机、海事卫星电话、车载通信设备实现与应急指挥中心实时联动，并能及时调动专业人员、相关物资、相关设备进行应急响应。

图 3.20　大数据中心大屏展示与交流现场

可预测，则要求系统通过大数据、人工智能等分析，可以比较精准地预测交通问题发生的可能和趋势。如预测城市拥堵的趋势、拥堵的范围，预测山区道路边坡地质灾害发生的可能，预测高速公路起团雾的区域、时间，预测不同季节航班延误状况，预测港口运输货物变化规律等，为业务人员内部调度的优化提供参考。

图 3.21 为交通运行与应急指挥系统的一个综合集成界面，中间通过摄像头，给出了火车站实时场景，两边整合了机场、铁路、出租车、长途客车等实时大数据，并给出了客流预警信息，方便调度指挥人员及时根据不同的客流量进行调度指挥，解决旅客拥堵的问题。

图 3.21　交通运行与应急指挥系统（见彩插）

⊖　两类设施是指交通标志、标线及护栏等道路交通安全设施，以及电子警察、视频监控设备等交通管理图技设施。

3.5.4 视频会议协调

通过大屏召开视频会议是交通大数据平台延伸的一项功能。在一个几百平方千米范围的大城市，召集几百人集中到现场开会，与远程视频会议相比，存在召集效率低、路上耗时长、交通成本高等问题。

通过召开远程视频会议解决实际问题，成为交通行业常用的一种会议手段。人们不但可以在本地交通体系内召开远程视频会议，还可以与交通运输部，甚至地球另外一端的相关人员随时随地进行视频会议，体现了视频会议的应用价值。图 3.22 是某交通指挥中心召开视频会议情况。

要召开视频会议，除了大屏外，还需要专用的网络视频会议软件、相关的网络通信通道、视频摄像终端等设备的支持。

图 3.22　交通指挥中心召开视频会议情况

3.5.5 综合决策应用

综合决策应用是交通大数据平台的另外一项主要应用功能。综合决策应用侧重于两方面，一方面为业务的综合分析，另外一方面为分析结果的领导决策。

1. 业务的综合分析

业务的综合分析可以分为专题业务分析、综合业务分析。

专题业务分析指特定某一节假日分析、特定交通工具分析或特定某项业务分析，如节假日城市客流热点分析、公交车客流分析、网约车违规经验分析等。

综合业务分析则为综合不同的业务系统，得出系统的数据分析结果。如要知道一个城市一天的进出交通客流量，则需要分析长途汽车、火车、客机、轮船等的客流进出情况。而每一种交通工具需要通过对应的业务系统，为综合分析系统提供实时客流数据。

2. 分析结果的领导决策

业务的综合分析结果主要供各级领导决策使用，如根据城市客流量趋势的变化，决定是否调整公交路线；根据市民的建议信息量，决定城市交通规划路线；根据城市的全年进出流量趋势，预测城市经济的活力，供城市配套决策使用。

图 3.23 为某城市交通综合分析决策系统。

图 3.23　城市交通综合分析决策系统（见彩插）

3.5.6　定向数据研究

交通大数据平台汇聚数据后，要持续不断地发挥数据价值，必须进行科学探索和研究，通过实际问题和科学研究方法的结合，持续创新，解决行业复杂问题。图 3.24 为综合交通大数据实验室科研人员研究课题场景。

图 3.24　综合交通大数据实验室科研人员研究课题场景

定向数据研究内容包括利用交通大数据，借助大数据分析、人工智能技术预测高速公路起团雾问题、物流迁徙变化规律问题、城市出行拥堵问题等。从上述信息可知，一般的行业管理人员、软件开发人员或软件企业，不具备解决高难度交通行业难题的能力，必须借助高水平的科研力量进行攻关，这是交通行业智能化推进的一个趋势。目前，天津、北京等地已经陆续出现以交通大数据为基础的专业研究实验室。

3.6 数据标准及制度建设

交通大数据平台建设离不开数据标准、数据制度的建设。

3.6.1 数据标准

当数据来源众多时，往往会产生数据标准不一致的冲突，如单位名称标准不一致，会导致不同人的叫法不一致，然后进一步导致存储结构不一致，产生数据无法统一存储、统一分析、统一共享等严重的问题。如交通运输部，又可以称为交通部、运输部、中华人民共和国交通运输部等，不同的叫法，名称的唯一性不一样、名称的长度不一样（导致数据存储结构里的字段长度要求不一样），很容易导致信息操作混乱。

图 3.25 为天津市交通运输政务信息资源目录部分内容，该目录的发布，为数据共享及接入提供了标准依据。

```
         天津市交通运输政务信息资源目录
前  言 ............................................................ 1
一、公路交通 ...................................................... 2
二、道路运输 ...................................................... 5
三、铁路交通 ..................................................... 12
四、水路交通 ..................................................... 14
五、民用航空 ..................................................... 19
六、邮政管理 ..................................................... 21
七、城市公共交通 ................................................. 23
八、综合管理 ..................................................... 30
九、其他行业 ..................................................... 32
附录一  信息资源目录分类说明 ..................................... 34
附录二  信息资源代码编码规则 ..................................... 41
附录三  版本更新说明 ............................................. 43
```

图 3.25　天津市交通运输政务信息资源目录

交通大数据平台主要数据标准有两类，一类是数据归集存储标准，另一类是数据共享应用标准。

1. 数据归集存储标准

交通大数据平台的数据来源众多，包括公交管理系统、轨道运营系统、港口管理系统、高速公路收费系统、共享单车运营系统、网约车管理系统、民用航班管理系统、邮政快递系统等，需要把这些系统的数据统一接入，因此需要提供统一接入端口标准、统一接入数据存储结构标准、数据分类存储标准。

2. 数据共享应用标准

交通大数据平台的共享应用对象众多,共享要求复杂。如有些共享要求数据实时性很高,有些共享数据存在个人敏感信息,有些共享要求数据项定制,需要针对不同的情况制定不同的数据共享应用标准,方便为数据管理人员提供技术支持、数据服务发布,也方便数据共享申请对象掌握可以申请使用的数据。

这些标准建立后,就需要公开发布,为数据源单位数据的接入提供技术参考,为需要共享的单位提供共享接口开发技术标准。

3.6.2 数据制度

与大数据平台建设紧密相关的数据制度涉及两大方面,一方面为国家、行业相关的法律法规政策要求,另一方面为大数据平台内部管理制度要求。

1. 法律法规政策要求

随着大数据重要性的增加,2015 年我国把大数据列入了国家基础战略性资源,并陆续出台了《中华人民共和国数据安全法》《中华人民共和国个人信息保护法》《国务院关于印发促进大数据发展行动纲要的通知》(国发〔2015〕50 号)、《国务院关于印发政务信息资源共享管理暂行办法的通知》(国发〔2016〕51 号)、《交通运输政务信息资源共享管理办法(试行)》(交科技发〔2017〕58 号)、《数据出境安全评估办法》等一系列法律法规,在大数据平台建设过程中需要严格对照落实各项法律法规政策,如对数据的分级分类要求、保密要求、跨境流通要求等。

2. 内部管理制度要求

大数据平台建设完成后,为了保证内部数据安全,并有序开展数据管理工作,需要建立相应的内部管理制度,如《大数据平台数据共享使用管理办法》《大数据平台工作人员管理办法》《大数据平台数据应急响应管理办法》《大数据平台数据安全管理办法》等。

习题及实验

1. 习题

(1) 填空题

1)(　　　　)是交通大数据建设、分析、应用的基础。

2) 要使交通大数据中心具备建设条件,至少需要在技术、(　　　　)、运行环境方面满足要求。

3) 要把各种数据统一存储到数据中心,并进行进出数据有效管理,则需要设计大数据中心平台(　　　　)。

4) 有了数据后,只有通过(　　　　),数据才能更好地产生价值。

5) 大数据中心平台常见的应用定位包括数据汇聚与共享、大屏展示与交流、(　　　　)、视频会议协调、综合决策应用、定向数据研究六大部分。

(2) 判断题

1) 交通结构化数据是目前主要存储、分析、应用的数据,以关系型数据库存储的数据为主。(　　)

2) 新一代交通大数据中心建设,首先需要满足大数据计算要求。(　　)

3) 对于大数据中心平台建设的数据,必须进行目录设计,方便数据共享、数据重要资产管理、数据分类统计等。(　　)

4）通过编程语言实现数据分析，是数据科学研究和数据工程里最常用的一种分析方法。（   ）

5）交通大数据平台主要数据标准有两类，一类是数据归集存储标准，另外一类是数据共享应用标准。（   ）

2. 实验

预估某大数据中心平台 5 年累积产生的数据量。

实验要求：

1）实时产生的数据内容见表 3.7。

表 3.7　实时产生的数据内容

序号	数据名称	产生频次/(次/s)	产生内容	说明
1	高速收费数据	100	车牌图片 1 张，每车每次收费记录 0.3KB	图片 1KB
2	视频摄像头数据	5	异常图片 1 张，定位信息 0.1KB	图片 2KB
3	交通工具轨迹数据	100000	轨迹经纬度坐标、交通工具基本信息 0.1KB	—
4	执法数据	0.01	现场拍照 1 张，执法记录 0.1KB	图片 2KB

2）预估数据存储量要满足实际项目实施需要。

3）每年预计数据增量在 5%。

4）进行 5 年数据量的可视化数据分析。

5）形成实验报告。

第 4 章 交通数据常用分析方法

交通领域高级的数据分析方法很多，这里选择一些智能交通工程上常用或最新的分析方法，作引导性学习之用。

4.1 基于交通的 GIS 数据分析方法

GIS 以计算机为基础，可实现交通数据在时间和空间维度的可视化。GIS 技术在交通领域的研究、开发和应用逐渐形成交叉学科，逐步实现交通数据在空间和时间维度的无缝集成，以及相对空间和非几何空间的精确描述。以 GIS 为基础的交通系统设计支持空间交通数据的采集、管理、处理、分析、建模和显示，以便解决复杂的交通规划和管理问题。它可以对空间交通数据按地理坐标或空间位置进行各种处理和数据的有效管理；通过对交通问题的多因素分析，可以迅速地获取满足交通应用需要的信息，并能以地图、图形或数据的形式表示处理的结果。

交通空间分析是交通地理信息系统区别于其他类型系统的一个最重要的功能特征，也是各类综合性交通分析模型的基础或构件。交通空间分析是基于交通空间数据的分析技术，以 GIS 为依托，通过分析算法，从交通空间数据中获取有关交通对象的空间位置、空间分布、空间形态、空间形成、空间演变等信息。

4.1.1 热力图及实现

热力图（Heat Map）又称热图，一般在背景图上基于大数据的聚合，通过不同的色带渐进表示应用对象的聚合变化程度，可以很直观地展现空间数据的疏密程度或频率高低。热力图体现了数据的趋势发展规律，并不能准确描述数据趋势特征。热力图在电子商务行为分析、交通拥堵、公安治安、地震源分布范围等方面有着广泛的应用。

热力图实现算法的关键是把不同的数据与不同的颜色进行对应，一般稀疏的数据居于热力图的外围，用冷色表示，靠近热力图中心，颜色逐步转为暖色调，最中心位置往往采用红色表示。图 4.1 为高德地图热力图。

主流的代码开发工具都提供了颜色编程功能，如 Matplotlib 提供了详细的可调用色带码[①]。

融合交通、公安、城管等部门与交通出行相关的数据，围绕人、车、行、停等要素绘制热力专题图，可以在一张图上综合展示指定区域内公交、轨道交通、实时路况、停车场、共

---

① Matplotlib 官网：https://matplotlib.org/2.0.2/examples/color/colormaps_reference.html。

享单车、换乘点、水上码头、咨询投诉等静态数据和动态数据。通过对交通数据和交通指挥热力图的深度分析挖掘，实时监测重点区域的交通运行态势，综合分析交通运输服务情况，统一调度联合执法资源，及时调整相关交通管理服务措施，更加精准高效地服务市民出行。

图 4.1　高德地图热力图

基于百度地图实现交通拥堵热力图，核心代码如下所示。

```
import json

from pyecharts.charts import BMap        #导入pyecharts中间件支持百度地图的BMap类
from pyecharts import options as opts    #图形的所有操作均在options中进行设置

BAIDU_MAP_AK = "FAKE_AK"                  #百度地图API申请密钥类型值

# 读取项目中的json文件,原始文件见附录
with open("busRoutines.json", "r", encoding = "utf-8") as f:
    bus_lines = json.load(f)
c = (
    BMap(init_opts = opts.InitOpts(width = "1200px", height = "800px"))
    .add_schema(
        baidu_ak = BAIDU_MAP_AK,
```

```
center = [116.40, 40.04],
zoom = 10,
is_roam = True,
map_style = {
    "styleJson": [
        {
            "featureType": "water",
            "elementType": "all",
            "stylers": {"color": "#031628"},
        },
        {
            "featureType": "land",
            "elementType": "geometry",
            "stylers": {"color": "#000102"},
        },
        {
            "featureType": "highway",
            "elementType": "all",
            "stylers": {"visibility": "off"},
        },
        {
            "featureType": "arterial",
            "elementType": "geometry.fill",
            "stylers": {"color": "#000000"},
        },
        {
            "featureType": "arterial",
            "elementType": "geometry.stroke",
            "stylers": {"color": "#0b3d51"},
        },
        {
            "featureType": "local",
            "elementType": "geometry",
            "stylers": {"color": "#000000"},
        },
        {
            "featureType": "railway",
            "elementType": "geometry.fill",
            "stylers": {"color": "#000000"},
        },
        {
            "featureType": "railway",
```

```
            "elementType" : "geometry. stroke" ,
            "stylers" : { "color" : "#08304b" } ,
    } ,
    {
            "featureType" : "subway" ,
            "elementType" : "geometry" ,
            "stylers" : { "lightness" : -70 } ,
    } ,
    {
            "featureType" : "building" ,
            "elementType" : "geometry. fill" ,
            "stylers" : { "color" : "#000000" } ,
    } ,
    {
            "featureType" : "all" ,
            "elementType" : "labels. text. fill" ,
            "stylers" : { "color" : "#857f7f" } ,
    } ,
    {
            "featureType" : "all" ,
            "elementType" : "labels. text. stroke" ,
            "stylers" : { "color" : "#000000" } ,
    } ,
    {
            "featureType" : "building" ,
            "elementType" : "geometry" ,
            "stylers" : { "color" : "#022338" } ,
    } ,
    {
            "featureType" : "green" ,
            "elementType" : "geometry" ,
            "stylers" : { "color" : "#062032" } ,
    } ,
    {
            "featureType" : "boundary" ,
            "elementType" : "all" ,
            "stylers" : { "color" : "#465b6c" } ,
    } ,
    {
            "featureType" : "manmade" ,
            "elementType" : "all" ,
            "stylers" : { "color" : "#022338" } ,
```

```
                },
                {
                    "featureType" : "label",
                    "elementType" : "all",
                    "stylers" : {"visibility" : "off"},
                },
            ]
        },
    )
    .add(
        "",
        type_ = "lines",
        is_polyline = True,
        data_pair = bus_lines,
        linestyle_opts = opts.LineStyleOpts(opacity = 0.2, width = 0.5),
        # 如果不是最新版本,可以注释下面的参数(效果差距不大)
        progressive = 200,
        progressive_threshold = 500,
    )
    .render("bmap_beijing_bus_routines.html")
)
```

执行结果如图 4.2 所示。

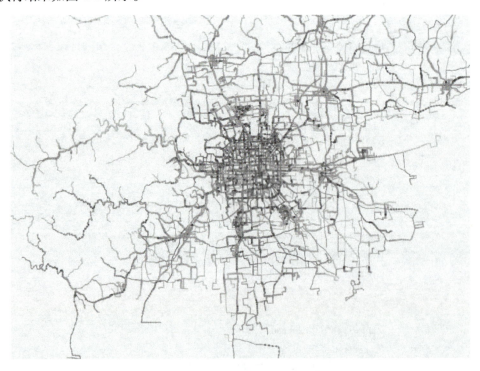

图 4.2　北京市交通拥堵热力图（见彩插）

4.1.2 OD 迁徙图及实现

交通出行 OD 矩阵是智能交通系统的一个重要基础数据,它包含居民的出行信息,反映人们的出行特征和出行模式,从中可以挖掘得到居民的出行规律和出行需求。OD 矩阵是交通规划和运营管理的重要参考依据。

目前出行 OD 数据获得的方法可以分为两类:一类是采用传统人工调查方法;另一类是使用智能交通中的传感器检测设备自动收集,例如滴滴出行等 App 的订单数据可以获取网约车出行 OD 数据。高频率、高覆盖、高品质和高度完整性的网约车精准 OD 轨迹数据,可以真正反映城市交通的运行规律。

以下通过调用百度 pyecharts 中间件的 Geo 类来实现 OD 分析示意图功能。

```
# 导入 Geo 包,注意 1.x 版本的导入与 0.x 版本的导入的差别
from pyecharts.charts import Geo
# 导入配置项
from pyecharts import options as opts
# ChartType:图标类型;SymbolType:标记点类型
from pyecharts.globals import ChartType,SymbolType


geo = Geo()


# 地图类型,世界地图可换为 world
geo.add_schema(maptype = "china")
# 添加数据点
geo.add("",[("北京",10),("上海",20),("广州",30),("成都",40),("哈尔滨",50)],type_ = ChartType.EFFECT_SCATTER)
# 添加流向,type_设置为 LINES,涟漪配置为箭头,提供的标记类型包括'circle','rect','roundRect','triangle',
#'diamond','pin','arrow','none'
geo.add("geo-lines",[("上海","广州"),("上海","新疆"),("上海","哈尔滨"),("成都","北京"),("哈尔滨","广州")],
type_ = ChartType.LINES,
effect_opts = opts.EffectOpts(symbol = SymbolType.ARROW,symbol_size = 5,color = "yellow"),
linestyle_opts = opts.LineStyleOpts(curve = 0.2),is_large = True)
# 不显示标签
geo.set_series_opts(label_opts = opts.LabelOpts(is_show = False))
# 设置图标标题,visualmap_opts = opts.VisualMapOpts()为左下角的视觉映射配置项
geo.set_global_opts(visualmap_opts = opts.VisualMapOpts(),title_opts = opts.TitleOpts(title = "Geo-Lines"))
# 直接在 notebook 里显示图表
```

```
geo. render_notebook( )
# 生成 html 文件,可传入位置参数
geo. render( "mychart. html" )
```

上述代码执行结果产生一个带 OD 迁徙路线的地图。

4.1.3 最优路径算法及实现

交通网络最优路径问题即基于道路网拓扑结构的最短路径问题。最短路径问题的求解主要分为两步:首先是利用图论将交通路网抽象为简单的拓扑结构图,确定路网的存储结构,建立能够反映交通网络耗时随机特性的网络模型;其次,在该路网模型上,选择车辆出行时间为道路权重,建立以出行时间最短为最优目标的最优路径模型。

图 4.3 为最短路径示意的网络拓扑结构图,有 A、B、C、D、E、F 六个节点,节点与节点之间的连线是边,边上注明连线的路径权重,A – D – E – C – F 构成了该图的最优路径线路。

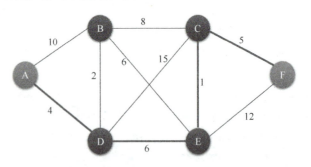

图 4.3 最短路径示意的网络拓扑结构图

将现实的路网抽象成网络模型,即网络拓扑结构图,是指利用图论的网络分析来研究城市交通网络中的最优路径问题。一个交通网络可以用一个有向图 $G(V,A,W)$ 来表示,$V(|V|=n)$ 是交通节点的集合,$A(|A|=m)$ 是边的集合,边相当于交通网络中的路段,$W(|W|=r)$ 是权的集合。其存储结构是一个 $n×n$ 阶的 0 – 1 矩阵 E,即邻接矩阵,计算公式为

$$E = (a_{ij})_{n \times n} \tag{4.1}$$

$$a_{ij} = \begin{cases} 1, (v_i, v_j) \in A, i,j = 1,2,\cdots,n \\ 0, (v_i, v_j) \notin A \end{cases} \tag{4.2}$$

交通网络最优路径问题主要由交通网络拓扑结构图模型、路径决策和路径目标函数三部分组成。通过确定这三部分,即可建立最优路径模型。其总体思路为:

1) 把现实路网抽象成图。
2) 确定交通网络中道路的权值(简称路权),建立目标函数。
3) 用相关算法求解图中的最优路径问题。
4) 把图中的最短路径还原成为现实中的最优路径。

其中,路网抽象是基础,路权和目标函数的确定是寻找最优路径的关键。

交通网络是最优路径问题研究的基础,决定了路径优化模型或算法计算的复杂程度。交通网络一般由以下两部分构成:

1) 网络拓扑结构 $G(V,A,W)$。
2) 边的权值,即路段行程时间。

网络拓扑结构一般固定不变,按照道路权值随机特性与时变特性的不同假设将交通网络分类。

最优路径问题按照决策类型可以分为两类:先验路径决策和自适应路径决策。先验路径决策是指出行者在出发前获得一条最优路径,并按照该条最优路径前进,直至到达目的地,因此,先验路径将忽略出行者在前进过程中交通网络的变化,忽略驾驶人在行驶过程中路径选择的习惯。自适应路径决策其实是一个不断调整最优路径,获得实际意义上最优路径的过程,出行者不断以所在节点为起始点,寻找与终点的最优路径,直至到达目的地。

交通网络的最优路径即已知起始点,求最短路径的问题。较为常用的最短路径算法有Dijkstra算法、A*算法、SPFA算法、Bellman–Ford算法、Floyd–Warshall算法、Johnson算法等。

Dijkstra(迪杰斯特拉)算法是一种适用于非负权值网络的单源最短路径算法,是目前公认较好的算法,也称标号算法。该算法的所有权值都为正值,基本思路是:采用贪心算法的策略,将所有顶点分为已标记点和未标记点两个集合,从起始点开始,不断在未标记点中寻找距离起始点路径最短的顶点,并将其标记,直到所有顶点都被标记为止。若想获取Python代码实现Dijkstra算法的方法,可以搜索Python实现Dijkstra算法相关文章,这里不再详细列举。

4.1.4 核密度估计模型及实现*

核密度估计(Kenel Density Estimation)是由伊曼纽尔·帕尔逊(Emanuel Parzen)等在20世纪五六十年代提出的随机变量概率分布非参数估计方法。该方法能根据数据分布获得概率密度函数而不必事先知道先验概率分布。

1. 核密度公式模型

假设服从同一分布函数的随机样本$(X_1, X_2, \cdots, X_n)$的概率密度函数$\hat{f}(x)$为

$$\hat{f}(x) = \frac{1}{nh}\sum_{i=1}^{n}K\left(\frac{X-X_i}{h}\right) \tag{4.3}$$

式中,n为给定样本的个数;h为带宽;$K(X)$为核函数;X_i为给定的随机变量的样本。核函数的形式主要由带宽h和核函数$K(X)$两个参数决定。

核函数$K(X)$的常见类型有如下几种形式。

(1) 高斯核

$$K(X) = \frac{1}{\sqrt{2\pi}}e^{\frac{-x^2}{2}} \tag{4.4}$$

(2) 均匀核

$$K(X) = \frac{1}{2}I(|X| \leq 1) \tag{4.5}$$

(3) 指数核

$$K(X) = \frac{1}{2}\lambda e^{-\lambda|X|} \tag{4.6}$$

(4) 余弦核

$$K(X) = \frac{3}{4}\cos\left(\frac{\pi}{2}X\right)I(|X| \leq 1) \tag{4.7}$$

对于区间预测模型来说有两个重要评价指标：可靠性和清晰度。其中，可靠性指标是指实际值落入预测区间的概率，通常情况下，预测区间越宽，实际值处于区间内的概率越大，但是区间预测模型追求的目标是在高度可靠的情况下缩减预测区间的宽度，太宽的预测区间也就失去了区间预测模型的实际价值。清晰度是区间预测模型的另一个重要参考指标，清晰度即约束可靠性的评价指标，二者是一对相互矛盾的评价指标。

2. 高斯核密度估计函数

stats.gaussian_kde(dataset,bw_method,weights)函数参数说明如下。

（1）dataset　提供用于估计的数据值（观察值）。

在单变量数据的情况下，这是一维数组，否则，是具有形状的二维数组。

（2）bw_method　用于计算估计器带宽的方法。

可选择值为'scott''silverman'、数值或可调用（callable）。若默认值为None，则使用'scott'。

（3）weights　数据点的权重。

这必须与数据集的形状相同。如果为None（默认值），则假定样本的权重相等。

3. 单变量估计案例

```
from scipy import stats
import matplotlib.pyplot as plt
x1 = np.array([-8,-6,0,3,5],dtype = np.float)      #观测点值
kde_1 = stats.gaussian_kde(x1,bw_method = 'scott')      #Scott方法高斯核密度估计
kde_2 = stats.gaussian_kde(x1,bw_method = 'silverman')      #Silverman方法高斯核密度估计
fig = plt.figure()
ax = fig.add_subplot(111)
ax.plot(x1,np.zeros(x1.shape),'b+',ms = 20)      #绘制蓝色的加号，观察值所在的位置
x = np.linspace(-10,10,num = 100)
ax.plot(x,kde_1(x),'k--',label = "Scott's Rule")
ax.plot(x,kde_2(x),'g-',label = "Silverman's Rule")
plt.title('gaussian_kde')
plt.legend()
plt.show()
```

执行结果如图4.4所示。从图4.4中可以看到，Scott方法和Silverman方法之间几乎没有区别，并且带有有限数据量的带宽选择可能有点过宽。另外，读者可以自行编写自定义带宽函数。

单变量核密度估计模型可以用于股票、金融等风险预测。

4. 多变量估计案例

利用gaussian_kde()函数可以实现多变量估计，这里展示双变量情况（Scipy官网原始案例）。

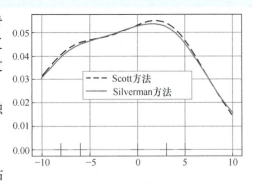

图4.4　单变量核密度估计（见彩插）

```
import numpy as np
import matplotlib.pyplot as plt
from scipy import stats
def measure(n):                                 #建立自定义函数,用于生成部分值重叠的两个测试数组
    m1 = np.random.normal(size = n)             #生成正态分布随机数数组1
    m2 = np.random.normal(scale = 0.5, size = n) #生成正态分布随机数数组2
    return m1 + m2, m1 - m2                     #两数组做加、减处理,并返回新的两个数组
m1, m2 = measure(2000)                          #调用具有重叠的2000个测量值函数
xmin = m1.min()                                 #求第一个测量值的最小值
xmax = m1.max()                                 #求第一个测量值的最大值
ymin = m2.min()                                 #求第二个测量值的最小值
ymax = m2.max()                                 #求第二个测量值的最大值
X, Y = np.mgrid[xmin:xmax:100j, ymin:ymax:100j] #返回二维网格结构值
positions = np.vstack([X.ravel(), Y.ravel()])   #返回扁平的一维数组对象,并进行垂直对接
values = np.vstack([m1, m2])                    #对两个测量值数组对象进行垂直对接
kernel = stats.gaussian_kde(values)             #进行高斯核密度计算
Z = np.reshape(kernel.evaluate(positions).T, X.shape) #高斯核密度评估
fig = plt.figure(figsize = (8, 6))
ax = fig.add_subplot(111)                       #建立绘图区域
ax.imshow(np.rot90(Z), cmap = plt.cm.gist_earth_r, extent = [xmin, xmax, ymin, ymax]) #沿Z轴旋转90°并显示
ax.plot(m1, m2, 'k.', markersize = 2)           #绘制测试值对应的黑点
ax.set_xlim([xmin, xmax])
ax.set_ylim([ymin, ymax])
plt.show()
```

执行结果如图4.5所示。该代码利用高斯核密度估计函数对双变量数据进行了处理,模拟了热力图的效果。

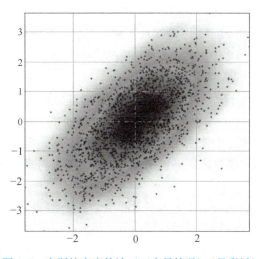

图4.5 高斯核密度估计(双变量情况)(见彩插)

4.2 交通流预测分析方法

交通领域的主要目标之一就是交通流量预测，为优化城市交通提供有力的支持。交通流量预测可以提前对重点路段或路口的交通流量进行实时或者短期预测，可以帮助交通决策部门提前进行交通流规划，避免交通拥堵的发生。如果出现交通拥堵，能够及时给出预警信息，从而提高交通出行效率，保障人民群众的出行安全，减少经济损失，对决策者和民众都起到了很重要的保障作用。

基于人工智能算法和大数据技术的实时城市道路流量预测，能够动态反映当前交通流拥堵的规律，便于采取增设潮汐车道等措施疏堵，同时能够及时响应临时修路、交通事故等潜在突发情况造成的交通拥堵。

交通流预测方法主要分为模型驱动和数据驱动两类。模型驱动的方法主要是基于先验知识来对流量、速度和密度等交通状态之间的瞬时和稳态关系进行系统建模，常见的模型有排队论模型、元胞传输模型、交通速度模型等。然而交通数据变化的影响因素多，影响规律复杂且相互耦合，难以通过单一模型来准确描述各种不同环境中复杂的交通数据变化。随着机器学习和人工智能技术的快速发展，近年来基于数据驱动的方法得到了深入研究和快速应用。在海量交通历史数据基础上建立一个交通流量预测模型，然后结合运行过程中产生的新数据对模型参数不断完善和优化，使其不断拟合真实模型。当前，数据驱动预测方法已经成为交通流预测的主流方法。基于数据驱动的交通流预测方法可以分为三类：基于统计学的交通流预测方法、基于传统机器学习的交通流预测方法和基于深度学习的交通流预测方法。

4.2.1 线性回归预测分析

一元线性回归用来拟合两个变量之间的线性相关关系，通过相关系数可以对两变量之间是否存在线性关系进行显著性检验。一元线性回归可以根据自变量 x 的变化来预测因变量 y 的变化趋势。二者之间内含的线性关系可以使用一元线性回归模型表达：

$$y_i = a + bx_i + \varepsilon_i \tag{4.8}$$

式中，y_i 为因变量 y 的第 i 次观测量；x_i 为自变量 x 的第 i 次取值；ε_i 为第 i 次的随机测量误差，一般是服从 $N(0,\sigma^2)$ 的正态分布。y_i 则是服从 $N(a+bx_i,\sigma^2)$ 的正态分布，也可表示为

$$\hat{y}_i = a + bx_i \tag{4.9}$$

式中，$\hat{y}_i$ 为 y 的离散状态估计值，每个自变量取值 x_i 都可以得到一个因变量对应的观测量 y_i 估计值；a 和 b 为利用线性回归方法得到一元一次方程的系数。回归系数 a 为直线的截距，即当 $x_i=0$ 时观测量 y_i 的取值；回归系数 b 则为直线 $\hat{y}_i$ 的斜率，反映因变量随自变量的变化快慢。斜率 b 大于 0 说明两个变量之间是正相关的关系，如果斜率小于 0 说明两个变量是负相关的关系。

一元线性回归模型法研究的是单个因变量和单个自变量的线性关系，因为其影响因素和考虑因素较少，所以适用于比较简单的数值预测。然而在交通领域中很多事物都具有紧密相关的多种影响因素，因此，需要采用多元回归模型。多元线性回归体现的是多个变量之间相关影响的线性关系，适用范围比较广，进行线性预测得出的结果与实际发生值较为接近。

多元线性回归方法是假设研究目标受到 $\{x_1, x_2, \cdots, x_n\}$ 共 n 个因素的影响，如果因变量 y 与其他多个自变量存在一定的线性关系，则因变量 y 与 $\{x_1, x_2, \cdots, x_n\}$ 的多元线性关系为

$$y_i = \beta_0 + \beta_1 x_{i1} + \beta_2 x_{i2} + \cdots + \beta_m x_{im} + \varepsilon_i \tag{4.10}$$

n 组观测量可以构成如下方程：

$$\begin{cases} y_1 = \beta_0 + \beta_1 x_{11} + \beta_2 x_{12} + \cdots + \beta_m x_{1m} \\ y_2 = \beta_0 + \beta_1 x_{21} + \beta_2 x_{22} + \cdots + \beta_m x_{2m} \\ \vdots \\ y_n = \beta_0 + \beta_1 x_{n1} + \beta_2 x_{n2} + \cdots + \beta_m x_{nm} \end{cases} \tag{4.11}$$

写成矩阵形式如下：

$$Y = \begin{bmatrix} y_1 \\ y_2 \\ \vdots \\ y_n \end{bmatrix} \quad X = \begin{bmatrix} 1 & x_{11} & \cdots & x_{1m} \\ 1 & x_{21} & \cdots & x_{2m} \\ \vdots & \vdots & \vdots & \vdots \\ 1 & x_{n1} & \cdots & x_{nm} \end{bmatrix} \quad \boldsymbol{\beta} = \begin{bmatrix} \beta_1 \\ \beta_2 \\ \vdots \\ \beta_n \end{bmatrix} \quad \boldsymbol{\varepsilon} = \begin{bmatrix} \varepsilon_1 \\ \varepsilon_2 \\ \vdots \\ \varepsilon_n \end{bmatrix} \tag{4.12}$$

公式简化为

$$Y = X\boldsymbol{\beta} + \boldsymbol{\varepsilon} \tag{4.13}$$

采用最小二乘估计可以求得多元回归模型的系数 $\boldsymbol{\beta}$：

$$\boldsymbol{\beta} = (X^T X)^{-1} X^T Y \tag{4.14}$$

得到回归系数 $\boldsymbol{\beta}$ 后，因变量 Y 的估计值 $\hat{Y}$ 可以计算如下：

$$\hat{Y} = X\boldsymbol{\beta} \tag{4.15}$$

估计误差 $E = \hat{Y} - Y$ 在均方意义上达到最小。

利用地铁流数据和多元线性回归方法实现流量预测，相关代码实现如下。

```python
import pandas as pd                                    #导入 Pandas 库
import scipy as sp                                     #导入 Scipy 库
import sklearn                                         #导入 Sklearn 库
import warnings                                        #导入 Warnings 库
from sklearn import linear_model                       #导入线性模型模块
from sklearn.model_selection import train_test_split   #导入随机划分样本数据为训练集和测试集函数
import matplotlib                                      #导入 Matplotlib 库
import matplotlib.pyplot as plt                        #导入 Pyplot 绘制类
from matplotlib import style                           #界面图片可以保持不同风格
from sklearn.linear_model import LinearRegression      #导入线性回归模型类

warnings.simplefilter(action = "ignore", category = FutureWarning)   #忽略警告

def set_ch():                                          #设置绘图中的中文显示
    from pylab import mpl
    mpl.rcParams['font.sans-serif'] = ['FangSong']     # 指定默认字体
    mpl.rcParams['axes.unicode_minus'] = False         #解决保存图像是负号'-'显示为方块的问题
set_ch()
```

```python
df = pd.read_csv("Metro_Traffic.csv")          #读取地铁流量数据文件
INPUT_COLS = [0,1,2,3,4]                       #5 个自变量:气温、降雨、降雪、云量和历史车流量数据
OUTPUT_COL = 5                                 #1 个因变量:地铁流量预测

#数据分割
x_train = df.iloc[1:30000, INPUT_COLS].values
y_train = df.iloc[1:30000, OUTPUT_COL].values
x_test = df.iloc[30001:30100, INPUT_COLS].values
y_test = df.iloc[30001:30100, OUTPUT_COL].values

#构建线性回归模型
mlr = LinearRegression()
#利用训练样本对模型进行训练
mlr.fit(x_train, y_train)

#打印多元回归系数
print(mlr.coef_)

#利用训练好的模型进行预测测试,并获得预测结果
y_pred = mlr.predict(x_test)

plt.figure(1)
plt.plot(y_pred[1:100],'b',ls="-", label="线性回归预测")
plt.plot(y_test[1:100],'r',ls="-", label="原始数据")
plt.xlabel("时间/h")
plt.ylabel("地铁流量/(人/h)")
plt.legend()
plt.show()

plt.figure(2)
plt.scatter(y_test, y_pred)
plt.xlabel("原始地铁流量/(人/h)")
plt.ylabel("预测地铁流量(人/h)")
plt.title("逐时地铁乘客流量的多元线性回归预测")
plt.show()

#统计性能指标
print('mape =' + str(sklearn.metrics.mean_absolute_percentage_error(y_test, y_pred)))
print('mse =' + str(sklearn.metrics.mean_squared_error(y_test, y_pred)))
print('R2 =' + str(sklearn.metrics.r2_score(y_test, y_pred)))
print('mae =' + str(sklearn.metrics.mean_absolute_error(y_test, y_pred)))
```

运行结果得到的回归系数为

$$y = -1.7822 - 1.406x_1 - 4.9797x_2 + 0.0061x_3 + 0.9052x_4 \qquad (4.16)$$

未来100h的线性回归预测曲线如图4.6所示，预测和原始数据的散点图如图4.7所示。

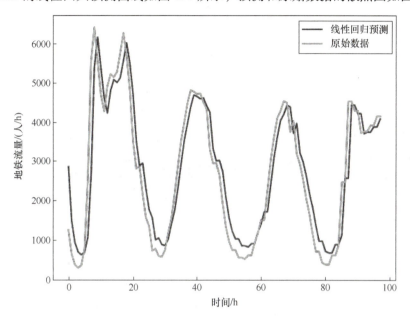

图4.6　未来100h的线性回归预测曲线（见彩插）

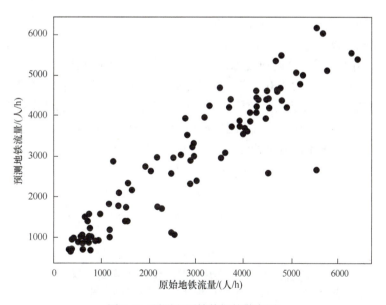

图4.7　预测和原始数据的散点图

采用下面的评价指标对预测模型的性能进行评价。其中平均绝对误差（Mean Absolute Error，MAE）、平均平方误差（Mean Square Error，MSE）、平均绝对百分比误差（Mean Absolute Percentage Error，MAPE）和R^2的定义分别见式（4.17）～式（4.20）。地铁流量数据预测性能统计指标见表4.1。

$$MAE = \frac{1}{n}\sum_{i=1}^{n}|y_i - \hat{y}_i| \tag{4.17}$$

$$MSE = \frac{1}{n}\sum_{i=1}^{n}(y_i - \hat{y}_i)^2 \tag{4.18}$$

$$MAPE = \frac{1}{n}\sum_{i=1}^{n}|(y_i - \hat{y}_i)/y_i| \tag{4.19}$$

$$R^2 = 1 - \frac{\sum_{i=1}^{n}(y_i - \hat{y}_i)^2}{\sum_{i=1}^{n}(y_i - \bar{y})^2} \tag{4.20}$$

表 4.1 地铁流量数据预测性能统计指标

MAE	MSE	MAPE	R^2
468	411558	0.3103	0.8651

4.2.2 K 最近邻算法预测分析

K 最近邻（K-Nearest Neighbor，KNN）算法是 Cover 和 Hart 在 1968 年提出的一种非参数统计方法。KNN 算法作为一种经典的机器学习算法，原理简单且容易实现。KNN 算法的思想是根据测试对象与样本集内对象的相似程度进行分类。描述对象之间的相似性的距离成为一种有效方法。KNN 算法经常使用多种不同的距离定义，如相关距离、欧氏距离、马氏距离、曼哈顿距离、切比雪夫距离等来计算对象间的相似性。在交通流预测领域中，距离的定义包括相关距离、欧氏距离和马氏距离等。

相关距离 ρ_{xy} 用于衡量两个随机变量之间的相关程度，可以利用公式计算，其取值范围为 $[-1,1]$。当相关距离大于 0，表示两者之间是正相关；反之表示两者之间是负相关。相关距离的绝对值越大，表示两个随机变量之间的相关程度越高，当相关距离绝对值接近于 0，表示两者之间没有相关关系。相关距离取值为 1，表示两个随机变量之间呈现出正线性相关，取值为 -1 时，表示两者负线性相关。相关系数 ρ_{xy} 的计算公式为

$$\rho_{xy} = \frac{\mathrm{cov}(x,y)}{\sqrt{D(x)}\sqrt{D(y)}} = \frac{E((x-\bar{x})(y-\bar{y}))}{\sqrt{D(x)}\sqrt{D(y)}} \tag{4.21}$$

式中，x 和 y 为两个随机变量；$\bar{x}$ 和 $\bar{y}$ 为均值；$D(x)$ 和 $D(y)$ 为方差。相关距离的计算公式为

$$CorrD = 1 - \rho_{xy} \tag{4.22}$$

当两个变量的相关系数 ρ_{xy} 较大时，表示二者的相关距离小，反之，表示相关距离大。

欧氏距离表示空间中两点之间的真实物理距离，计算公式为

$$E_d = \sqrt{\sum_{i=1}^{m}(x_i - y_i)^2} \tag{4.23}$$

式中，x_i 和 y_i 分别为两个点在不同维度下的坐标值。

在交通时序数据分析中，为了衡量多个不同时刻的时序数据相似性，式 (4.23) 可改写成为

$$E_d = \sqrt{\sum_{k=1}^{m}(x_{t-k} - y_{t-k})^2} \qquad (4.24)$$

式中，x_{t-k} 为在 $t-k$ 时刻的 x 坐标；y_{t-k} 为在 $t-k$ 时刻的 y 坐标；m 为时序数据的长度。

马氏距离表示样本集合 X 与均值 μ 之间的距离。假设有 n 个样本集合，可以表示为 $\{x_1, x_2, \cdots, x_n\}$，其协方差矩阵用 S 表示，均值用 μ 表示，则马氏距离可以表示为

$$M_d = \sqrt{(X-\mu)^\mathrm{T} S^{-1}(X-\mu)} \qquad (4.25)$$

两个样本 x_i 和 x_j 的马氏距离可以表示为

$$M_d = \sqrt{(x_i-\mu)^\mathrm{T} S^{-1}(x_j-\mu)} \qquad (4.26)$$

相关距离、欧式距离、马氏距离的特点见表4.2。

表 4.2 三种距离的特点

相关距离	欧氏距离	马氏距离
表示两个时序变量之间的相似度	在微小时间段内对随机序列相似性进行判断	表示数据的协方差距离，独立于测量尺度。总体样本数大于样本的维数，总体样本协方差矩阵的逆矩阵不存在

KNN 回归是基于多个自变量对因变量进行分析，选择好 k 个最近邻样本来预测给定样本值。因变量集合 Y 表示为

$$Y_n = \{y_i | i = 1, 2, \cdots, k\} \qquad (4.27)$$

预测样本的估计值 y 可以表示为

$$y = \frac{\sum_{i=1}^{k} w_i y_i}{\sum_{i=1}^{k} w_i} \qquad (4.28)$$

KNN 算法实现如下。

河里有一群小蝌蚪和一群小鲫鱼，突然远处快速游过来一个小不点，鲫鱼妈妈要快速判断，来者是不是自己的宝宝。假设它通过机器学习算法 KNN 来区分。预先得到的训练集数据见表4.3。

表 4.3 训练集数据

编号	长度（length）/mm	宽度（width）/mm	分类（mark）
1	23	8	小鲫鱼
2	26	9	小鲫鱼
3	21	7	小鲫鱼
4	23	9	小鲫鱼
5	19	11	小蝌蚪
6	18	9	小蝌蚪
7	20	10	小蝌蚪

需要测试的对象数据长和宽分别为20mm和11mm，其编号设为8，用欧氏公式求距离，代码实现如下。

```python
# -*- coding: utf-8 -*-
"""
Created on Wed Apr  8 20:58:26 2020
K最近邻(KNN)算法
@author:刘瑜
源代码文件是:U11KNN.py
"""
import numpy as np
trainData = np.array([[23,8],[26,9],[21,7],[23,9],[19,11],[18,9],[20,10]])   #训练集数据(长,宽)
labels = ['小鲫鱼','小鲫鱼','小鲫鱼','小鲫鱼','小蝌蚪','小蝌蚪','小蝌蚪']    #训练集数据对应的分类
K = 3                                                                        #最近邻值取3
testData = [20,11]                                                           #测试数据
def SolveStance(tData,Labels,testData):                                      #求所有训练集数据到测试数据的距离
    rData = []                                                               #存放所求距离和分类值
    i = 0
    for DotValue in tData:
        ed = np.sqrt((DotValue[0]-testData[0])**2+(DotValue[1]-testData[1])**2)  #欧氏公式求距离
        rData.append([ed,Labels[i]])                                         #所求距离和分类进行保存
        i += 1
    return rData                                                             #返回所求距离和分类
def SortSolve(rData):
    return sorted(rData)                                                     #从小到大排序
def GetKValues(sData,K):                                                     #得到K值和分类结果
    KData = sData[:K]                                                        #取前面K个最近邻值
    print(KData)
    ClassCount = {}                                                          #分类统计存储
    for item in KData:
        ClassCount[item[1]] = ClassCount.get(item[1],0)+1                    #统计各自分类的次数
    rEnds = sorted(ClassCount.items())
    return rEnds[-1:]                                                        #返回最后结果

StanceData = SolveStance(trainData,labels,testData)                          #获得距离列表
ss = SortSolve(StanceData)                                                   #对距离列表从小到大排序
sKind,rate = GetKValues(ss,K)[0]                                             #求K值及最终判断值分类
print('输入测试值属于%s类,判断准确率百分之%d'%(sKind,100*(rate/K)))
```

上述代码执行输出结果如下。

[[1.0,'小蝌蚪'],[1.0,'小蝌蚪'],[2.8284271247461903,'小蝌蚪']]
输入测试值属于小蝌蚪类,判断准确率百分之100

图 4.8 为表 4.3 中训练集数据（圆点）和测试数据（下三角）KNN 算法示意图。在虚圆内三个圆点距离下三角最近，而且该三个圆点仔细对照表 4.3 的值，可以发现都是"小蝌蚪"（[19,11],[18,9],[20,10]），于是判定该下三角处为小蝌蚪。

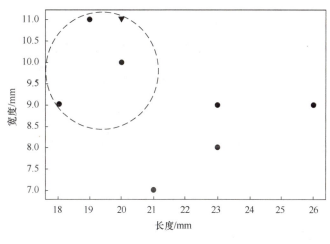

图 4.8　KNN 算法示意图

4.2.3　贝叶斯网络预测分析*

贝叶斯网络理论是 Judea Pearl 提出用于表达不确定知识和推理的模型，它可以同时应用于离散随机变量和连续随机变量处理。其中，处理连续随机变量的贝叶斯网络又称为高斯贝叶斯网络。贝叶斯网络包括网络结构和网络参数，网络结构是变量之间依赖关系的定性描述，网络参数是变量对其父节点在条件概率分布意义上的定量描述。

设随机变量 $X = \{x_1, x_2, \cdots, x_n\}$，$f(x)$ 表示随机变量 X 的概率密度分布函数，依贝叶斯定理得联合概率密度函数为

$$f(x) = \prod_{i=1}^{n} f_i(x_i \mid x_1, x_2, \cdots, x_{i-1}) \tag{4.29}$$

式中，$f_i(x_i \mid x_1, x_2, \cdots, x_{i-1})$ 为随机变量 x_i 在 $x_1 = x_1, \cdots, x_{i-1} = x_{i-1}$ 时的条件概率密度函数。

实际上，在贝叶斯网络中，每个条件概率密度函数仅依赖其父节点，即

$$f_i(x_i \mid x_1, x_2, \cdots, x_{i-1}) = f_i(x_i \mid x_{\mathrm{pa}(i)}) \tag{4.30}$$

联合概率密度函数可以表示为

$$f(x) = \prod_{i=1}^{n} f_i(x_i \mid x_{\mathrm{pa}(i)}) \tag{4.31}$$

贝叶斯网络对于实际连续变量求解问题，一般是将连续变量进行离散化，不同的数据离

散化方案导致网络结构差异，同时可能导致部分假依赖问题。交通流量预测研究涉及的流量、速度和气象数据等是连续变量，因此需要先离散采样，然后使用高斯贝叶斯网络构建预测模型。

假设连续数据统一服从高斯分布。根据贝叶斯公式，可得两个变量 X 和 Y 之间的条件概率分布函数和对应的联合密度函数分别为

$$P(X|Y) = \frac{P(X,Y)}{P(Y)} \quad (4.32)$$

$$f(x|y) = \frac{f(x,y)}{f(y)} \quad (4.33)$$

N 个变量的多维正态分布对应的条件概率分布函数和联合密度函数分别为

$$P(X_n|X_1,X_2,\cdots,X_{n-1}) = \frac{P(X_1,X_2,\cdots,X_{n-1},X_n)}{P(X_1,X_2,\cdots,X_{n-1})} \quad (4.34)$$

$$f(x_n|x_1,x_2,\cdots,x_{n-1}) = \frac{f(x_1,x_2,\cdots,x_{n-1},x_n)}{f(x_1,x_2,\cdots,x_{n-1})} \quad (4.35)$$

多维正态分布的后验概率密度函数可以通过联合节点的概率密度函数计算求出。一般情况下，对于 $X = \{X_1, X_2, \cdots, X_n\}$ 的联合概率密度函数为

$$f(X) = (2\pi)^{-\frac{n}{2}} \left|\sum\right|^{-\frac{1}{2}} \exp\left\{-(X-\mu)^T \sum\nolimits^{-1} (X-\mu)\right\} \quad (4.36)$$

式中，μ 为均值向量，$\sum$ 为 $n \times n$ 的协方差矩阵。

贝叶斯网络根据某种测度来学习与给定数据之间拟合度最好的网络结构。该方法共有两个主要步骤：模型选择表示选用什么样的准则来评价模型优劣，而模型优化则是选择最优的模型。网络结构学习的方法主要分为基于依赖统计分析、基于评分搜索方法和二者结合的混合搜索算法。由于完全的结构空间搜索是 NP – hard 问题，因此一般采用启发式搜索方法，常采用的启发式搜索方法有禁忌搜索算法、遗传算法⊖、模拟退火算法、爬山算法（或贪婪算法）等。本节采用基于评分的搜索算法，其中智能搜索算法选用禁忌搜索算法，评分准则选用贝叶斯信息准则。贝叶斯网络的参数学习是利用极大似然估计方法和贝叶斯估计法在网络已知的前提下确定网络节点概率分布参数。

通过贝叶斯网络模型及提供的出租车起步价、里程价、返空费、候时费等各种行程数据预测指定的行程是在白天还是在晚上，具体代码实现如下。

```
import pandas as pd
from sklearn.preprocessing import MinMaxScaler    #最大最小归一化函数
from sklearn.naive_bayes import MultinomialNB     #多项式朴素贝叶斯函数
import datetime

#读取出租车行程数据
df1 = pd.read_csv('data/KNN_Bayesian_MLP_taxi.csv',
encoding = 'utf-8').fillna(0)
```

⊖ 遗传算法（Genetic Algorithm，GA）最早由美国的 John Holland 于 20 世纪 70 年代提出，该算法是根据大自然中生物体进化规律而设计提出的。它是模拟达尔文生物进化论的自然选择和遗传学机理的生物进化过程的计算模型，是一种通过模拟自然进化过程搜索最优解的方法。

```
time = [ ]

#数据预处理
for i in range(len(df1['isnight'])):#将True和False用1和0替换
    if df1['isnight'][i] == True:
        df1['isnight'][i] = 1
    else:
        df1['isnight'][i] = 0
    #该行程所用时间,以秒为单位
    s = datetime.datetime.strptime(df1["Stime"][i], '%Y-%m-%d %H:%M:%S')
    e = datetime.datetime.strptime(df1["Etime"][i], '%Y-%m-%d %H:%M:%S')
    time.append((e-s).seconds)
df1['time'] = time
#取下列各列用于预测该行程是否在晚上
df2 = df1[['time','distance','interval','起步价','里程价','返空费','候时费','price','isnight']]
#数据归一化
scaler = MinMaxScaler(feature_range=(0,1))
s = scaler.fit_transform(df2.values)
#数据分割
train = s[:8495,:]
test = s[8495:,:]
x_train = train[:,:-1]
y_train = train[:,-1]
x_test = test[:,:-1]
y_test = test[:,-1]
#构建贝叶斯模型
clf = MultinomialNB()
#利用训练样本对模型进行训练
clf.fit(x_train,y_train)
#利用训练好的模型进行预测测试,并获得预测结果
y_pred = clf.predict(x_test)

count = sum(y_pred == y_test)#统计预测正确的数量
print(count/len(y_test))#打印准确率
```

上述代码执行结果为:
0.9995291902071564

4.2.4 多层感知机预测分析*

1958年,康奈尔大学心理学教授弗兰克·罗森布拉特(Frank Rosenblatt)发明了感知机(Perceptron)。其主要原理是模拟人类大脑的神经网络,进行二值判断(输出0或1的判断结果),该神经网络模型只有输入层(Imput Layer)、输出层(Output Layer),模型简单,

存在无法进行异或运算判断等问题。多层感知机（Multilayer Perceptron，MLP）在感知机的基础上进行了进一步完善，弥补了感知机存在的一些缺陷，并大幅提升了判断识别的准确度。多层感知机网络结构如图4.9所示，分为输入层、隐藏层（Hidden Layer）、输出层。

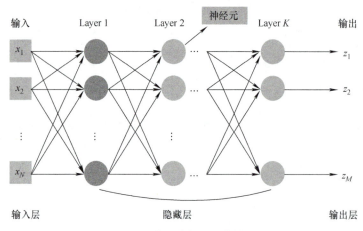

图4.9　多层感知机网络结构

1. 输入层

输入层输入事物的特征值，如猫、狗的尾巴长度、皮毛颜色、鼻子长度等。

2. 隐藏层

如图4.9所示，多层感知机可以有1个隐藏层，也可以有多个隐藏层，每个隐藏层由若干个神经元（图上用实心圆）表示。各隐藏层神经元之间相互连接，可以全连接也可以部分连接，神经元之间的权值大小决定了连接的强度。每个隐藏层内部的神经元之间没有连接关系。每个神经元都有一个非线性激活函数，用于判断所传递过来的数据信号是1或0。

3. 输出层

输出层主要用于输出判断结果1或0。

4. 多层感知机工作过程

输入层接受事物的特征集合值，进入第一个隐藏层的神经元进行非线性计算，并把计算结果作为下一个隐藏层的输入值继续进行非线性计算，一直到输出层输出最终计算判断结果。

多层感知机能进行智能识别，事先需要进行模型训练，该训练过程是监督学习的过程。如训练判断是猫还是狗的图片时，首先需要一些猫和狗的训练数据，并用1或0标志准确告诉模型是狗还是猫。然后，才能去识别陌生的动物图片，进行智能判断。然而这种多层感知机学习过程输出的结果存在一些误差，需要自适应纠正，以提高识别准确度。

20世纪80年代发展起来的反向传播算法（Back Propagation Algorithm），让误差信号可以反向地从后一层网络流向前一层网络，从而使得网络结构的训练难问题得到了较为完好的解决。一般情况下，反向传播算法可以分为两个阶段：第一阶段，前向阶段。首先是输入数据信号从前向后传播，传播的过程中突触权值保持上一次的值，如果输入数据信号是第一次通过，那么权值则是第一次随机分配的值，输入信号一直传播到最后一层网络，然后输出结果。第二阶段，反向阶段。从前向阶段可以获得一个结果，通过将这个结果和预期输出结果作比较，可以得到一个误差信号。误差信号从输出层开始，从后向前，一层一层通过网络，同时每经过一个神经元，根据误差信号对突触权值做出修正。

拥有反向传播算法后，多层感知机神经网络的使用可以分为以下几个步骤：确定网络结构的隐藏层的层数；在隐藏层层数确定后，则可以开始确定每个隐藏层中包含多少个神经元，这种情况一般需要经验性的指导，而没有严格的理论建议；使用反向传播算法训练结构的网络；在训练开始前，可以设定若干个终止训练的条件，在网络的训练过程中达到其中一个条件后就终止训练。

多层感知机结构的每个神经元一般情况下都可以进行两种计算：接收输入信息，然后计算神经元的输出，通过输入信号与对应突触的权值之和，经过一个连续非线性函数获得一个输出；计算梯度向量，通过反向传回来的误差信号求出梯度向量的大小用于权值的调整，这一过程从后往前反向通过网络。在训练多层感知机网络的过程中，要做的事情就是对各个突触权值不断地进行调整，最终达到预设定的终止条件。对于输出层的突触权值，可以直接通过误差信号进行修正，因为误差信号直接产生于输出端，而对于隐藏层突触权值来说，则不如输出层那么直接，对于隐藏层权值的调整，通常则是使用反向传播算法来进行，而反向传播算法为这一基本问题提供了一种解决方案。

使用的反向传播算法的代价函数，是以全体瞬时误差能量为代价函数。由于网络训练过程的不同，所以，在线学习和批量学习这两种训练方法最终训练出来的网络在学习曲线上可能存在较大的不同。通常情况下，训练样本是事先确定的，在训练网络时，在线学习方法可以使得网络训练所接受的样本是随机获得的，因此训练出来的网络相当于权值是通过随机搜寻的方式确定的。正是因为这一特点，网络在学习过程中不容易陷入局部极值点，这也正是在线学习法优于批量学习法的一个方面，另一个优点就是在线学习法对存储量的需求小于批量学习法。

5. 多层感知机应用案例

通过多层感知机模型，利用出租车的工作行程数据预测行程的车费，其代码实现如下。

```
#根据出租车的各种行程数据预测行程的车费
import warnings
import pandas as pd
import datetime
import matplotlib.pyplot as plt
from sklearn.preprocessing import MinMaxScaler
from sklearn.neural_network import MLPRegressor
from sklearn.metrics import mean_absolute_error, mean_squared_error, mean_absolute_percentage_error, r2_score


warnings.filterwarnings("ignore")


def set_ch():                                    #设置绘图中的中文显示
    from pylab import mpl
    mpl.rcParams['font.sans-serif'] = ['FangSong']      # 指定默认字体
    mpl.rcParams['axes.unicode_minus'] = False          # 解决保存图像是负号'-'显示为方块的问题



def processdata():
```

```python
#读取出租车行程数据
df1 = pd.read_csv('data/KNN_Bayesian_MLP_taxi.csv', encoding = 'utf-8').fillna(0)
time = []

#数据预处理
for i in range(len(df1['isnight'])):#将 True 和 False 用 1 和 0 替换
    if df1['isnight'][i] == True:
        df1['isnight'][i] = 1
    else:
        df1['isnight'][i] = 0
    #该行程所用时间,以秒为单位
    s = datetime.datetime.strptime(df1["Stime"][i], '%Y-%m-%d %H:%M:%S')
    e = datetime.datetime.strptime(df1["Etime"][i], '%Y-%m-%d %H:%M:%S')
    time.append((e-s).seconds)
df1['time'] = time
#取下列各列用于预测行程车费
df2 = df1[['time','distance','interval','isnight','起步价','里程价','返空费','夜间附加费','候时费','price']]
#数据归一化
scaler = MinMaxScaler(feature_range = (0,1))
s = scaler.fit_transform(df2.values)
#数据分割
train = s[:8495,:]
test = s[8495:,:]
X_train = train[:, :-1]
y_train = train[:, -1]
X_test = test[:, :-1]
y_test = test[:, -1]
return X_train, y_train, X_test, y_test, test, scaler

def plot_results(y_true, y_preds):

    plt.figure(1)
    plt.plot(y_preds,'b',ls = "-", label = "mlp 预测")
    plt.plot(y_true,'r',ls = "-", label = "原始数据")
    plt.xlabel("行程")
    plt.ylabel("车费/元")
    plt.legend()
    plt.show()


if __name__ == '__main__':
    set_ch()
```

```
#数据预处理
X_train, y_train, X_test, y_test, s, scaler = processdata()
y_test = scaler.inverse_transform(s)[:,-1]#反归一化
y_preds = []
#构建MLP模型,并利用训练样本对模型进行训练
m = MLPRegressor().fit(X_train, y_train)
#利用训练好的模型进行预测测试,并获得预测结果
predicted = m.predict(X_test)
s[:,-1] = predicted
#反归一化
y_pred = scaler.inverse_transform(s)[:,-1]
#统计性能指标
mape = mean_absolute_percentage_error(y_test, y_pred)
mse = mean_squared_error(y_test, y_pred)
R2 = r2_score(y_test, y_pred)
mae = mean_absolute_error(y_test, y_pred)
print('mape = ',mape)
print('mse = ',mse)
print('R2 = ',R2)
print('mae = ',mae)

y_preds.append(y_pred[288:576])
plot_results(y_test[288:576], y_pred[288:576])
```

运行结果如下:

部分行程车费的 MLP 预测曲线如图 4.10 所示,MLP 模型性能统计指标结果见表 4.4。

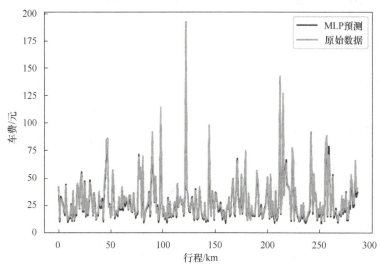

图 4.10 部分行程车费的 MLP 预测曲线(见彩插)

表 4.4　MLP 模型性能统计指标

MAE	MSE	MAPE	R^2
1.4425	8.8001	0.509	0.9971

4.2.5　支持向量机预测分析*

支持向量机（Support Vector Machine，SVM）是一种基于统计学理论的模式识别方法，主要用于解决模式分类与非线性映射问题。SVM 适用于小样本和非线性模式识别应用场景。

SVM 的主要思想是构建一个最优决策超平面，使该平面两侧与平面最近的两类样本之间的距离最大化，提高 SVM 分类模型的泛化能力。对于非线性特征分类问题，利用高维特征空间投影将复杂的模式分类问题转换为线性可分问题。因此只要选择足够合适的投影函数，就可以将原始非线性特征空间映射到一个新的高维特征空间，使特征空间中的模式变为线性可分。SVM 算法通过在特征空间构建分类超平面，即可解决非线性可分的模式识别问题。SVM 也可以转化为凸二次优化获得全局最优解。

SVM 引入正则化项，在经验风险和结构风险最小化原则的基础上实现稳定性；引入核函数的思想，将低维非线性问题转化为高维线性问题，既可以降低非线性关系的复杂度，又可以降低核矩阵的计算量和内存占用，达到了风险控制效果。

支持向量回归（Support Vector Regression，SVR）算法的基本原理是将原始空间中的非线性回归问题转换成高维空间的线性回归问题，引入核函数算法，寻找高维空间上的超曲面，将回归过程中的非线性问题转化为凸二次函数问题，从而根据具体问题得到回归理论上的一个全局最优解。最终算法的计算科学性和计算精确度主要取决于映射计算的样本方法和最终决策函数的映射计算形式。

对于有限样本$(x_1,y_1),(x_2,y_2),\cdots,(x_n,y_n)$，线性回归方程表示为

$$\begin{cases} f(x) = (wx) + b \\ \text{s.t.} \min_{w,b} \dfrac{1}{2}\|w\|^2 \end{cases} \tag{4.37}$$

凸二次规划方程可以写为

$$\text{s.t.} \ |y_i - (w_i x_i + b)| < \varepsilon \tag{4.38}$$

式中，ε 为训练样本的拟合误差。

引入松弛变量 ξ，方程改为

$$\begin{cases} \min \dfrac{1}{2}\|w\|^2 + C\sum_{i=1}^{n}(\xi_i + \xi_i^*) \\ \text{s.t.} \begin{cases} y_i - w\Phi(x_i) - b \leq \varepsilon + \xi_i^* \\ -y_i + w\Phi(x_i) + b \leq \varepsilon + \xi_i^* \\ \xi_i^* > 0, \xi_i \geq 0 \end{cases} \end{cases} \tag{4.39}$$

通过引入拉格朗日系数，可以建立如下方程。

$$L(w,b,\xi,\xi^*,a,a^*,\gamma,\gamma^*) = \frac{\|w\|^2}{2} + C\sum_{i=1}^{k}(\xi+\xi^*) - \sum_{i=1}^{k}a_i|\xi_i+\varepsilon-y_i+wx_i+b| - \sum_{i=1}^{k}a_i^*|\xi_i+\varepsilon+y_i-(wx_i+b)| - \sum_{i=1}^{k}(\xi_i\gamma_i+\xi_i^*\gamma_i^*) \tag{4.40}$$

式中，$a,a^*,\gamma,\gamma^* > 0$。

对式（4.40）求导并简化可得

$$f(x) = \sum_{i=1}^{k}(a_i-a_i^*)(x_ix) + b^* \tag{4.41}$$

将核函数引入非线性到线性的转化中，将原函数在低维空间的非线性转化成高维特征空间的样本函数，使其线性可分。设 K 为映射函数的内积，并且满足

$$K(x,z) = \Phi(x)\Phi(z) \tag{4.42}$$

则预测函数为

$$y = f(x) = w\Phi(x) + b \tag{4.43}$$

通过引入拉格朗日系数，将非线性回归函数变为

$$f(x) = \sum_{i=1}^{k}(a_i-a_i^*)K(x_ix) + b \tag{4.44}$$

SVM 常用的核函数包括三种：线性核函数、多项式核函数和 RBF 核函数，前两者主要是处理线性函数关系，RBF 核函数则处理非线性函数关系。

利用历史车流量数据，借助 SVR 算法函数预测未来的车流量，其 Python 代码实现如下。

```python
# 根据历史车流量数据预测未来的车流量
import pandas as pd
import matplotlib as mpl
import matplotlib.pyplot as plt
from sklearn.preprocessing import MinMaxScaler
from sklearn.svm import SVR
from sklearn.metrics import mean_absolute_error, mean_squared_error, mean_absolute_percentage_error, r2_score


warnings.filterwarnings("ignore")

def plot_results(y_true, y_preds, names):
    
    d = '2018-04-03 00:00'
    x = pd.date_range(d, periods=len(y_true), freq='5min')
    
    fig = plt.figure()
```

```python
    ax = fig.add_subplot(111)
    ax.plot(x, y_true, label='原始数据')
    for name, y_pred in zip(names, y_preds):
        ax.plot(x, y_pred, label=names)

    plt.legend()
    plt.grid(True)
    plt.xlabel('时间')
    plt.ylabel('车流量')
    date_format = mpl.dates.DateFormatter("%H:%M")
    ax.xaxis.set_major_formatter(date_format)
    fig.autofmt_xdate()

def process_data(train, test, lags):
    attr = 'volumn'
    df1 = pd.read_csv(train, encoding='utf-8').fillna(0)
    df2 = pd.read_csv(test, encoding='utf-8').fillna(0)

    scaler = MinMaxScaler(feature_range=(0, 1)).fit(df1[attr].values.reshape(-1, 1))
    df1 = scaler.transform(df1[attr].values.reshape(-1, 1)).reshape(1, -1)[0]
    df2 = scaler.transform(df2[attr].values.reshape(-1, 1)).reshape(1, -1)[0]
    train, test = [], []
    for i in range(lags, len(df1)):
        train.append(df1[i-lags: i+1])
    for i in range(lags, len(df2)):
        test.append(df2[i-lags: i+1])

    train = np.array(train)
    test = np.array(test)
    np.random.shuffle(train)

    X_train = train[:, :-1]
    y_train = train[:, -1]
    X_test = test[:, :-1]
    y_test = test[:, -1]

    return X_train, y_train, X_test, y_test, scaler


if __name__ == '__main__':

    lag = 12 #每小时分为12个间隔
    file1 = 'data/SVR_LSTM_train.csv'
```

```
file2 = 'data/SVR_LSTM_test.csv'
#数据预处理
X_train, y_train, X_test, y_test, scaler = process_data(file1, file2, lag)
#反归一化
y_test = scaler.inverse_transform(y_test.reshape(-1, 1)).reshape(1, -1)[0]


y_preds = []
#构建 SVR 模型，并利用训练样本对模型进行训练
m = SVR(kernel = "rbf", C = 1.0, epsilon = 0.05).fit(X_train, y_train)
#利用训练好的模型进行预测测试，并获得预测结果
predicted = m.predict(X_test)
#反归一化
y_pred = scaler.inverse_transform(predicted.reshape(-1, 1)).reshape(1, -1)[0]
#统计性能指标
mape = mean_absolute_percentage_error(y_test, y_pred)#数据中存在 0 值，不适合用 mape
mse = mean_squared_error(y_test, y_pred)
R2 = r2_score(y_test, y_pred)
mae = mean_absolute_error(y_test, y_pred)
print('mape = ', mape)
print('mse = ', mse)
print('R2 = ', R2)
print('mae = ', mae)
y_preds.append(y_pred[0:288])
plot_results(y_test[0:288], y_preds, "SVR 预测")
```

运行结果如下：

未来 24h 的车流量 SVR 预测曲线如图 4.11 所示，SVR 模型性能统计指标输出结果见表 4.5。

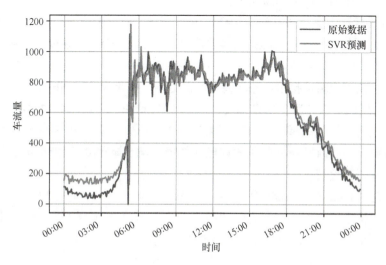

图 4.11　未来 24h 的车流量 SVR 预测曲线（见彩插）

表 4.5　SVR 模型性能统计指标

MAE	MSE	R^2
54.91	6474	0.9362

4.2.6　深度神经网络预测分析*

神经网络通过各层神经元的连接形成复杂且较深的网络,它可以逼近任意的非线性函数。带有记忆能力的循环神经网络（Recurrent Neural Network,RNN）适用于处理具有时序性的交通数据,该网络中的神经元可以保存上一时刻的状态,使得网络具有记忆功能。

RNN 的网络结构如图 4.12 所示,其中 S 为隐藏神经元状态,x 为输入数据,O 为输出结果,W 为隐藏层神经元状态值从 $t-1$ 时刻过渡到 t 时刻的权重矩阵,U 为输入层神经元到隐藏层神经元状态的权重矩阵,V 为隐藏层神经元状态到输出层神经元状态的权重矩阵。

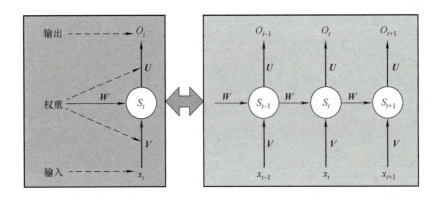

图 4.12　RNN 的网络结构

在 RNN 的反向传播过程中不断计算每个参数的梯度,根据梯度与学习率对上次迭代的参数进行更新,使得损失函数不断减小。

RNN 的激活函数主要包括 sigmoid 函数、tanh 函数、relu 函数等,sigmoid 函数和 tanh 函数导数的取值范围在 [0,1] 之间且大多数情况下小于1。因此求导过程中随着时间序列的不断深入,小于1的激活函数累乘会导致梯度逐渐逼近0,也就是出现"梯度消失"问题。梯度消失则表示该层网络连接参数趋于稳定不再更新,钝化成单纯的映射层,失去网络优化意义。relu 函数虽然可以克服"梯度消失"问题,但当 $relu(x)=1$ 时,参数求梯度过程中的累加使得梯度过大,导致"梯度爆炸"现象。"梯度消失"和"梯度爆炸"都会导致当前神经元的权值更新不受时间跨度较长的神经元权值影响,导致 RNN 模型记忆能力变短,影响交通数据的分析建模精度。

长短期记忆（Long Short Term Memory,LSTM）网络在 RNN 的基础上引入门控逻辑:输入门、遗忘门、输出门,可以有效克服"梯度消失"和"梯度爆炸"问题。LSTM 与 RNN 隐藏层中神经元结构不同,该算法记忆能力较强,能够从历史数据中学习到长期依赖信息。LSTM 网络结构如图 4.13 所示。

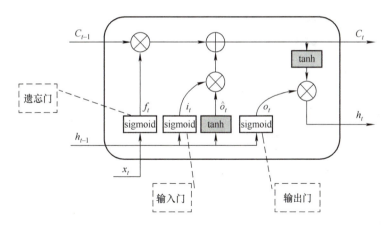

图 4.13　LSTM 网络结构

LSTM 模型的具体数学原理为

$$\begin{cases} i_t = \mathrm{sigmoid}(W_i[h_{t-1}, x_t] + b_i) \\ f_t = \mathrm{sigmoid}(W_f[h_{t-1}, x_t] + b_f) \\ \widetilde{C}_t = \tanh(W_c[h_{t-1}, x_t] + b_c) \\ C_t = f_t C_{t-1} + i_t \widetilde{C}_t \\ o_t = \mathrm{sigmoid}(W_o[h_{t-1}, x_t] + b_o) \\ h_t = o_t \tanh(C_t) \end{cases} \quad (4.45)$$

LSTM 引入的门控逻辑本质上类似于一种信息过滤器，分别实现不同的处理逻辑：遗忘门决定了哪些信息可以通过门被记忆，哪些信息被门屏蔽删除；输入门控制哪些信息可以输入到后续处理流程；输出门则控制哪些信息可以被输出到下一个神经元。

采用 LSTM 模型函数，结合历史车流量数据预测未来的车流量，其 Python 代码实现如下。

```python
#根据历史车流量数据预测未来的车流量
import warnings
import numpy as np
import pandas as pd
from keras.layers import Dense, Dropout
from keras.layers.recurrent import LSTM
from keras.models import Sequential
import matplotlib as mpl
import matplotlib.pyplot as plt
from sklearn.preprocessing import MinMaxScaler
from sklearn.metrics import mean_absolute_error, mean_squared_error, mean_absolute_percentage_error, r2_score
warnings.filterwarnings("ignore")
def plot_results(y_true, y_preds, names):
    d = '2018-04-03 00:00'
```

```python
    x = pd.date_range(d, periods=len(y_true), freq='5min')

    fig = plt.figure()
    ax = fig.add_subplot(111)

    ax.plot(x, y_true, label='原始数据')
    for name, y_pred in zip(names, y_preds):
        ax.plot(x, y_pred, label=names)

    plt.legend()
    plt.grid(True)
    plt.xlabel('时间')
    plt.ylabel('车流量')
    date_format = mpl.dates.DateFormatter("%H:%M")
    ax.xaxis.set_major_formatter(date_format)
    fig.autofmt_xdate()

def process_data(train, test, lags):

    attr = 'volumn'
    df1 = pd.read_csv(train, encoding='utf-8').fillna(0)
    df2 = pd.read_csv(test, encoding='utf-8').fillna(0)

    scaler = MinMaxScaler(feature_range=(0, 1)).fit(df1[attr].values.reshape(-1, 1))
    df1 = scaler.transform(df1[attr].values.reshape(-1, 1)).reshape(1, -1)[0]
    df2 = scaler.transform(df2[attr].values.reshape(-1, 1)).reshape(1, -1)[0]
    train, test = [], []
    for i in range(lags, len(df1)):
        train.append(df1[i - lags: i + 1])
    for i in range(lags, len(df2)):
        test.append(df2[i - lags: i + 1])

    train = np.array(train)
    test = np.array(test)
    np.random.shuffle(train)

    X_train = train[:, :-1]
    y_train = train[:, -1]
    X_test = test[:, :-1]
    y_test = test[:, -1]

    return X_train, y_train, X_test, y_test, scaler
```

```python
if __name__ == '__main__':
    y_preds = []
    lag = 12
    config = {"batch": 256, "epochs": 100}
    file1 = 'data/SVR_LSTM_train.csv'
    file2 = 'data/SVR_LSTM_test.csv'
    #数据预处理
    X_train, y_train, X_test, y_test, scaler = process_data(file1, file2, lag)
    X_test = np.reshape(X_test, (X_test.shape[0], X_test.shape[1], 1))
    #反归一化
    y_test = scaler.inverse_transform(y_test.reshape(-1, 1)).reshape(1, -1)[0]
    X_train = np.reshape(X_train, (X_train.shape[0], X_train.shape[1], 1))
    #构建LSTM模型
    model = Sequential()
    model.add(LSTM(64, input_shape=(12, 1), return_sequences=True))
    model.add(LSTM(64))
    model.add(Dropout(0.2))
    model.add(Dense(1, activation='sigmoid'))
    lstm = model
    lstm.compile(loss="mse", optimizer="rmsprop")
    #利用训练样本对模型进行训练
    lstm.fit(X_train, y_train, batch_size=256,
             epochs=100,
             validation_split=0.05)
    #利用训练好的模型进行预测测试,并获得预测结果
    predicted = lstm.predict(X_test)
    y_pred = scaler.inverse_transform(predicted.reshape(-1, 1)).reshape(1, -1)[0]
    #统计性能指标
    #mape = mean_absolute_percentage_error(y_test, y_pred)#数据中存在0值,不适合用mape
    mse = mean_squared_error(y_test, y_pred)
    R2 = r2_score(y_test, y_pred)
    mae = mean_absolute_error(y_test, y_pred)
    print('mse = ', mse)
    print('R2 = ', R2)
    print('mae = ', mae)

    y_preds.append(y_pred[0:288])
    plot_results(y_test[0:288], y_preds, "lstm预测")
```

运行结果如下:

未来24h的车流量LSTM预测曲线如图4.14所示,LSTM模型性能统计指标输出结果见表4.6。

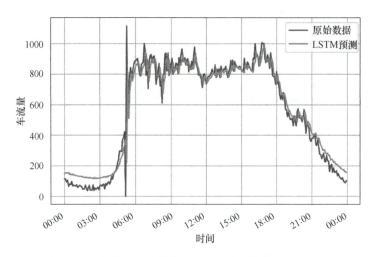

图 4.14　未来 24h 的车流量 LSTM 预测曲线（见彩插）

表 4.6　LSTM 模型性能统计指标

MAE	MSE	R^2
50.60	5807	0.9427

4.3　交通模拟试验分析方法

　　智能交通的发展趋势是现实世界与虚拟世界的交汇融合，通过获取现实世界中动态实时的交通数据，在虚拟世界里将其数字化、模型化，可以打通物理世界和云端的数字孪生世界，去推演解决现实世界中遇到的交通问题。基于模拟试验的交通分析方法已经成为研究交通规划、拥堵检测等问题的一个有效手段，常用的模拟试验方法又分为两大类：虚拟仿真方法和试验仪器方法。

4.3.1　虚拟仿真方法

　　虚拟仿真（Virtual Reality）是用一个可创建和体验虚拟世界（Virtual World）的计算机系统模仿另一个真实系统的技术。它是以仿真的方式给用户创造一个实时反映实体对象变化与相互作用的三维虚拟世界，其逼真性和实时交互性为系统仿真技术提供有力的支撑。交通模拟仿真软件是面向交通行业推出的仿真建模系统，可以跟踪交通运动的时空变化并进行可视化分析，广泛适用于各类交通规划和交通仿真建模任务。游戏技术可以保证自动驾驶仿真测试的高度还原性，场景建模、传感器建模、3D 物理引擎、动画引擎等都在自动驾驶虚拟仿真领域大量运用。通过虚拟仿真技术对城市交通进行仿真训练，可以实现如下几个目标。

　　1）从交通的政府管理角度优化交通规划、微观交通模拟、交通需求及相关数据分析等。

　　2）对交通工具研发机构来说，比如让自动驾驶汽车进入虚拟环境进行测试，不但能轻松构建极端场景，还能有效降低测试风险，提升测试效率。

　　3）从交通驾驶人视角进行交通模拟试验，对交通方面的法律法规知识、交通要素进行情景再现，为普通人提供较好的交通知识学习途径。

常用的交通仿真软件包括 PTV – VISSIM、TransModeler、AIMSUN、TSIS – CORSIM 等。

1）PTV – VISSIM 是一种微观的、基于时间间隔和驾驶行为的多模态仿真建模工具，如图 4.15 所示。该软件用于城市交通和公共交通运行的交通建模，可以分析在各种交通条件下，如车道设置、交通构成、交通信号、公交站点等，城市交通和公共交通的运行状况，是评价交通工程设计和城市规划方案的有效工具。PTV – VISSIM 能够模拟许多城市内和非城市内的交通状况，特别适合模拟各种城市交通控制系统，主要应用有：

① 由车辆激发的信号控制系统的设计、检验、评价。

② 公交优先方案的通行能力分析和检验。

③ 收费设施的分析。

④ 匝道控制运营分析。

⑤ 路径诱导和可变信息标志的影响分析等。

图 4.15　PTV – VISSIM 多模态仿真建模工具

2）TransModeler 是一款基于地理信息系统的功能强大且应用广泛的交通仿真模拟软件，可以在二维或三维 GIS 环境中对复杂交通系统的行为进行建模和可视化，适用于各种交通规划和建模任务，如图 4.16 所示。它可以模拟从高速公路到市中心的各种道路网络，并且可以非常详细和高保真度地分析广域多式联运网络，评估流量动态、交通信号和 ITS 操作及整体网络性能。

图 4.16　TransModeler 交通仿真模拟

3）AIMSUN 集成了从宏观到微观的多尺度模型，可分析处理包括环形道路、干线道路和混合道路等各种类型交通网络，能模拟自适应交通控制系统、先进的交通管理系统、车辆引导系统以及公交车辆行程安排和控制系统，如图 4.17 所示。AIMSUN 具有以下几个特点：

① 交通需求建模一体化。
② 混合仿真。
③ 仿真速度快。
④ 具有丰富的动态交通分配框架。
⑤ 可以实现行人和车辆的交互。
⑥ 软件开放性。

图 4.17　AIMSUN 交通模拟分析

4）TSIS – CORSIM 能模拟复杂几何条件，如图 4.18 所示。TSIS – CORSIM 对路网的各组成部分编码灵活，能够仿真真实世界中各种复杂的路网几何形状，包括不同类型的城市道路平交、（互通式）立交、渠化道设置、高速公路多车道路段、不同类型出入口匝道等。TSIS – CORSIM 能模拟不同的交通控制、管理和操作，能够模拟不同的交通控制设施，如城市平面交叉路口的交通信号灯控制、信号灯定时和实时的相位变化，能模拟不同交通现象。TSIS – CORSIM 通过校准，能够在很大程度上模拟真实世界的各种交通现象，如变化的交通

图 4.18　TSIS – CORSIM 交通模拟分析

需求、拥挤或阻塞的交通现象、交通事故的产生以及车队在交叉口处的排队、起动和消散。

4.3.2 试验仪器方法

常见的交通模拟试验仪器有汽车驾驶模拟器和飞行驾驶模拟器等。汽车驾驶模拟器涉及视景仿真、机械设计、仪器仪表、嵌入计算机、实时网络数据传输、数据图像处理、自动控制、人体工效学等技术，模拟器具有场景逼真、实用性强、性价比高等特点，如图4.19所示。汽车驾驶模拟器一般情况下采用真车部件为用户提供仿真操作的环境，方向盘、加速踏板、离合器、制动、挡位、仪表的操作方法与真车相似。模拟器适合长时间运行，外观新颖，每一个操作信号都通过数据采集模块的同步传感系统传给控制计算机，模拟器对数据进行分析处理后，实现实时图像转变，并通过相应的仿真装置，实现力反馈和位移等模拟，使用者操作时有与真车驾驶基本相同的感觉。

图4.19　汽车驾驶模拟器

汽车驾驶模拟器由模拟训练室与观察学习室两部分组成，它采用先进的迁移训练理论，可实现驾驶人主观180°以上视角无缝拼接的道路场景和左、右、下视镜的屏幕显示，以及六个自由度的动感体验，如图4.20所示。培训时可根据教学的需要，较好地实现安全驾驶经验的快速迁移，达到培养驾驶人交通事故预见能力和规避能力的目的。

飞行驾驶模拟器是用来模拟飞行器飞行且结构比较复杂、功能比较齐全的装置，集计算机、机械、电气、电子、自动控制、液压、光学等技术于一身，是一种精密的高科技设备，如图4.21所示。飞行驾驶模拟器是一个体验现实与虚拟的飞行仿真运动平台，主要适合不同用途、不同群体的航空飞行爱好者实现飞行驾驶体验，学习飞行知识，提高飞行驾驶经验，不受任何天气、场地、环境、执照、空管等多种因素的制约，能够使飞行体验者产生身临其境的感觉。飞行驾驶模拟器具有安全、可靠、方便、经济、工作效率高、不受气象条件的限制等突出优点。

飞行驾驶模拟器通常由模拟座舱、运动系统、视景系统、计算机系统及教员控制台五大部分组成，其仪表盘如图4.22所示。

模拟隧道

窄路掉头

湿滑路面

模拟雨(雾)天

图 4.20　不同条件下的驾驶模拟体验

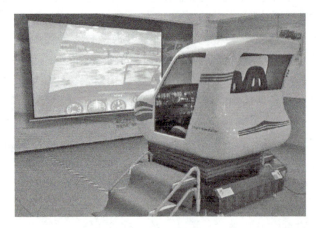

图 4.21　飞行驾驶模拟器

图 4.22　飞行驾驶模拟器仪表盘

习题及实验

1. 习题

（1）填空题

1）一元线性回归用来拟合两个变量之间的（　　　）关系。

2）KNN 算法常用的距离公式包括相关距离、（　　　）和马氏距离。

3）SVM 的理论基础是（　　　），而人工神经网络的理论基础相对不够严谨。

4）深度神经网络用于进行时序预测的网络结构包括 RNN 和（　　　）。

5）（　　　）是衡量两个随机变量之间相关程度的物理量，数值在［-1,1］之间，绝对值越大表示相关度越高。

（2）判断题

1）热力图反映的是某类数据在 GIS 地图上的空间分布情况。（　　　）

2）OD 分析算法是求解最短路径最经典算法之一。（　　　）

3）交通流预测问题本质上是一个时间序列的多元回归问题，可以用机器学习算法建模。（　　　）

4）经典机器学习比深度神经网络算法的预测精度高是因为它能够更好地从多层神经网络中提取到输入数据的抽象特征。（　　　）

5）利用虚拟仿真进行试验分析是研究交通问题的一种重要方法。（　　　）

2. 实验

调查交通领域数据采集情况，预估某一方向年交通流量。

实验要求：

1）网上或实地收集交通领域交通量数据。

2）选用合适的预测模型预测交通量。

3）形成实验报告。

第 5 章 Chapter 5

高速公路应用

高速公路（Expressway）为专供汽车分向行驶、分车道行驶，全部控制出入的多车道公路。高速公路年平均日设计交通量宜在 15000 辆小客车以上，设计速度 80~120km/h[38]。我国高速公路起步于 20 世纪 80 年代，经过 40 多年的高速发展，截至 2021 年底，高速公路通车里程 16.9 万 km○，总里程已经高居全球第一，在信息化、智能化应用上也取得了长足进步。

5.1 高速公路业务及数据

高速公路与普通公路相比建设及管理要求高，基本要求是全封闭、汽车专用车道、双向专用车道，往往是一个国家运输的主干道。由此，相应的信息化、智能化管理水平更高，更适合大数据、人工智能等先进技术的综合应用。

5.1.1 高速公路主要业务

根据不同的使用人群，高速公路主要业务分类见表 5.1。

表 5.1 高速公路主要业务分类

序号	使用人群	业务类型	说明
1	驾驶人	通过车辆运输人、货物去目的地	—
2	收费人员	高速公路收费	—
3	养护人员	高速公路设施养护，极端天气雪、冰等铲除作业	—
4	施工人员	高速公路工程施工	—
5	应急处置人员	高速公路事故处理、救护	—
6	服务人员	服务区吃、住、停车、加油等服务	—
7	调度人员	高速公路开启关闭、拥堵调度指挥，路侧广播、网站、路侧情报板等宣传	—
8	执法人员	高速公路违规行为执法	—
9	专业技术人员	无人驾驶专用车道车路协同远程监管、交通大数据专业分析	近几年新的发展业务

○ 数据来自国家统计局 2022 年 9 月 21 日发布的《深入贯彻落实新发展理念 交通通信实现跨越式发展——党的十八大以来经济社会发展成就系列报告之六》。

高速公路最核心的业务还是围绕表 5.1 的第一项任务进行，需要保证驾驶人快速、安全地到达目的地。由此，需要在高速公路上设置方向引导路标牌、车速控制标牌、易出事故地点提示牌、气象等环境提示情报板、临时提醒路侧广播等，以保证驾驶人安全、可靠行驶。

高速公路收费是国内普遍的做法，采用收费养路运营策略。早期的收费都是建立人工收费站，通过收费人员与驾驶人的接触进行发卡收卡收费。人工收费分为纯人工收费和半人工收费（MTC[①]），纯人工收费是高速公路早期的人工收费方式，在国内已经被淘汰；而半人工收费则借助计算机、网络、车牌号自动识别技术，辅助以人工收卡、发卡、缴费方式。目前国内普遍采用半人工收费，但是半人工收费在车流量明显增大的情况下，容易造成收费站口拥堵，于是 1995 年国内第一套 ETC 系统在广东佛山投入使用，使用 ETC 通行效率比 MTC 至少提高 5 倍以上，具有很大的社会、经济、环境提升效益。截至 2021 年，我国 ETC 的使用率已经达到 66%，高速公路的通行情况有了很大的改善。为了进一步提高高速公路通行效率，减少 MTC 的使用比重，2018 年 12 月，山东第一张高速公路复合通行卡（Expressway Composite Access Card，CPC）在京沪高速济南港沟收费站发出。通过无人值守收费亭机器人发放和收回 CPC，进一步降低了 MTC 的人工工作量，通行效率可提升 10%，实现了无人值守、快速通行的目的。

高速公路设施会随着时间的推移和使用而老化或被破坏，包括被撞坏的栏杆、被风吹歪的路标牌、路面磨损的车辙坑、车上抛洒的异物、山区滑坡造成的土石方、下雪造成的积雪堆积、冬天下雨造成的路面结冰、热胀冷缩导致的路面裂缝、持久磨损后消失的路面标识线等，都需要高速公路养护部门定期巡视，发现问题及时养护处置。

新建高速公路或在现有高速公路上增建相关设施，都属于高速公路施工工作。对于新建高速公路，属于未开通路段，未涉及高速公路正式管理范畴；对于现有高速公路增建项目，如高速公路视频设施施工工程、交通量调查龙门架施工工程、路侧广播工程、省界站撤站工程等，则需要利用高速公路运营期间的合理时间段进行集中施工，属于特定时期一次性实施行为。施工人员需要重点考虑施工安全措施，避免施工过程产生高速公路安全事故。

随着我国高速公路的普及，车流量大增，加上自然环境的复杂，高速公路事故的发生概率逐渐增大。如疲劳驾驶、随意改道引起的车辆碰撞事故，夏天易发的车辆自燃事故，车辆自身故障引起的事故，团雾、路面结冰等引起的事故，行车路上发生的人员突发疾病事件等，都需要高速公路应急人员及时响应处置，以减轻事故带来的损失，恢复路面通行状况。高速公路应急涉及路政应急人员、消防人员、医疗救急人员、故障车辆拖运服务人员等。

高速公路开设的服务区为驾驶人休息、就餐、住宿、加油、购物、停车等提供了配套服务设施，服务区服务人员根据驾驶人需要提供相应的服务。

高速公路因天气等关闭、开启进出口，高速公路特殊时段的拥堵信息，高速公路节假日的免费政策，高速公路事故信息等，需要通过政府部门设置的路网中心进行统一调度和发布。

破坏高速公路指定范围的设施、车辆违规逆行等行为，则由高速公路路政执法人员或公安交管执法人员进行现场执法处理。

随着智能交通技术的快速发展，国内已经出现了无人自动驾驶专用通道、智慧高速公

[①] MTC，即 Manual Toll Collection。

路。集边缘计算、5G、卫星定位、物联网、智联网、云计算、大数据、AI 于一身的智慧高速公路平台，需要专业的融合公路、信息技术的专业人员，进行远程监管，并进行专业数据分析，以推动智慧高速的落地和运行。图 5.1 为智联网应用场景，无人自动驾驶汽车通过车路协同，实现安全自主驾驶。

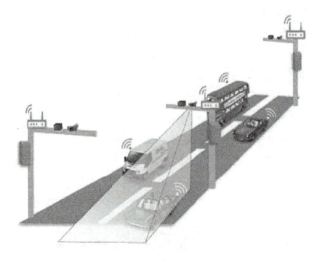

图 5.1　智联网应用场景

5.1.2　高速公路主要数据

目前，国内高速公路经过几十年的信息化建设，已经具有较完备的业务系统，并产生了大量的业务数据。这里的数据涉及设施、车辆、人员、管理、事件、执法、服务等内容。

车辆本身涉及车辆基本信息数据、驾驶人信息数据、车辆保险数据等。

高速车流产生的数据包括卫星定位轨迹数据、视频数据、收费数据等。

高速公路设施产生的数据包括道路基本信息数据、桥梁信息数据、辅助设施基本信息数据、通信设施数据等。

高速公路养护产生的数据包括巡检记录数据、养护施工数据、清雪融冰数据等。

高速公路应急数据包括求助数据、事故数据、救护数据、抢修物资数据、应急人员数据等。

高速公路环境数据包括气象数据、交通地理数据、交通污染数据等。

高速执法数据包括执法人员数据、高速报警数据、出警记录数据、现场执法数据、执法宣传数据等。

高速调度数据包括高速公路开启和封闭数据、交通诱导数据、出行宣传数据、事故发布数据等。

通过高速大数据进行分析的数据包括高速拥堵指数数据、高速 OD 数据、节假日专题数据等。

高速其他数据还包括服务区服务数据、智能车联网数据、高速公路 BIM 数据、交通量调查数据、超载数据、大件运输数据、雷达测速数据等。

以某货车卫星定位轨迹数据为例，其涉及内容见表 5.2。

表 5.2　某货车卫星定位轨迹数据

数据项	类型	数据示例
车牌号	字符串	津 E88888
车牌颜色	字符串	黄色
定位时间	日期时间	202211282208
经度/(°)	数值	117.01123
纬度/(°)	数值	39.10221
瞬时速度	数值	80km/h
方位角	数值	200 度

货车定位数据一般隔十几秒到几十秒采集一次，并上传到数据中心。若长年累月存储了货车轨迹数据，则可以利用海量数据做大数据分析，并根据不同的用户需求产生不同的应用场景。如保险公司根据货车轨迹数据，可以分析得出哪些车辆保险费应该高，哪些可以低一些；执法人员可以根据货车轨迹、时间匹配、高速路车道方向，发现哪辆货车存在疲劳驾驶、哪辆货车存在逆行、哪辆货车存在违规停车等问题；公安部门可以根据货车轨迹、时间、地理位置信息，准确判定某时段哪辆车进了哪个仓库；物流人员可以根据货车车辆轨迹、时间、地理位置、驾驶人基本信息，预估空车在哪里，应该如何就近配货；政府管理部门可以根据货车轨迹、速度、方向分析高速公路拥堵情况。由此可以看出，数据的分析价值是很高的。但是高速数据往往掌握在政府部门或高速运营公司手里，如何打通政企之间的数据通道，促进高速数据的高效利用，是当下面临的一大问题。

某地 2016 年不同车型、不同公路交通量统计结果见表 5.3。图 5.2 为某地 2012—2016 年不同车型、不同公路的交通量综合统计分析结果。

表 5.3　某地 2016 年不同车型、不同公路交通量统计结果

行政等级	汽车/(辆/日)								交通量合计/(pcu/日)
	中小客车	大客车	小型货车	中型货车	大型货车	特大货车	集装箱车	合计	
普通国道	11405	795	1808	1580	734	2579	593	19494	31665
普通省道	9282	403	1211	798	622	1018	452	13786	19848
合计	9649	470	1314	933	641	1288	476	14771	21890

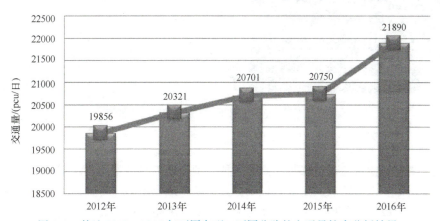

图 5.2　某地 2012—2016 年不同车型、不同公路的交通量综合分析结果

5.2 高速公路主要业务系统及发展方向

国内高速公路信息化建设经过 30 多年发展，已日趋成熟，目前主要业务系统介绍如下。

1. 联网收费系统

高速公路联网收费系统指通过计算机、网络、软件、图像识别、电子测控等技术建立起来的用于高速收费的综合管理系统。MTC 方式下实现"入口领卡、持卡通行、出口交卡、凭卡缴费"的收费方式，在 ETC 方式下实现"入口无线感应自动识别车辆身份快速通过，出口无线感应自动识别车辆身份并自动扣费结账快速通过"的收费方式，CPC 方式下实现"入口自主取卡，出口自主还卡结账"的收费方式。

高速公路联网收费系统总体架构由国家结算中心、省级结算中心、区域/路段结算中心、收费站（或 ETC 门架）四级构成。收费车道包括 MTC 车道、ETC 车道、CPC 车道等。

高速公路联网收费系统包括收费、对账、计费、稽核、特情管理、系统监测、统计、数据传输等功能。

2. 视频监控系统

早期的高速公路视频监控系统属于标清监控系统，进入 21 世纪第二个十年后，随着"路网与应急处置系统工程""公路网交通情况调查数据采集与服务系统工程""两类设施工程""高速公路省界收费站拆除工程""视频上云工程"的陆续推进，高速公路普遍采用了高清摄像头，设置点位密集程度也大幅提高，为后续智能化图像识别应用奠定了基础。图 5.3 为天津市高速视频上云业务系统。

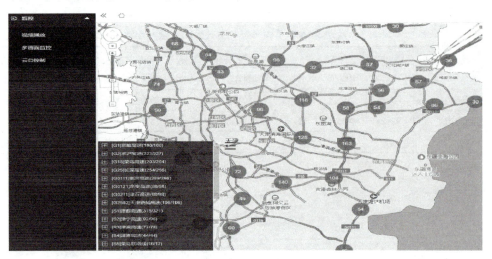

图 5.3 天津市高速视频上云业务系统（见彩插）

3. 交通量调查系统

交通量调查是指对通过道路某一断面各种类型交通工具数量的观测记录工作。早期的交通量调查采用专业人员蹲点人工计数记录方式，属于最原始的一种交通量调查方式。通过交通量调查产生的数据及分析结果，可以为交通规划、道路建设、交通控制与管理、国民经济分析等提供必要的参考依据。

随着传感器、网络、计算机、软件、人工智能等技术的发展，出现了通过交通量调查系统自动采集交通量数据的方式。我国近十年经历了从交调试点工程、交通一期工程，到交通二期工程，其系统界面如图 5.4 所示，可以提供交调数据采集、业务数据统计、工作协同管理、设备运行管理、调查数据管理、基础信息管理等功能。目前主流交调设备包括感应线圈、压电式、超声波、微波、红外线、激光式、视频等。交通量调查系统主要采集的数据包括交通量、行驶量、交通组成（不同车型）、时间分布、行车速度、道路拥挤度等多个交通运行特征指标。

图 5.4 交通量调查系统界面

4. 设施养护系统

高速公路设施养护系统为高速公路设施日常巡视和养护提供辅助管理方法。日常巡视往往借助手机 App 拍摄设施损坏情况，并及时上报维护部门，使维护部门可以第一时间响应进行设施维护。养护部门则可以通过该系统实现养护物资的管理、养护设施的定位、养护内容的记录、养护设备的调配等。

5. 综合智能高速管理系统

近年来随着大数据、人工智能、云计算、边缘计算、物联网等技术的快速发展，出现了综合智能高速管理系统，以期解决更加复杂的管理问题，如团雾识别与警报问题、违规车辆轨迹跟踪、车辆行为图像识别、短时流量 AI 预测等。

5.3 高速公路车辆目标轨迹跟踪定位

高速公路车辆目标轨迹跟踪定位的方法有很多，如通过卫星定位坐标、通过连续高清视频图像识别、通过手机信令信号[①]定位、采用微波雷达实现车辆目标跟踪定位等。

5.3.1 车辆跟踪需求分析

我国经济的飞速发展提高了国民的生活质量和消费水平，城市交通流量激增的同时，交通阻塞、交通事故频发等相应问题日益严重，这对国家和城市的经济发展和交通安全有着很大的影响。根据交管部门的统计，近年来，交通路口事故的发生数量和人员伤亡率都呈现明显的上升趋势，驾驶人过路口未减速、路口违规泊车、车辆违规行驶（如转弯不当）、视野盲区（大型车转弯），以及夜间视野受限和惯性思维等都是引发交通事故的主要原因。

---

① 手机用户与发射基站或者微站之间的通信数据，只要手机开机，并且手机屏幕上显示出运营商（中国移动、中国联通、中国电信）字样，信令数据就开始产生了。手机信令数据具有用户轨迹定位作用。

在交通场景中，车辆轨迹可以提供运动车辆几乎所有的动态信息。分析监控场景中的车辆轨迹能够掌握动态道路交通信息，关联多个视频摄像头中的目标轨迹能够打破单个视频摄像头的目标信息孤立，获得大范围视频监控区域中的整体道路运行情况，有助于道路交通管理者进行交通分析、预测和控制。因此，提取监控场景中运动车辆轨迹是交通视频监控系统信息化的首要需求。

在视频分析技术中，目标检测能够获取图像中的目标位置，目标跟踪可以在目标检测之后持续锁定目标，两者是运动车辆轨迹提取的基础。交通场景中的车辆目标数量和运行情况存在随机性，是车辆轨迹提取异常复杂的主要原因。传统的目标检测算法易受环境变化的影响，难以应用于复杂多变的交通场景。近年来，随着GPU的发展，机器深度学习得到了长足的研究与应用。深度学习在计算机视觉中的应用，使得目标检测在精度和速度上都得到了一定的提高。基于深度学习的目标检测算法通过庞大丰富的数据集训练，提高了算法的泛化能力，能够识别多类目标，更容易应用于实际的交通场景中，为交通视频监控系统实时获取道路交通信息提供了可能性。在车辆目标被检测识别后，目标跟踪面临车辆转向、车辆驶入驶离带来的目标尺度变化和遮挡等挑战，长时间稳定的目标跟踪是车辆轨迹提取的必要保证。图5.5为高速公路人员异常行为图像识别目标检测，环绕人的方框线为检测目标识别范围。

图5.5　高速公路人员异常行为图像识别目标检测

跟踪也是计算机视觉领域另一个经典的问题，车辆目标轨迹跟踪在智能驾驶场景中也具有重要意义，不仅能够弥补单纯视觉检测带来的漏检，而且可以描绘出目标的运动轨迹，但是目标跟踪有几个主要的难点：外观变形、光照变化、快速运动和运动模糊、背景相似干扰、遮挡和出视野等。

目前高速公路现有监控设施主要包括监控摄像头、交调检测器、气象仪等，布设间距和布设要求主要按照交通运输部《高速公路监控技术要求》《公路网运行监测与服务暂行技术要求》等标准进行建设。2022年9月，上海市交通委员会发布了《上海市智慧高速公路建设技术导则》，进一步提出了高标准智慧高速公路建设要求。原有建设标准已无法适应智慧高速公路业务的发展要求，亟须构建一套全息、高清、智能的感知体系，优化、加密道路沿线感知设施布局，扩展感知内容和感知精细化程度，提升感知设施的智能化程度，从而实现高速公路交通流信息采集、交通事件检测和气象环境识别告警等功能，全面提升路段的感知能力。

针对上述传统视频目标识别跟踪和高速公路业务痛点问题，采用毫米波雷达和高清视频融合检测的方式。毫米波雷达可以同时获取监测区域内多个目标物体的距离、角度和速度信息。毫米波的物理特性是频率高、波长短，这使得其多普勒偏移大，可以获得高测量精度的相对速度。与摄像头、激光雷达等光学传感器相比，毫米波雷达不受光照条件和恶劣天气的限制，满足全天候全天时工作的需求。通过雷达和视频多种感知手段的检测，能够更加精准地识别各类车辆目标，并能对车辆进行实时的跟踪定位。

5.3.2 研究进展

目前在多目标动态感知方面，主要利用激光雷达、毫米波雷达及视频目标识别等手段进行采集分析。

KIM H T 等人[39]使用毫米波雷达与视觉传感器融合的方法解决了无法区分前方障碍物是否为车辆的问题，并通过雷达数据与视觉数据的匹配完成了对前方目标类型的判断，最终通过实验验证了该方法的有效性。

MO C 等人[40]通过对毫米波雷达与视觉传感器获取数据的聚类与融合完成了在实际交通场景中的目标检测，并依据数据设置感兴趣区域，完成前方目标检测。

CHADWICK S 等人[41]通过结合毫米波雷达数据与视觉传感器数据来训练目标检测神经网络模型的方法，得到了检测小目标效果较好的目标检测神经网络。

LEKIC V 等人[42]提出了一种将雷达传感器测量数据与摄像头图像融合的方法。该方法提出一种完全无监督的机器学习算法，将雷达传感器数据转换为人工的、类似摄像头的环境图像。通过数据融合，算法产生了比由单一雷达或摄像头提供的更一致、更准确、更有用的信息。

JOHN V 等人[43]提出了一种新的基于深度学习的传感器融合框架，该框架可以将单目摄像头和远程雷达数据有效融合进行障碍物检测。

AZIZ K 等人[44]提出了一种雷达与摄像头传感器融合框架，将其作为一种能够自动检测、跟踪和分类道路上不同目标的道路环境感知系统。实验结果表明，与单传感器系统相比，雷达与摄像头传感器融合系统具有较高的可靠性和有效性。

BAGI S 等人[45]提出了一种毫米波雷达与视觉传感器融合的车辆盲点检测方法，该方法通过数据关联等方法提高了车辆盲点检测系统的精确度。

XIAO W 等人[46]类比人类视觉系统，将毫米波雷达当作人类视觉系统中的锥细胞，将视觉传感器当作人类视觉系统中的杆细胞，将雷达得到的潜在目标区域与人类视觉系统得到的精确目标轮廓进行融合，实现对前方车辆的检测与跟踪。

5.3.3 雷达车辆目标识别方法

毫米波雷达内置接收天线和发射天线，通过多个天线发射快速电扫描信号，将雷达波以极快的周期投射在路面上，从而覆盖较大检测范围。在工作状态下，发射天线向外发射毫米波信号，发射后的毫米波信号遇到目标（车辆、行人、路障等）反射回波并被接收天线接收，雷达通过内置的信号处理芯片对信号进行傅里叶变换滤波等处理，消除信号噪声以获得雷达监测范围内目标物体与雷达的相对速度、相对距离、角度和运动方向等物理信息。

通过雷达不同的工作模式,能够对不同的数据进行识别和采集,具体包括:

(1) 交通流数据　可识别包括雷达ID、时间戳、车流量统计周期(s)、车道号、车道属性、车道流量、平均速度(km/h)、特大车流量、大车流量、小车流量、时间占有率(%)、空间占有率(%)、车头时间间隔(s)、车头空间间距(m)、排队长度(m)、左转车数、直行车数、右转车数、掉头车数、排队车数等数据。

(2) 车辆目标轨迹数据　可识别包括雷达ID、时间戳、目标ID、横向距离(m)、纵向距离(m)、横向速度(km/h)、纵向速度(km/h)、横向加速度(m/s^2)、纵向加速度(m/s^2)、所处车道、目标置信度、停车标志、目标分类等数据。

5.3.4　运动目标轨迹跟踪方法

运动目标跟踪可认为是对前景目标进行实时的跟踪,找到运动目标在连续帧中的准确位置,进而提取诸如位置、速度等动态特征,然后利用这些特征信息进行匹配跟踪。然而,交通背景一般都较复杂,要实现单个或多个目标的跟踪仍然存在很大挑战。通常一个跟踪算法的好坏由两个因素决定:算法的实时性及鲁棒性。

基于特征的跟踪、基于区域的跟踪、基于3D模型的跟踪,以及基于轮廓模型的跟踪是现今比较常用的几种跟踪方法,本节将这几类方法进行结合应用于目标区域的跟踪。

1. 基于特征的跟踪

基于特征的跟踪方法是提取跟踪目标的局部特征如点、线、形状等进行目标匹配跟踪,也可以将多个特征联合进行目标跟踪。如果特征集选取得当,利用特征进行跟踪能够取得良好的效果,且计算量较小。然而在实际应用中,很难确定目标的最好的特征集合,这种方法需要继续改进。

2. 基于区域的跟踪

基于区域的跟踪方法是通过将当前帧得到的候选模板与事先得到的目标模板进行相似度对比来确定目标在当前帧位置,从而完成跟踪,该方法的关键点就是提取何种特征进行跟踪。该方法在不存在目标间的遮挡情况下能够获得较好的跟踪效果,一旦目标间发生严重遮挡,目标极易跟踪丢失,而且算法本身计算量较大。

3. 基于3D模型的跟踪

基于3D模型的跟踪算法是将运动目标像素视为三维空间中目标在二维平面上的投影,该投影与建立的运动物体3D模型在帧中的同一位置的投影实现匹配,从而完成目标跟踪的目的。

基于3D模型的跟踪具有以下显著优点:无论是在运动目标行为较复杂、交通拥堵情况下,还是光线变化或者目标不完全遮挡情况下,基于3D模型的跟踪方法都能实现稳定跟踪。然而该方法跟踪效果的好坏过分依赖目标几何模型精度,如果所得到的几何模型精度达不到要求,目标就有可能跟踪丢失,而且算法也达不到实时性跟踪。

4. 基于轮廓模型的跟踪

它主要是利用目标边界轮廓特征实现跟踪,如轮廓面积、高、宽等,利用这些轮廓信息在帧间完成运动目标的跟踪。利用轮廓模型进行跟踪的方法计算量较小。然而轮廓不能精确表达目标,所以跟踪精度不高。图 5.6 为多目标运动车辆图像识别。

图 5.6　多目标运动车辆图像识别(见彩插)

运动物体的跟踪实质上是实现物体在视频帧之间的特征匹配以达到追踪的目的。通常将目标速度、大小、位置和颜色等信息作为目标跟踪的匹配信息。根据运动目标在前后两帧不会发生突变的特点,在前一帧目标位置的基础上设定阈值预测目标在当前帧的搜索匹配范围。然后将当前前景目标与预测的搜索匹配范围中的待测目标进行匹配,通过多个特征,如目标的外接矩形大小、目标的质心位置及目标的色度均值进行目标的精确定位。如果算法未完成目标在当前帧的定位,则以前后两帧的公共像素为种子结点,进行连通域搜索。将当前前景目标与搜索到的连通域进行匹配,仍然通过目标的外接矩形大小、目标的质心位置及目标的色度均值进行目标的精确定位。如果目标间发生粘连、遮挡或者运动速度过快等情况导致运动区域跟踪失败,则通过运动估计的方式估计目标在此帧的位置。最后利用获取到的新的特征值更新运动模型来实现运动物体的连续跟踪。

5.3.5　雷达视频联动目标跟踪定位方法

雷达视频联动目标跟踪定位方法实现过程如下:

1)通过坐标匹配算法,将毫米波雷达检测的所有目标交通信息(距离、角度、速度、车长等)实时叠加在高清视频图像中;通过软件配置,将目标轨迹与实际道路车道进行匹配,对监测区域内所有车道内的车辆进行轨迹跟踪。坐标转换步骤如下:

① 基于百米桩经纬度数据后台计算,绘制约 500m 长度(单个雷达检测范围)的经纬度线(定为基准线)。

② 设定采集的雷达设备经纬度为相对坐标原点(映射至上述 500m 长度经纬度线范围)。

③ 基于雷达采集的目标点 X、Y 坐标及相对坐标原点,通过直角坐标系计算目标点经纬

度（映射至上述500m长度经纬度线范围）。

④ 基于雷达采集的目标点数据中的车道号进行车道纠偏，形成车道级的轨迹数据。

⑤ 通过后续的跨杆跟踪等算法形成最终的轨迹线。

2）毫米波雷达可设置雷达检测区域和球机对应检测位置，当车辆经过检测区域时，雷达可对多个目标车辆进行全程跟踪；一旦检测到车辆发生异常或违规违法行为事件，可立即自动控制调动球机位置进行现场跟踪监控，对现场进行图片抓拍或视频录像取证，并将图像、视频记录上传至后台存储和处理。

3）检测区域一致的情况下，毫米波雷达事件检测与视频图像事件检测结果可相互验证，提高检测成功率。

4）毫米波雷达检测到交通事件时还可自动发送触发信号给车牌识别摄像头，摄像头负责抓拍车牌，系统可将摄像头抓拍到的车牌信息与雷达检测到的目标即时速度等信息叠加到视频上进行监视跟踪，同时存储上传。

5.3.6 雷达视频联动应用

通过毫米波雷达、高清摄像头视频的联动结合，在高速公路上可以实现路网全程交通流数据感知、车辆实时跟踪检测、车辆行为画像生成与呈现、路网OD及热力分布、超限车辆管理、重点车辆管理等应用。

1. 路网全程交通流数据感知

通过在重点路段路侧布设雷达检测器，可全程覆盖整个路段，实时监测区域内每个目标的信息和监控图像，雷达信息与视频信息进行叠加上传至平台，实现车辆目标监测数据的分析，形成目标的实时距离、速度、运动方向、方向角等信息。配合安装调试软件，可按照实际路面渠化信息标定车道，输出各车道的车辆排队长度、车辆数、车辆分布信息，根据系统检测的数据需求，设置多个检测线，采集检测线位置各车道虚拟线圈的过车压占信息、交通流统计信息。基于雷达视频融合自动准确识别车道线、车型（大车、小车），实现对道路上下行分车道交通流参数的计算，包含断面车流量、平均车速、占有率。

同时，可在GIS地图上显示道路拥堵状况、道路事件、气象信息、道路施工等；可查询本路段当前和历史的交通量分布、服务水平、时间和空间占有率分布，可按条件查询不同时间段的当前和历史速度、流量、占有率、拥挤等分布，并以不同形式输出查询结果；在GIS地图上点击摄像头图标显示视频，并可对视频进行各类控制操作（包括遥控云台上下左右旋转，遥控镜头自动光圈、变焦、放大、缩小等）；在GIS电子地图上可查询显示沿线的管理机构设施及应急资源的分布位置、种类、储备、配置及状态等信息，以便在事故发生时能实施紧急救援；在GIS地图上可查询统计历史各类事件中应急资源调度、消耗和补充情况，并以各种形式输出查询结果；模块结合路网运行状态综合评估指标体系，当相应监测内容超过定义的阈值时，系统自动报警，转入预警展示模块。

2. 车辆实时跟踪检测

在雷达监测范围内，车辆经过检测线触发抓拍信号，视频识别并记录车辆车牌，雷达将车牌采集信息及车辆速度叠加到视频上，对识别车辆的行驶轨迹进行全程跟踪，后台进行驾驶行为分析，对违法车辆及危险驾驶车辆进行重点记录。后台等比例在线仿真无缝拼接目标轨迹，一方面对检测到的车流进行违停、超速、逆行、违法变道等违法行为进行上报；另一方面借助视频的辅助，对检测路网车辆的行驶轨迹进行深入挖掘，进行交通流数据的统计，为使用者规划道路提供合理化建议，同时也可帮助使用者判别交通黑点，直观分析路段交通特征和规律，发现交通问题，寻找症结和解决方案。

3. 车辆行为画像生成与呈现

通过接入路侧智能站的车路交互数据、运营收费数据、营运车辆监管平台的定位数据等，分析道路所有车辆的个体对象的运行特征，实现个体车辆分析、常用路径分析、通行时间分析、运行状态分析、驾驶行为特征分析、偷逃费分析及假牌、套牌、非法营运车辆历史数据的分类统计、规律特征分析、行为挖掘和关联分析等，绘制出行者的行为画像。此外，可支持通过接入车辆相关业务系统数据，将违法记录、车辆、驾驶人、交通出行行为进行关联分析，实现违法行为的人群、车辆及类型溯源分析。

4. 路网OD及热力分布

高速车流热力图应展示区域内高速公路通行情况，需要接入高速公路车流量数据，并对数据进行处理，使用热力图的方式展现每天高速公路的车流量大小，并应以列表形式对流量大的道路进行排名，帮助管理者快速掌握道路车流量信息，为管理者提供直观的数据支撑。路网OD及热力分布可以实现路段全程OD调查，关注车辆完整的行驶轨迹；可以实现对途径车辆进行精确统计，协助路段运营预测，辅助管理决策；能够配合稽查关注逃费车辆、事故车辆、"两客一危"、特种车辆的完整行驶轨迹。

5. 超限车辆管理

超限车辆管理可以分析进入高速公路的超限车辆情况，跟踪并掌握相关车辆的实时运行状态和轨迹信息。当超限车辆运行异常时，例如轨迹偏离申报线路、疲劳驾驶、越站行驶等，通过可变信息标志进行预警后，再由各高速公路项目公司、养护单位对超限超载车辆进行拦截，并引导车辆就近驶离高速公路。在无法拦截的情况下，对超限车辆在高速公路上的行驶情况难以约束。因此，针对高速公路的超限车辆管理，在非现场执法的事后处罚的基础上，需要尽可能避免超限车辆进入高速公路，并掌握其行驶路径，对无视警告拒绝驶离的车辆进一步进行警告教育，甚至处罚。

6. 重点车辆管理

重点车辆管理包含重点车辆数据信息管理、驾驶行为监控管理两部分。重点车辆数据信息管理主要包括车辆基础数据、定位信息、运行速度、轨迹信息、历史行为数据等。重点车辆驾驶行为监控管理主要包括疲劳驾驶（驾驶时长过长）、禁行区域通行、禁行时间通行、异常离线、超速超载等。

该模块主要关注"两客一危"车辆的运行状态，从行驶路径、行驶时间、载运重量等角度出发，利用路侧设备数据、行业数据及平台数据的大数据分析等手段，实现结合车辆运行状态、车辆OD路径识别与跟踪，对重点车辆运行数据进行实时监测与分析，如图5.7所示。通过视频智能分析，识别出重点车辆基础信息，通过视频监控"主动发现、主动预警"，实时监控"两客一危"车辆驾驶行为，减少重点车辆事故损失，降低道路安全隐患，实现加强对"两客一危"车辆及驾驶人的安全管控。

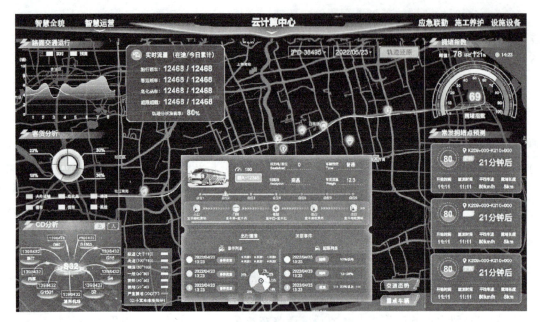

图 5.7 车辆 OD 路径识别与跟踪分析（见彩插）

5.4 高速固定视频图像识别

利用高速公路上的高清摄像头视频进行图像识别，是近年来图像识别技术应用的一个发展趋势。

5.4.1 固定视频图像识别需求分析

高速视频直面车流实时情况，为交通流量分析、突发事件捕捉、恶劣天气识别警报等提供了第一手实时图像资料。

1. 交通流量大

截至 2021 年底，全国公路总里程接近 520 万 km，高速公路通车里程达到 16.1 万 km，通达 99% 的城镇人口 20 万以上的城市及地级行政中心，二级及以上公路通达 97.6% 的县城，汽车保有量已达到 3.02 亿辆。据交通运输部相关数据，节假日期间全国高速路网日均流量达到 3300 万辆，其中客车日均流量达到 2750 万辆，货车达到 550 万辆，导致高速公路容易发生拥堵缓行，影响出行体验。

2. 突发事件多

现阶段，高速公路监控设备已全线建设，然而监控设施仅实现了视野范围内的视频监控功能，还未实现分析提醒功能。传统人工巡检方式工作量大且容易发生事件遗漏、事故发现不及时导致二次事故、无法做到实时检测、监控中心绝大部分工作量被巡检占用、交通状况不能及时检测和处理、二次事故难以预防等痛点问题，如何提高事件发现效率成为亟须解决的难题。

3. 恶劣天气频发

单条高速公路里程长，跨越的地区、省市、河流较多，气候环境不同，容易在局部路段出现团雾、积水、积雪、结冰等恶劣天气，往往对高速公路的安全运行造成严重的影响。

道路交通异常事件是威胁道路交通安全的重要因素，隧道、桥梁、道路走向/上下坡/车道变化及易受恶劣天气影响的路段是事故易发和易产生二次伤害的主要道路。这些道路一旦发生交通异常事件，极易引发交通事故和交通拥堵，将会严重影响道路的通行能力和运营效率。据有关调查显示，我国每年由交通事故造成的经济损失达数百亿元，并且伴有大量人员伤亡，及时有效的交通异常事件和违法驾驶行为的上报和应急处置尤为重要。在日常的交通运行和交通管理中，如果仅仅依靠人工报告、视频监视等非自动检测方法来发现交通事件，不但浪费大量的资源，而且不够全面及时，还会给交通安全带来隐患。

交通事件自动检测系统能够快速检测，及时报警，自动记录违章违法依据，有效预防和减少交通事故的发生，使得管理者能够及时有效地进行事故救援与处理，降低交通延误及避免二次事故的发生。传统的基于视频图像分析的交通事件检测系统容易受环境影响，误报率较高，交通管理者迫切需要能够全天候工作、检测精度高的事件检测系统。

5.4.2 研究进展

图像识别技术包括目标识别、目标检测等任务，其中目标识别主要是判别图像中目标的类型，而目标检测则主要为图像中多目标识别的问题。近年来，在大数据的驱动下，深度学习在图像识别任务中取得了巨大的成功，旨在直接作用于原始图像数据，逐层进行数据特征变换，自动学习图像特征。深度学习是一个整体的学习框架，本质上可以看作多层神经网络，其中卷积神经网络善于处理图像识别相关的问题，并且表现出优越的性能，因此在目标识别、目标检测等图像识别技术中得到了广泛的关注。

BILLAH T 等人[47]通过安装在车辆前风窗玻璃上的摄像头获取了基于视频序列的 EBDD 分心驾驶行为视频数据集，它是在考虑了驾驶环境的多样性和驾驶人的驾驶熟练程度的基础上开发的。

MARTIN M 等人[48]建立了开源的 Drive&Act 多模态细粒度分类驾驶行为数据集。该数据集包含 6 种不同的视图（前方视图、右上方视图、后方视图、面部视图、左上方视图、Kinect-IR）和 3 种图像模式（RGB、红外、深度）的 83 类共计 960 万张采用逐帧分层标记方式的视频帧。

JEGHAM I 等人[49]从多模态、多视图、多光谱三个方面建立了一个全新的驾驶人驾驶行为数据集（Multimodal and Multispectral Driver Action Dataset，3MDAD）。在不同的时间和环境条件下提供了多视图、多模态、多光谱的驾驶行为视频图像数据，以及对数据集进行训练的深度神经网络，极大增强了对各种环境的适应能力。

熊群芳等人[50]提出将渐进校准网络（Progressive Calibration Networks，PCN）和 YOLO V3（You Only Look Once V3）目标检测算法结合，对驾驶人打电话行为进行检测。

田文洪等人[51]提出一种轻量化卷积神经网络模型，对驾驶人的 3 种不安全驾驶行为（打电话、吸烟、不系安全带）图像进行识别。

褚晶辉等人[52]由知识蒸馏受到启发，从而提出由导师网络和学生网络共同组成的驾驶行为图像识别模型。

KIM J H 等人[53]提出了一种实时视频去雾算法,可减少闪烁的伪影并输出高质量、实时性较好的视频。

阮雅端[54]针对高速公路路网视频资源管理中存在的图像解析数据量大、计算重复复杂,耗费带宽,效率低下;交通专网日趋复杂,网络传输拥塞波动,视频质量参差不齐;单靠人工观看的主观感觉,无法有效地给出资源性能状态的实时统计;路网中各断面的视频源具有关联性等现象,提出了高速路网视频信息支撑系统构建及其关键算法研究。

LI B 等人[55]提出了端到端视频去雾网络(EVD-Net),以利用连续视频帧之间的时间一致性。其建立了端到端联合视频去雾和检测网络(EVDD-Net),该网络将 EVD-Net 与视频对象检测模型连接起来并进行联合训练,使得雾天条件下端到端视频中的检测结果更加稳定和准确。

KAMIJO S 等人[56]提出了交叉口交通事件的检测算法,首先对于复杂条件下的遮挡问题,采用基于时空马尔可夫随机场方法进行检测,其次根据车辆运动特征,利用隐马尔可夫模型学习获取碰撞、拥挤、非法停车和转向等具体交通事件信息。

5.4.3 运动目标提取方法

对于图像中运动目标提取,可以通过形态学滤波、连通区域标记、车辆六边形提取三步进行。

1. 形态学滤波

形态学滤波在图像处理中是应用比较多的一种处理方法,它的应用可以增强图像的某些特征或消除某些不相关的结构。在实际检测中,它可以将两个断裂的目标合并,或者消除目标周围的一些噪声。它有腐蚀、膨胀、开启和闭合四个基本运算。膨胀是指将一些图像与核进行卷积,一般来说核是一个小的中间带有参考点的实心正方形或圆盘,而腐蚀是膨胀的反操作。

闭合运算和开启运算都是由腐蚀和膨胀运算组合而成的,闭合运算是先进行膨胀运算再进行腐蚀运算,而开启运算是先进行腐蚀运算再进行膨胀运算。闭合运算能够消除图像中不符合结构的区域,而开启运算能填充图像中不符合结构的区域。运用形态学滤波可以消除前景上的噪声,并且可以把图像上孤立的像素连接起来,使检测到的对象更完整。

2. 连通区域标记

连通区域标记目的就是把图像中所有像素按照所属的对象给标记出来,然后划分为一个个检测目标。一般使用的是二值化连通区域标记,也就是整个图像序列是由代表背景点的 0 像素和代表前景点的 1 像素组成的。对于两个前景像素点,如果它们处于同一灰度集合中,并且它们具有某种连通关系,则这两个像素属于同一个连通区域。

3. 车辆六边形提取

在连通区域标记完成之后,需要用一定的方法表示前景运动目标。当前比较常用的方法是使用连通区域的最小外接矩形来表示运动目标。然而在实际道路状况中,摄像枪并不总是装在车道正中央,也有比较多的情况是装在道路边上。也就是说,摄像枪往往拍摄到的是目标车辆的侧面,这时候如果仍采用最小外接矩形来表示运动车辆的话,就会出现比较大的"空洞"。为了避免这种情况,一般使用根据车道线偏向的车辆六边形提取方法。具体做法是先求出最小连通区域的最小外接矩形,然后根据车辆的运动轨迹确定车道线偏向。如果车道线左偏，则在外接矩形取各边中点与左下、右上两个顶点连接成一个左偏的六边形；如果车道线右偏，同理在外接矩形取各边中点与右下、左上两个顶点连接成一个右偏的六边形；如果车道线刚好和图像横坐标垂直，则仍旧使用最小外接矩形。

5.4.4 运动模式识别方法

车辆在道路上的运动模式可分为前行、停驶、逆行、掉头转弯、倒退和换道六种基本模式。这六种模式都有自己的特点，可以通过它们各自的特点来识别运动模式，得到目标的交通行为。

前行是指车辆在一条车道上沿着车道方向行驶，不改变行驶方向，保持一定车速，并且不改变车道；停驶是指车辆沿着车道方向驶入后，停在了车道中；逆行是指车辆行驶方向与车道方向相反；掉头转弯是指车辆在一条车道转到另一条车道后速度方向改为相反方向；倒退是指车辆按车道方向驶入后，又以与车道方向相反的方向行驶；换道行驶是指车辆起初沿一条车道方向驶入然后转到另一条车道，但是速度方向与初始速度方向夹角小于90°（即速度方向与初始速度方向不相反）。其中，在通常状况下，停驶、逆行、倒退在正常交通流中都属于违章行为，掉头转弯和换道行驶在特殊情况下也是不被允许的。

对于以上六种行车方式，可以通过研究分析车辆跟踪过程中车辆重心坐标变化，计算得到车辆的速度方向与单位时间内的运动距离，然后依据六种交通行为的属性规律进行具体检测。

5.4.5 各类交通事件检测方法

高速公路上交通异常事件很多，常见的有交通拥堵、机动车异常停车、行人/非机动车闯入、路面抛洒、倒车/逆行、重点车辆、路面烟火、团雾，可以通过视频图像识别进行检测。

1. 交通拥堵事件检测

交通拥堵事件检测算法对视频 ROI⊖区域范围内的机动车目标进行检测，通过对监控区域内的机动车识别、计数，获得区域内机动车总数。在某一个时间区间监控区域内停滞的机动车数量超出设定阈值时，即可判定为该路段监控区域已经形成拥堵，即交通拥堵事件发生，随即产生预警。交通拥堵事件检测适用于高快速路等易发生拥堵的路段及桥隧，或全量部署视频监控的高速沿途路段。图 5.8 为高速公路交通拥堵事件检测。

2. 机动车异常停车事件检测

机动车异常停车事件检测算法对视频监控摄像头 ROI 区域范围内的机动车目标进行检测，并通过车辆停滞时间完成机动车是否为异常停车的交通事件判断，如果是，则触发告警。该类算法适用于高快速路段、桥隧场景路段及各类城市禁停路段。

注：机动车可检测图像大小为 32×32 像素。

3. 行人/非机动车闯入事件检测

新型行人闯入检测方法提出了一种级联事件检测的方案。首先基于检测模型进行行人检测，其次通过级联分类器对候选目标进行二次过滤。该方案通过将多个算法模块级联，在不显著增加算力需求的前提下，实现了全自动高快速路行人闯入检测。

⊖ 机器视觉、图像处理中，从被处理的图像以方框、圆、椭圆、不规则多边形等方式勾勒出的需要处理的区域，称为感兴趣区域（Region of Interest，ROI）。

图 5.8　高速公路交通拥堵事件检测

　　该方法的实现主要分为三个步骤：首先将图像输入检测器，获得若干候选行人检测框；其次将候选行人检测框裁剪出来，输入级联分类器，得到行人分类结果；最后根据分类结果，来判断是否出现行人闯入事件。非机动车闯入检测算法对监控摄像头视频 ROI 区域范围内的非机动车目标进行检测，当发现检测目标立即触发告警。此算法适用于安装在高快速路等限制行人以及非机动车闯入的路段及桥隧中，根据行人/非机动车闯入事件检测算法，实现对行人/非机动车闯入事件及时发现和告警。

　　注：非机动车/行人可检测图像大小为 32×32 像素。

　　4. 路面抛洒事件检测

　　路面抛洒事件检测算法对路面视频监控划定 ROI 监控区域，并实时对监控范围内的探测抛洒物目标进行检测识别，监控区域内出现相应目标即可触发告警并输出相应告警数据信息。

　　5. 倒车/逆行事件检测

　　倒车逆行检测方法针对规定摄像头标定 ROI 区域，基于车辆检测跟踪，对道路上某一车辆出现逆行的行为，自动记录点位信息、时空信息、事件信息等，并实时预警。其实现流程可以分为两个阶段。

　　阶段一：标定逆行检测区域与方向。

　　标定逆行检测区域时，需要用户在产品界面上绘制封闭的多边形区域作为检测区域，同时绘制有向线段作为车道方向。

　　阶段二：车辆检测跟踪并识别逆行车辆。

　　首先利用检测跟踪模型输出每一时刻每一车辆的位置并判断所属车道，多个时刻连接起来可以获取该车辆的运动轨迹。其次根据轨迹，可以计算车辆在一段时间内的运行方向，如果位移在车道标定正方向投影为负，并且长度超过一定阈值，就认为存在逆行，算法会标记车辆并预警。

注：机动车可检测图像大小为 32×32 像素。

6. 重点车辆识别检测

危化品车/渣土车/搅拌车等重点车辆交通安全风险系数高、占用路面空间大、对道路承载力要求高，故一般城市高架、主干道、快速路通常会对此类车辆进行重点限行管控。可基于路面各类视频源识别出危化品车、渣土车、搅拌车等车型，结合设定的限行区域和限行时间，实时监测重点车辆是否闯入并告警。

7. 路面烟火检测

路面烟火检测算法对路面视频监控划定 ROI 监控区域，并实时对监控范围内的明火浓烟目标进行识别检测。监控区域内出现相应目标即可触发告警并输出相应数据信息。

注：烟火可检测图像大小为 70×80 像素。

8. 团雾检测

"团雾"又名坨坨雾，其本质上也是雾，是受局部地区微气候环境的影响，在大雾中数十米到上百米的局部范围内，出现更"浓"、能见度更低的雾。传统基于光电传感器等专用硬件检测团雾的方案，能够利用现有的大量高速公路监控摄像头，获取图像信息识别团雾，更具有推广性，但成本较为高昂。

基于深度学习的高速公路团雾识别方案，从大规模高速公路图像中自动学习团雾特征，能够避免受到人工因素影响，且数据越多，深度学习系统越容易学到深层特征；同时利用全局平均特征进行分类，避免局部因素的影响，直接使用高速公路摄像头图像作为输入，方便大规模铺开，能够大范围监控高速公路团雾。

该方案优点如下：

1）利用高速公路监控图像作为输入，避免专用硬件的限制，方便大规模应用。

2）利用深度学习从海量图片中学习团雾深层特征，能更好地表征团雾，防止局部干扰对团雾识别的影响。

根据气象学能见度范围，将团雾分为六个等级，可简单地判断有无团雾，如果有，则触发事件告警，并支持输出能见度等级信息的方法，更适合精准研判团雾情况。

目前的交通事件检测设备通过智能化的交通视频解码、视频图像质量诊断，实现对交通拥堵、事故、速度、流量、气象，以及车辆属性、违停逆行、路面抛洒、路面塌陷等的实时监测分析和应急处置，监测准确率平均可达 90%，能为高速公路视频云联网智慧监测与管控体系建设提供有力支撑。但影响视频交通事件检测的干扰因素较多，室外场景最常见干扰主要包括自然环境（刮风、下雨、飘雪、大雾、雾霾等）、监控摄像头（抖动、晃动、水汽、眩光、模糊等）、网络传输（传输延迟、卡顿、跳跃、失真、拖影等）、运营环境（远光灯、大流量、高速行驶、昼夜变化、水迹、栏杆影子等）四类因素。

5.4.6　固定视频图像识别应用

为确保在高速公路发生影响运行安全、交通畅通的事件、事故时能及时发现、及时预警、及时组织紧急救援，该应用能合理运用各个子系统及时获取事件信息，通过和作为制度执行者和事件处理参与者的管理人员的交互，监控系统和管理人员共同构成了集成的事件自动检测管理系统，辅助监控调度人员在突发事件应急处置或施工养护作业过程中完成相关指挥调度和养护作业管理工作，如实时监控、接警预警、预案管理、指挥调度、监督报告等。

事件自动检测模块主要实现疑似事件的接入确认、报警功能。异常事件预警信息展示模块主要实现通过预警模型计算分析，以空间可视化的方式在 GIS 地图上发布预警信息，并可按照恶劣天气、交通事件、灾害事件进行分类预警，预警级别可根据事件预警等级分为红色预警、橙色预警、黄色预警和蓝色预警，同时可对常发拥堵路段或者常发事故路段进行信息预警提示。此外，在重特大突发事件发生后，可生成或更新事件影响区域路网范围内的路网运行状态，并进行预警响应。

在 GIS 地图上可显示各异常事件的分布情况、事件类型、事件等级及处理结果，并能以图表和统计方式输出查询结果；可查询统计历史各类事件的位置、事件类型、事件等级、处理结果等，并能以图表和统计方式输出查询结果。

根据采集的各类数据与各自阈值比较（或人工对信息进行确认），予以越限时报警（包括故障和告警信息），在工作人员通过视频进行事件确认后，通过应急智能方案功能提出处理方案或预案（阈值可根据实际情况设定）。

对各类报警输入进行处理和判断，能根据用户定义的条件进行异常事件预警，并进行预警信息编辑和发布。

固定视频图像识别应用可根据系统采集的信息分析处理，对系统自动提出的控制方案，值班员可修改或确认后再执行。控制方式有人工控制和自动控制两种，人工控制优先。具体功能包括：

（1）交通事故检测　此模块主要实现道路交通事故的检测判别，在交通事故数据采集模块的基础上，对交通事故进行直接或检测判别，并将路段发生的交通事故，通过可视化手段，以图层的形式展现在地图上。

（2）抛洒物异常检测　接入通行异常信息数据，识别数据中的异常类型为抛洒物时，可直接自动判别为抛洒物，并以通行异常图层的形式发布在地图上。

（3）拥堵事件检测　接入通行异常信息数据，识别数据中的异常类型为拥堵事件时，可直接自动判别为拥堵事件，并以通行异常图层的形式发布在地图上。

（4）违法停车自动判别　在行为异常数据采集模块的基础上，自动判别车辆违法停车行为，并将该车辆的基础信息、违停路段、违停时间展示在行为异常图层。单击图层上行为异常点，可显示车牌、车型、违停地点、违停时间、车主信息等。

（5）逆向行驶自动判别　在行为异常数据采集模块的基础上，自动判别车辆逆向行驶行为，并将该车辆的基础信息、逆向行驶路段、逆向行驶时间展示在行为异常图层。单击图层上行为异常点，可显示车牌、车型、逆向行驶地点、逆向行驶时间、车主信息等。

（6）倒车自动判别　在行为异常数据采集模块的基础上，自动判别车辆倒车行为，并将该车辆的基础信息、倒车发生路段、倒车发生时间展示在行为异常图层。单击图层上行为异常点，可显示车牌、车型、倒车发生地点、倒车发生时间、车主信息等。

（7）违规占用紧急停车道判别　在行为异常数据采集模块的基础上，自动判别车辆违规占用紧急停车道行为，并将该车辆的基础信息、占用紧急停车道路段、占用紧急停车道时间展示在行为异常图层。单击图层上行为异常点，可显示车牌、车型、占用紧急停车道地点、占用紧急停车道时间、车主信息等。

（8）行人自动判别　在行为异常数据采集模块的基础上，自动判别行人闯入高速行为，并将行人出现时间、路段信息展示在行为异常图层，支持图层的打开与关闭。

（9）低速驾驶自动判别　在行为异常数据采集模块的基础上，自动判别车辆低速驾驶行为，并将该车辆的基础信息、低速行驶路段、低速行驶时间展示在行为异常图层。单击图层上行为异常点，可显示车牌、车型、低速行驶地点、低速行驶时间、车主信息等。

（10）超速驾驶自动判别　在行为异常数据采集模块的基础上，自动判别车辆超速驾驶行为，并将该车辆的基础信息、超速驾驶路段、超速驾驶时间展示在行为异常图层。单击图层上行为异常点，可显示车牌、车型、超速驾驶地点、超速驾驶时间、车主信息等。

（11）长期偏离车道驾驶自动判别　在行为异常数据采集模块的基础上，自动判别车辆长期偏离车道驾驶行为，并将该车辆的基础信息、行驶路段、行驶时间展示在行为异常图层。单击图层上行为异常点，可显示车牌、车型、偏离车道驾驶地点、偏离车道驾驶时间、车主信息等。

（12）抛锚自动判别　在车辆异常数据采集模块的基础上，自动判别车辆异常事件，并将该车辆的基础信息、抛锚原因展示在车辆异常图层。单击图层上车辆异常点，可显示车牌、车型、抛锚地点、抛锚时间、车主信息等。

图 5.9 为固定视频图像识别事件综合应用界面。

图 5.9　固定视频图像识别事件综合应用界面

5.5　高速短时交通流预测

高速公路拥堵需要关注拥堵的最初 15min 内的发展趋势，通过提早预判，高速公路调度人员能够及时调度疏导拥堵交通流。

5.5.1　短时交通流预测需求分析

随着智能交通系统的逐步推广应用，我国许多城市已初步建立道路交通信息采集、传输、处理、分析、发布设备和系统。上海、广州、大连等城市已建立起满足各自城市需求的交通信息采集、发布平台。然而各大城市的交通信息系统仅仅是为人们提供历史交通数据和实时数据，并未对数据进行分析和预测。无论是交通管理、控制，或是智能交通系统的交通流诱导，还是行人、驾驶人出行路径的提前规划，都希望预知下一个时段的交通流状况。城市道路交通流的动态预测既能为出行者提供参考信息，也能为管理者出台相关的管理政策提供依据。通过预测能够识别道路上的交通事件，而对于道路上的交通流，根据历史观测记录来预测未来走势，这样既可让交通控制设备更好地用于交通管理，亦可方便交管部门行使职能提高道路车辆通行率、预防交通事故发生，同时为行人出行提供合理、省时的必要参考。

短时交通流预测是公路智能交通系统的核心内容和交通信息服务、交通控制与诱导的重要基础，能够给出行者提供实时有效的信息，帮助他们更好地进行路径选择，实现路径诱导，达到节约出行者出行时间、缓解道路拥堵、减少污染、节省能源等目的。目前，道路交通数据采集设备的性价比越来越合理，道路上交通数据的采集设备不断完善，使得短时交通流状态的分析处理和预测成为可能。现有的研究多以基于实时数据的道路网短时交通流预测理论与方法为主题，在交通流数据分析的基础上，对道路网中多个断面交通流状态之间的相关性进行分析，从而选择预测的范围和对象，对道路网中多个断面的短时交通流预测理论和方法进行深入探讨和研究，并且根据实际数据验证提出预测模型。

短时交通流预测是微观意义上的，与中观和宏观意义上的以小时、天、月甚至年计算的基于交通规划的战略预测有本质区别。其主要内容为依据道路交通信息，采用适当的方法去滚动预测未来不超过 15min 的交通状况，为出行者提供最佳行驶路线，从而为均衡交通流，优化交通管理方案、改进交通控制等提供基础依据，对于缓解道路交通拥堵、避免社会资源的浪费有着重要的意义和应用价值。

其具体的研究意义如下：

（1）对于交通管理者　可及时了解道路的交通运行状况，以便及时采取有效的交通管制措施，进行及时有效的资源调配，为科学化、规范的决策提供基本数据支撑，从而宏观上保障路网的畅通，提高路网的通行能力。

（2）对于出行者　出行者根据交通流的预测结果可以合理选择出行的方式、路线及时间，从而节省出行时间，避免不必要的拥堵。

（3）对于交通流预测研究者　对于大数据和人工智能时代开展交通流、交通状态预测、ITS 相关理论的研究等具有一定的借鉴意义。

5.5.2　研究进展

短时交通流预测是智慧交通系统的一项关键技术，它利用传感器、视频检测等数据采集方式所得的实时道路状况对未来 5～30min 内的短时交通流做出预测。短时交通流预测方法可分为参数方法、非参数方法和混合方法三种。短时交通流预测应用于高速公路场景下，数据形式可分为断面流量、主线流量和路网流量，数据来源包括高速 ETC 门架、视频监控卡口摄像头、路侧毫米波雷达等。下面重点对各种预测方法进行介绍。

短时交通流预测的参数方法主要借助线性模型，以统计分析为理论基础，具有模型简单和计算速度快的优点。自回归移动平均法（Auto Regressive Integrated Moving Average，ARIMA）[57]是一种经典的交通预测方法，它根据历史交通流数据建立线性回归模型，不需要外部参数即能完成预测。卡尔曼滤波[58]作为一种线性滤波器，基于状态转移方程和观测方程，对波动数据具有很好的平滑性能。然而线性模型在面对交通流这种大规模非线性数据时往往效果较差，不能很好地预测非线性数据[59]。

非参数模型是基于机器学习和人工神经网络建立的，具有很好的非线性数据拟合效果和自学习能力。混合模型则结合了多种模型方法，可以实现各模型在原理上的取长补短。在短时交通流预测中应用广泛的智能模型包括K最近邻（K-Nearest Neighbor，KNN）预测、支持向量回归（Support Vector Regression，SVR）、长短时记忆（Long Short Time Memory，LSTM）神经网络、门控循环单元（Gated Recurrent Unit，GRU）和随机森林（Random Forest，RF）等。

曾宪堂等人[60]研究对比了KNN、LSTM和SVR在高速公路短时交通流预测中的表现，结果表明KNN模型准确度最高，明确了数据质量和算法精度是交通流预测的关键。

刘群等人[61]对高速ETC门架数据进行了短时交通流预测，选用了反向传播（Back Propagation，BP）、局部记忆递归神经网络（Elman）、径向基函数（Radial Basis Function，RBF）、GRU四种神经网络进行对比，结果表明局部记忆递归神经网络（Elman）的精度最高。

胡勇[62]提出了一种基于KNN方法的高速流量缺失数据修补方法，并在用于预测的LSTM模型的损失函数中添加了误差比例项，最终改进后的IMSE-LSTM模型准确度高于原有LSTM模型。

考虑短时交通流随机性较强和智能模型自学习能力有限的问题，有学者在此基础上人工对交通流信息进行编码和分解，以进行精细化的建模和预测。

张龄允等人[63]考虑交通流的随机性干扰，提出了一种基于互补集成经验的模态分解（EMD）方法，将流量分解成了11项变量，并使用一个卷积层和一个LSTM层对这11项各自进行训练，最后叠加实现预测，精度高于标准机器学习算法。

宋旭东等人[64]首先用单层神经网络对交通流进行预测，将预测的残差使用EMD方法分解为多项，其次用GRU模型对各项残差进行预测，并用遗传算法对GRU模型参数进行自动寻优，最后叠加GRU预测的残差和原有模型预测的结果，得到的均方根误差结果优于单一GRU模型。

不同的预测模型对数据种类及数据质量的要求不同，数据频率、数据量、数据结构等因素均会影响建模算法的输出结果。不同的预测需求也会影响模型构建的选择及输出结果，包括损失函数的选取、预测结果的形式等。应根据指定的场景需求和数据结构选择最适用的算法和构建形式。

5.5.3 基于LSTM的短时交通流预测应用

LSTM算法及代码实现详见第4章，其基于特定应用场景的工程实现过程设计如下。

1. 交通流预测模块

此模块主要包括不同地域数据获取、数据处理、流量预测、预测值合成四个环节。其中，流量预测包括时间调整、序列预测。时间调整是将原始序列分解为时间邻近性序列、周期性序列及趋势性序列；序列预测是将时间邻近性序列、周期性序列和趋势性序列分别输入搭建的LSTM预测模型进行拟合，输出三个预测值。预测值合成是对三个预测值进行反向合成运算，根据模型估计标准误差，计算出最终的流量预测值。

2. 节假日交通流预测模块

为了能够准确预测不同日期下的流量,采用层次聚类法对各天的流量数据进行聚类分析,对非节假日和节假日进行日期类型的划分;为了将非节假日和节假日的流量数据的波动规律进行关联,扩充样本的数据集合,将各类非节假日数据和节假日数据用波动系数进行一一关联;基于跨江大桥流量波动规律分析,选取短时交通流预测的影响因子,利用相关系数方法计算各影响因子与预测流量之间的相关度;根据相关度挑选预测因子,为短时交通流预测奠定基础。

构建 LSTM 神经网络短时预测模型,根据不同的预测时段选取对应日期类型的历史数据信息作为网络的训练数据,利用神经网络的无监督训练模型对流量进行短时预测,并运用平均绝对百分误差计算预测精度检验模型预测的有效性。基于 LSTM 的节假日交通流预测分析界面如图 5.10 所示。

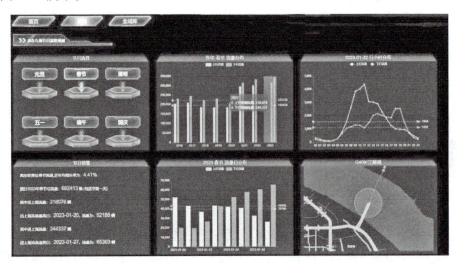

图 5.10　基于 LSTM 的节假日交通流预测分析界面(见彩插)

习题及实验

1. 习题

(1) 填空题

1) 国内高速公路主要采用收费方式解决养护管理费问题,收费方式主要可以分为纯人工收费、MTC、(　　) 和 CPC。

2) 随着 (　　)、网络、计算机、软件、人工智能等技术的发展,逐渐出现了通过交通量调查系统自动采集交通量数据的方式。

3) 高速公路车辆目标轨迹跟踪定位方法有很多,如通过卫星定位坐标、通过连续高清视频图像识别、通过手机信令信号定位、采用微波 (　　) 实现车辆目标跟踪定位等。

4) 图像识别技术包括目标 (　　)、目标检测等任务,其中目标 (　　) 主要是判别图像中目标的类型,而目标检测则主要为图像中多目标识别的问题。

5) (　　) 交通流预测是微观意义上的,与中观和宏观意义上的以小时、天、月甚至年计算的基于交通规划的战略预测有本质区别。

（2）判断题

1）货车定位数据一般隔十几秒到几十秒采集一次，并上传到数据中心。（　　）

2）联网收费系统、视频监控系统、交通量调查系统都是高速公路特有的业务系统。（　　）

3）激光雷达在工作状态下，发射天线向外发射无线电波信号，发射后的无线电波信号遇到目标（车辆、行人、路障等）反射回波并被接收天线接收，雷达通过内置的信号处理芯片对信号进行傅里叶变换滤波等处理，消除信号噪声以获得雷达监测范围内目标物体与雷达的相对速度、相对距离、角度和运动方向等物理信息。（　　）

4）近年来，在大数据的驱动下，深度学习在图像识别任务中取得了巨大的成功，旨在直接作用于原始图像数据，逐层进行数据特征变换，自动学习图像特征。（　　）

5）ARIMA、KNN、LSTM等算法都可以较好解决短时交通流预测问题。（　　）

2. 实验

用Python体系下的图像识别技术，识别视频或图像里的车辆。

实验要求：

1）具体识别技术可以是OpenCV库、TensorFlow库、Keras库等。

2）可以识别车牌号、路上行驶的车辆等。

3）要求相关代码能运行，根据自己录制或拍摄的视频、图像，可以识别出车牌号或行驶中的车辆，要求对所有代码的功能进行注释说明。

第 6 章 Chapter 6

民航应用

民用航空主体为公众服务，对外提供货运、客运业务，围绕机场及运营的民用航空器进行商业经营服务，并保障机场设施及民用航空器的可持续、安全运行。

6.1 民航业务及数据

以民用航空器为核心的民航业务每天会产生海量的数据，通过相应的信息化系统获取这些数据，为智慧民航提供分析基础。

6.1.1 民航主要业务

根据《中华人民共和国民用航空法》，民航业务可以分为公共航空业务和通用航空业务。

公共航空是指公共航空运输企业使用民用航空器经营的旅客、行李或者货物的运输，包括公共航空运输企业使用民用航空器办理的免费运输。

通用航空是指使用民用航空器从事公共航空运输以外的民用航空活动，包括从事工业、农业、林业、渔业和建筑业的作业飞行，以及医疗卫生、抢险救灾、气象探测、海洋监测、科学实验、教育训练、文化体育等方面的飞行活动。

根据民航局 2022 年 3 月 22 日发布的《2021 年全国民用运输机场生产统计公报》，2021 年，我国境内运输机场（港澳台地区数据另行统计，下同）共有 248 个，其中定期航班通航运输机场 248 个，定期航班通航城市（或地区）244 个。2021 年我国民用运输机场完成旅客吞吐量 90748.3 万人次，完成货邮吞吐量 1782.8 万 t，完成飞机起降 977.7 万架次。

根据民航服务使用人群，民航的主要业务对照见表 6.1。

表 6.1 民航主要业务对照

序号	使用人群	经营业务	说明
1	旅客	航空公司购售票服务，机场值机、安全、检票、改签、行李托运、海关检验等服务，机场候机、零售、娱乐、会议、住宿、饮食、救护服务	服务区地勤人员提供服务
2	快递公司、货运企业等	货运专线、包机货运、航空物流存储等服务	—
3	通用航空业务客户	提供定向专业飞行服务，如专业航空拍摄、农业洒药、森林灭火、运送病人、航空跳伞运动、航空测绘、私人专机等	—

（续）

序号	使用人群	经营业务	说明
4	空中交通管制员	在机场塔台，通过无线通信系统、雷达监控系统、气象系统、航班管理系统等指挥飞机安全起降	—
5	作业区地勤人员	在机场提供给油、给水、旅客下机登机、行李搬运、飞机餐点装载、机身清洁、废弃物处理、飞机检测、飞机维修、货物搬运、事故应急等服务	—
6	飞行员及空乘人员	提供飞机驾驶、飞机技术维护、飞机保洁、旅客就餐、安全引导、咨询服务等	—
7	机场设施维护人员	对跑道、滑行道、机坪、土质地带及巡场道路、围界、标志和场道排水系统进行的日常维护、定期维护、修补及小型项目维护工程。具体包括道面清扫、道面除冰除雪、道面损坏抢修、土质地带维护，以及排水系统、场道灯光设备、机场供电设备的保养和维修等	—
8	飞行器检修师	对飞行器进行外观检查、飞行器设备检修、飞行器损坏部件恢复等	—
9	其他人员	提供行政管理、后勤保障等服务	—

6.1.2 民航主要数据

民航数据主体由两类数据组成，一类为航班运行数据，另一类为机场、航空公司等产生的管理数据。

1. 航班运行数据

2018 年，民航局的民航运行数据共享与服务平台建成，2019 年，民航局正式发布《中国民航航班运行数据开放资源目录 v2.1.0》，该目录下的民航共享数据包括航班信息、机场资源、航空器信息、飞行流量管理、运行态势、航空器监视及追踪、特殊/不正常事件、客货、机组、运行品质在内的 10 个主类别、23 个子类别，共 263 项数据。

2. 机场、航空公司等产生的管理数据

机场产生的数据包括航空器检测、维修数据，道面等基础设施检测、维修数据，以及航迹监视数据、地空话音数据、航班计划数据、航空调度数据、气象数据等。

航空公司产生的数据包括售票数据、服务咨询数据、物流数据、飞机租赁数据等。

目前主流的航空公司查询、售票服务系统提供的数据信息见表 6.2。

表 6.2 主流的航空公司查询、售票服务系统提供的数据信息

序号	数据名称	说明
1	出发、目的地数据	—
2	出发时间、到目的地时间数据	—
3	航班日期数据	—
4	出发、目的地机场数据	—
5	票价、打折、积分数据	—

(续)

序号	数据名称	说明
6	飞行准确率数据	—
7	值机选座数据	—
8	舱段类型数据	经济舱、头等舱、公务舱
9	旅客信息数据	身份证、手机号码、姓名等
10	辅助保险数据	—
11	订票日期数据	—

6.2 民航主要业务系统及发展方向

经过几十年的发展,民航信息化形成了行业管理部门、运行主体和第三方服务商共同建设的发展格局,围绕民航安全监管、市场管理、政务服务、运行保障、旅客服务、营销收益、财务管理、投资建设等建设了一系列信息系统[65]。

1. 协同决策系统(Collaborative Decision Making, CDM)

CDM 是一套决策系统,它将空域资源、机场资源和航班运行情况等信息进行整合、分析、计算,给出一个比较合理、准确的航班放行队列,以加强流量管理,使得民航系统更高效、有序。

2. 快速访问记录器(Quick Access Recorder, QAR)

快速访问记录器是一种机载飞行数据记录仪,设计目的是提供一种快速、方便的方式访问原始飞行数据。QAR 记录超过 2000 项飞行参数,可以记录的数据涵盖绝大部分飞机飞行参数,如经纬度、高度、风速、风向迎角、耗油量、温度、气压等。QAR 监控是保障飞行安全、提高运营效率的一项科学而有效的技术手段,其监控结果是飞行技术检查、安全评估、安全事件调查和维护飞机的重要依据。

3. 航班信息管理系统(Flight Information Management System, FIMS)

航班信息管理系统提供航班计划信息管理、航班动态管理、航班历史信息管理功能。

4. 机场运行资源管理系统(Airport Operation Resource Management System, AORMS)

AORMS 能够对机位、登机口值机柜、行李分拣转盘、行李提取转盘等运营资源进行动态实时智能分配和模拟假设分析,为用户提供合理的运营资源分配方案,满足多航站楼资源分配的需求,并能对季度航班计划、短期航班计划、次日航班计划等航班进行资源的假设分配,产生多种资源分配评估方案。

5. 航空报文处理系统(Aeronautical Message Handling System, AMHS)

AMHS 可以接收、处理、识别 AFTN⊖ 网络传输的航空信息报文,也可以直接接收、处理航管部门或航空公司发来的数据格式的航班信息。AMHS 实时发布航班动态信息,包含航班起降时间变更、机号变更、航班预达、航班到达、航班起飞、航班到下站、航班延误、航班取消、航班备降、航班返航等信息。

⊖ AFTN 是 Aeronautical Fixed Telecommunication Network 的缩写,中文为航空固定电信网。

6. 航空售票系统（Air Ticketing System，ATS）

ATS 提供线上、线下航线查询、客票预订、客票退票、其他增值出行服务等功能。图 6.1 是国内比较有名的飞常准、航旅纵横两款 App 民航出行服务端界面，可以提供在线机票查询、机票预订、值机选座、飞机信息查询等服务功能。同时，App 还可以提供高铁、保险、酒店、接送等辅助服务功能。

7. 机场公共广播系统（Airport Public Broadcasting System，APBS）

APBS 由计算机集成管理网络系统控制，在机场航站楼的各公共区和办公区播放各类航班动态信息、机场服务信息、特别通告和紧急事件，提高机场服务的自动化程度，为不同国家和地区的旅客提供快捷信息服务。

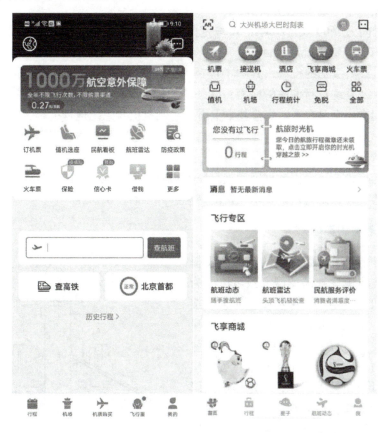

图 6.1　飞常准、航旅纵横两款 App 民航出行服务端界面

6.3　航空飞行器检修

飞机等航空飞行器执行一定次数的飞行任务后，必须进入机库进行检修保养，通过预防性地发现潜在问题并解决问题，保证后续正常飞行的安全。

6.3.1　检修需求分析

飞机一般会根据飞行小时或起降循环次数进行 A、B、C、D 等级检查或维修，检修程序随间隔时间和复杂程度逐渐递增。它们之间的对应关系是：4A = B；4B = C；8C = D。例如 250 飞行小时的飞机做 A 检，4000 飞行小时的飞机需要做 C 检，而 24000 飞行小时的飞机需要做 D 检。

A 检是一种低级、定期的检查工作。它不用专门停场维修，而是利用每天飞行任务完成后的时间来完成检查。同一机型 A 检的飞行间隔时间也不是固定的，航空公司的维修部门可以根据飞机的实际运营情况进行相应调整。A 检中各项预防性维修工作可以按 A 检的间隔期分散进行，以缩短飞机因 A 检而产生的停飞时间。

实际运营中 B 检通常会取消，检查项目被调整至 A 或 C 中。例如国内波音 737 规定 A 检间隔时间为 200 飞行小时，没有 B 检，3200 飞行小时需要进行 C 检。空客 A320 的 A 检间隔时间为 750 飞行小时或 750 起降循环或 4 个月。

C 检间隔时间为 7500 飞行小时或 5000 起降循环或 24 个月。C 检完成的项目不仅包括 A 检和 B 检，还有它独特的规定项目。

D 检为飞机最高级别的检修，其除了包括 A、B、C 检查项目外，还包括腐蚀预防、结构检查和对机身及系统进行彻底的检测，此外还包括对客舱进行更新、改装和外部喷漆等，一般停场的时间在一个月左右。D 检基本上需要对飞机机身系统进行拆解，对每个零部件进行全面检测，然后重新组装起来。理论上看，飞机经过 D 检后将恢复飞机初始的可靠性，飞行小时数则从"0"开始计算。

飞机除了定检外，还会因各种因素进行特种维修。定检对于飞机的日常运营非常重要，就像人定期体检一样，定检也能查出飞机的隐患，并及时解决。

6.3.2 飞机外观检测类型

对于飞机外观检测，最主要的是检测飞机的蒙皮缺陷。飞机蒙皮缺陷类型大致可以分为 7 类，分别为凹痕、划痕、铆接质量异常、接缝异常、裂纹、腐蚀和脱粘。这些缺陷在质量成型、装配及使用过程中都可能产生。在质量成型过程中，由于蒙皮加工工艺复杂，可能出现凹痕、划痕以及脱粘等问题，一定程度上影响了蒙皮的成型质量；在蒙皮装配时，可能出现凹痕、划痕、铆接质量异常、接缝异常等问题，对飞机结构的稳定造成影响；蒙皮在服役过程中，受到应力及环境因素的共同作用，容易产生凹痕、划痕、裂纹、腐蚀、脱粘等缺陷，对飞机平稳运行造成严重影响[66]。日常绕机检查线路如图 6.2 所示。

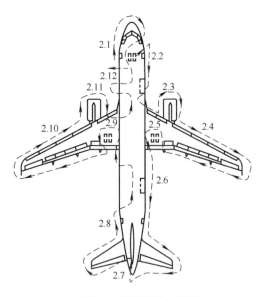

图 6.2 日常绕机检查线路

目前，国内外关于飞机蒙皮缺陷检测的研究较多，由于各种缺陷所处位置及缺陷类型不同，因而所适用的缺陷检测方法也不同，根据缺陷所处位置，大致可将蒙皮缺陷归类为铆钉附近、接缝部分及蒙皮表面 3 类。对于飞机蒙皮铆钉附近缺陷的检测，主要是检测铆接质量异常、铆钉孔的裂纹和腐蚀等问题；对于飞蒙皮接缝部分缺陷的检测，主要是检测该部位存在的阶差与间隙问题，在接缝处也会存在腐蚀及裂纹等缺陷；对于飞机蒙皮表面缺陷的检测，主要是检测表面部分的凹痕、裂纹、腐蚀、脱黏等问题。飞机蒙皮各类缺陷的位置分布及检测方法见表6.3。

表6.3 飞机蒙皮各类缺陷的位置分布及检测方法

缺陷种类	存在位置	主要检测方法
凹痕	表面	视觉技术：检出率≥97% 红外技术：可检深度≥0.2mm，长度≥4mm
划痕	表面	视觉技术：可检深度≥0.025mm，准确率98.3%
铆接质量异常	铆钉	涡流技术：标准偏差0.27～0.33mm 磁光技术：可检裂纹厚度10.16mm 视觉技术：识别率达95%，铆钉头法向偏差角<0.15°，深度偏差≤0.02mm 超声技术：可检测出铆钉裂纹≥2.53mm
接缝异常	接缝	视觉技术：间隙测量均值误差≤0.03mm，阶差测量均值误差≤0.02mm
裂纹	表面 铆钉 接缝	涡流技术：可检测裂纹深度≥0.67mm，检测概率为90% 磁光技术：检测深度≥3.175mm，最大偏差为0.099mm，平均偏差0.041mm 视觉技术：识别裂纹准确率96.6% 超声技术：准确率89.9%～93.3%
腐蚀	表面 亚表面铆钉 接缝	涡流技术：精确度可达壁厚±5% 红外技术：可检测腐蚀面积≥0.12mm^2，深度为0.1mm 视觉技术：腐蚀的识别率为90%～95% 超声技术：线性深度分辨率为0.59mm，位置误差约为6.5%
脱黏	内部	红外技术：在分类水和液压油进入方面灵敏度为90%，在分类脱黏和黏合池方面的灵敏度为70%，准确率95.45% 超声技术：可检测界面脱黏、厚度≤0.5mm胶膜脱黏，定位误差为5mm，相对误差≤5%

6.3.3 研究进展

利用无人驾驶地面车辆（Unmanned Ground Vehicle，UGV）、无人机（Unmanned Aerial Vehicle，UAV）、机器人（Robot）替代人工实现对飞机外观的检测是一种发展趋势，并在近十年取得了阶段性成果。

1. 飞机蒙皮检测UGV国内外发展现状

法国图卢兹大学研究团队于2016年启动AirCobot计划，利用UGV搭载PTZ摄像头和激光扫描仪，研究基于图像及3D点云数据的两种损伤检测手段[67]。采用轮式里程计/视觉/IMU信息融合SLAM，水平X轴和Y轴的定位精度分别为50cm和1m，基于飞机模型设计路径规划，目标是实现飞机上21处定点部位的检测，如图6.3a所示。2021年新加坡技术与设计大学研究团队研究了基于飞机模型和单目视觉的UGV定位方法[68]。其利用飞机模型进行虚拟仿真，基于仿真图像样本，训练以图像为输入、以摄像头位姿为输出的深度卷积神经网络。系统实际运行时基于实时采集图像和神经网络估计UGV位姿[69]。该方法无须提前绕机建图，可以提高检测效率，但是依赖于高精度飞机模型，且只适用于纹理丰富的飞机，如

图 6.3b 所示。

a) 法国图卢兹大学　　　　　　　　　　b) 新加坡技术与设计大学

c) 武汉中新红外科技　　　　　　　　　d) 中国商飞与上海飞机设计研究院

e) 浙江工商大学第一代机器人入场测试　　f) 浙江工商大学第二代机器人入场测试

图 6.3　飞机蒙皮检测 UGV

国内的武汉中新红外科技有限公司率先开展飞机蒙皮检测 UGV 的研发，并于 2016 年和 2018 年分别推出第一代和第二代产品。该 UGV 采用光学视频与红外热成像两种损伤检测手段，基于激光 SLAM 进行导航，路径规划方法与 AirCobot 类似，如图 6.3c 所示。中国商飞与上海飞机设计研究院于 2021 年合作研发了一款基于视觉检测的 UGV，绕机线路与飞机轮廓保持大概 3m 距离，根据测距激光结果，采用手动遥控方式控制 UGV 运动，如图 6.3d 所示。

2022 年，浙江工商大学智安苍穹团队成功孕育出"检测智能化、系统国产化"的新型飞机安全辅助诊断 UGV，其中包括飞机外观缺陷识别、六大系统故障诊断、关键部位老化预警三大分析系统，并通过手持终端及可视化大屏输出展示安全诊断报告。机器人作为人工巡检的辅助工具，由人工选择机型和航班，与检测人员同时开始绕机检测，自动完成一周 21 个关键点的外观巡检，同时下载飞机内部 1000 多个传感器数据。机器人将结合外观蒙皮数据和内部系统数据，对飞机外观和内部六大系统进行检测，排查异常指标。通过飞机外观数据和飞机历史飞行数据的结合分析，既减少了由于巡检人员疏忽导致的外观检测缺陷，又使得巡检人员对于飞机内部状态有进一步的把握，辅助机务人员预测未来可能发生的故障，及时进行故障排除，如图 6.3e、f 所示。

2. 飞机蒙皮检测 UAV 国内外发展现状

2016 年，空客公司与 Intel 旗下公司 AscTec 合作研发了一款飞机蒙皮检测 UAV。该 UAV 配备实感摄像头，可实现智能导航与避障，同时利用拍摄到的图像进行三维重建，然后再将数据进行分析、存储。2018 年，空客又与其子公司 Testia 合作开发一款新型 UAV，该 UAV 采用激光雷达的同步定位与地图构建技术（Simultaneous Localization and Mapping，SLAM）进行导航，按照预设路线飞行，可自动生成检查报告，检查过程只需 3h，如图 6.4a 所示。法国 Donecle 公司是一家专门研究 UAV 绕机检查的公司，其 UAV 采用激光定位，搭载的智能摄像头可追踪飞机曲率，使摄像头始终垂直于飞机表面，如图 6.4b 所示。荷兰 Mainblades 公司与代尔夫特理工大学合作研发了一款基于新型激光雷达 SLAM 导航的飞机蒙皮检测 UAV，能够提高在 GPS 拒止环境下的建图精度，如图 6.4c 所示。哈利法大学研究团队基于飞机模型提出一种基于自适应采样的覆盖规划算法[70]。该算法首先采用不同分辨率对视点空间进行离散，然后对于低覆盖率和覆盖精度低的区域进一步降低离散尺寸进行重采样，直至达到覆盖率和覆盖精度要求，最后通过采用图搜索方法求解旅行商问题获得规划路径。随后美国空军技术研究院将该方法应用在战斗机的蒙皮检测[71]，如图 6.4d、e 所示。德国赫尔穆特·施密特大学团队研究从飞机蒙皮表面采样，反向计算传感器位姿，而后采用遗传算法计算覆盖路径[72]，如图 6.4f 所示。德国亚琛工业大学团队研究利用 iGPS 和 IMU 信息将多帧点云数据进行离线配准，融合得到飞机点云图，而后通过将机身拟合为圆柱体，基于实时测量点云获得与圆柱体之间的相对位置，从而实现相对定位[73]，如图 6.4g 所示。为了解决无人机在机库环境下无法获取 GPS 信号的问题，卢森堡大学[74]和俄罗斯国家航空系统研究院团队[75]研究了基于机身上已知位置标记的单目视觉定位方法，如图 6.4h、i 所示。国内厦门太古飞机工程有限公司从 2016 年率先开始飞机蒙皮检测 UAV 的研制。UAV 需要由两名工作人员相互配合操控，一名为无人机操作员，为无人机飞行安全提供保障；另一名为云台操作员，可操纵云台进行转动、变焦等动作，如发现缺陷或疑似缺陷，拍照记录。目前，厦门太古正着眼于实现整个飞行任务在无人干预的情况下全自动执行，如图 6.4j 所示。2020 年，厦门大学研究团队提出了机坪环境下飞机检测方案，UAV 采用 GPS 进行定位，根据预设轨迹绕机飞行[76]，如图 6.4k 所示。南京航空航天大学研究团队首先通过遥控 UAV 采集飞机图片并进行飞机模型三维重建，然后基于重建模型规划覆盖飞机上方区域路径[77]。在室外机坪环境采用 GPS 定位，误差较大，而针对 GPS 拒止的机库环境，该团队设计了基于 ArUco 标记的视觉定位方法，如图 6.4 所示。中国民航大学研究团队于 2020 年提出采用无人机群进行飞机蒙皮检测，主要研究了针对绕机检查作业的多无人机航迹规划方法，包括航迹节点分配和全局航迹规划。其中，航迹节点分配负责根据任务要求设定各无人机的航迹，离线规划出多条飞行航迹；而全局航迹规划采用基于差分进化的粒子群算法对机队规模进行优化。

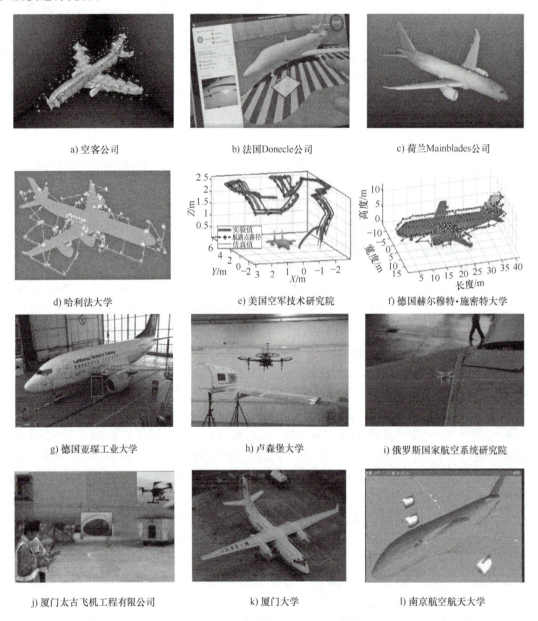

图 6.4　飞机蒙皮检测 UAV（见彩插）

3. 飞机蒙皮检测爬壁机器人国内外发展现状

在飞机蒙皮检测任务中，UGV 和 UAV 可以购买成熟产品，而爬壁机器人需要进行特殊研制，能够实现在飞机曲面表面工作，并能确保安全性。因此，已有研究着重于爬壁机器人系统的研制。2007年英国伦敦南岸大学[78]，2005—2008年美国密歇根大学[79]，2017年英国克兰菲尔德大学分别研制了涡旋机器人（Vortex Robot），如图6.5a～图6.5c所示。ComplInnova项目涉及五个欧洲研究小组。其目前的计划是最终让四轮涡旋机器人能够在飞机外部进行无

a) 伦敦南岸大学

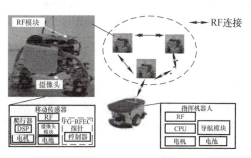

b) 美国密歇根大学

c) 英国克兰菲尔德大学

d) 德国汉莎集团

e) 新西兰Invert Robotics Limited公司

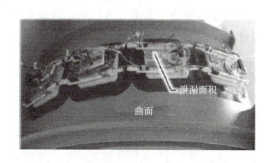

f) 日本中央大学

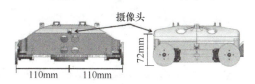

g) 新加坡技术与设计大学

h) 中国民航大学(左为在模拟机身上实验，右为在737飞机上实验)

图6.5 飞机蒙皮检测爬壁机器人

线自主移动。Vortex Robot 利用一系列集成传感器，包括热像仪和超声波装置，搜索飞机蒙皮的任何缺陷。它还可以使用钻机、激光器或其他工具进行维修。Vortex Robot 的原型机在波音 737 客机上进行了测试。该测试由英国的克兰菲尔德大学和瑞典的吕勒奥理工大学的团队进行。Vortex Robot 依靠位于其下侧的强大吸气系统来攀爬飞机的光滑表面，无论倾斜度或曲率如何，都能够向任何方向移动。令人惊讶的是，它能够穿过机翼与机身相遇的过渡区域。该项目的技术负责人 Georgios Andrikopoulos 说："我们的愿景是对机器进行多机器人检查和维修。想象一下，如果我们能够发送多个机器人并让它们协同工作，这样便既可以节省时间和金钱，又可以提高航空航天业的安全性，主要优点就是体积小。"此外，还有一些爬壁机器人的研究，如德国汉莎集团、新西兰 Invert Robotics Limited 公司、日本中央大学、新加坡技术与设计大学陆续研制了一系列爬壁机器人，如图 6.5d~g 所示。国内研究飞机爬壁机器人的主要机构有中国民航大学[80-82]及南京航空航天大学[83-85]，如图 6.5h 所示。

6.3.4 绕机检查技术方案实现

无人机绕机检查可以分为三部分：无人机路径规划、图像数据采集和图像目标检测算法。

1. 无人机路径规划

无人机的路径规划是指根据飞行任务的需要，设计出一条使无人机从起点飞行到目标点的最优飞行轨迹，要求符合无人机机动性能约束并使综合代价最小[86]。无人机的路径规划是为圆满完成任务而制订的飞行计划，是任务规划的关键技术之一，任务规划的实现均由路径规划来完成。合理的规划使无人机能有效地规避威胁，提高检测效率。具体而言，路径规划需要根据数字地图及障碍分布，在允许的时间内计算出最优路径。考虑到地形误差及随机环境等影响（如突发状况、气候及风场等），要求其不仅具有静态路径预规划的能力，还需要具有突发状况下，实时修正路径的能力，以便使无人机回避障碍，顺利完成预定任务。无人机路径规划系统主要由无人机机动性能约束、无人机自动驾驶仪、路径规划器和环境信息等部分组成，如图 6.6 所示。

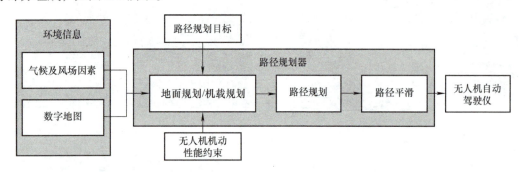

图 6.6 无人机路径规划系统

根据路径规划的执行步骤，通常将其分为三个层次：第一层是整体静态路径预规划；第二层是局部路径实时规划；第三层是路径平滑。静态路径预规划是在确定机场环境下，对无人机起飞前在地面控制站（Ground Control Station，GCS）进行的规划。所获得的路径优劣依据预先得到的评价模型确定，通常考虑外部威胁代价、油耗代价等，并要求满足无人机机动性能约束，并以此模型为路径优劣评判标准，最终得到一条最优路径，并以此路径为参考路径飞行。然而由于实际飞行中，可能存在突发状况，因此非严格沿着参考路径来飞，而是对参考路径进行局部动态调整。路径平滑是根据已获得的路径，采用某种算法进行平滑，使得无人机满足自身约束条件如最小转弯半径、最大爬升角等，路径最终真实可飞。此外，路径规划算法可以分为传统规划算法及智能规划算法两种，其空间划分主要有基于图形（Graph – Based）和基于栅格（Grid – Based）两种方式。

目前无人机路径规划算法主要包括 A*算法、D*算法、遗传算法、蚁群算法和粒子群算法等[87]。A*算法是一种静态网路中求解最短路径的方法，它基于直接搜索方法，也是常用的启发式算法，在算法中估算值与实际值越接近，最终搜索速度越快，但是 A*算法在计算过程中存储量大，在复杂的路径中效果不好；D*算法同样普遍用于路径规划领域，常应用于动态路径寻优，但不适用于远距离的最短路径上发生变化时的计算；遗传算法是一种类生物算法，但算法存在适应值标定方法复杂多样、过早收敛等方面的问题，导致在进入收敛后期时速度慢，甚至无法收敛于最优值；蚁群算法模拟蚂蚁觅食行为，采用概率式搜寻优化，不易陷入局部最优，但该算法一般需要较长的搜索时间，寻优速度较慢；粒子群算法在三维路径规划领域应用广泛，由于该算法操作简单且易于实现，其个体充分利用自身经验和群体经验调整自身的状态，对于求解一些连续函数的优化问题优势明显。

图 6.7 为一种多无人机协同的绕机检查框架，该框架利用多个无人机进行协同作业以提高检测效率和精度。该框架主要由执行层、抽象层、链路层和操控层构成，基于基础通信链路，无人机共享自身参数信息与传感器数据，同时获取地面操控端的指令信息。操控层根据绕检任务生成相应控制指令，同时也能进行大量数据计算存储工作。链路层对通信传输数据进行处理，按照操控层的要求进行数据分析，将生成的控制指令封装后传递给无人机系统。做到多无人机之间彼此共享数据，协同作业。

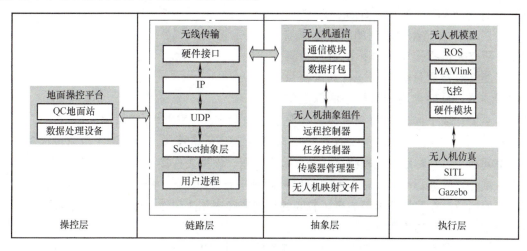

图 6.7　多无人机协同的绕机检查框架

2. 图像数据采集

无人机绕机检查开始后，需要通过携带的摄像头采集相应的图像数据，并把图像数据传回数据接收端。

1)无人机在规划的路径上实时将采集图像发送至地面端,图像附带采集时的无人机坐标点。地面端对采集图像进行质量分析后,对质量较差图像的坐标信息通过 MAVROS① 消息发布机制发布,绕检无人机实时订阅消息,当未完成自身绕检任务时,继续执行任务,在完成任务后,设定采集坐标信息为原始目标点 Goal (x0, y0, z0)。同时发布自身坐标至地面站,地面站根据无人机当前坐标与质量较差图像坐标进行在线路径规划,并继续执行采集任务。

2)协同过程可以理解为,无人机上一次发生了采集质量较差的图像情况,在接收重采指令后重新采集。各无人机在完成规划绕检线路任务后,订阅需要重新采集图像的节点,并实时规划路径,直至图像全部高质量采集完成。协同感知整体流程如图 6.8 所示。

3. 图像目标检测算法

无人机采集到的图像需要进行目标检测来确定。随着硬件算力的提升,深度学习在近几年取得突飞猛进的发展,目标检测是深度学习取得成效的一个方面[88]。传统的图像特征提取需要人为的设计算子,而深度学习模型因其强大的学习能力可以自主学习目标特征。其中卷积神经网络是目标检测算法的模型主干。卷积神经网络可以实现对图像的特征提取,常用的特征提取模型包含 VGGNet[89]、GoogLeNet[90]、ResNet[91] 等。在已经提取到的图像特征基础上,研究人员提出了更具体的目标检测算法,能够对检测目标类别进行判定及目标位置预测,目前常用的目标检测深度学

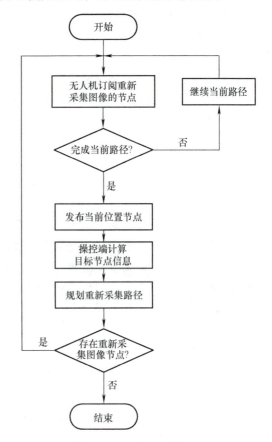

图 6.8 协同感知整体流程

习模型主要有基于候选区的双阶段检测算法,包含 R – CNN[92]、Fast R – CNN[93],以及 Faster R – CNN[94]、Mask R – CNN[95] 等,除了 R – CNN 系算法,为了解决双阶段检测算法的速率问题,另一常用目标检测算法是单阶段检测,该算法直接在不同尺度的特征图上提取先验区域并直接进行检测。常见的单阶段检测算法有 YOLO[96] 系列、SSD[97] 等。目前提出的目标检测模型在数据集上都表现了较高的识别准确率和泛化性,以及在遮挡、暗光等不利条件下都具有一定的鲁棒性。

目前,大多数飞机绕检的图像目标检测算法采用 YOLO 系列,并对基础算法在特定场景下进行一定的改进。

YOLO 将目标检测重新定义为一个回归问题。它将单个卷积神经网络应用于整个图像,将图像分割成 S×S 的网格,并预测每个网格的类别概率和包围盒,最后筛选输出图像中包含的

---

① MAVROS 为无人机通信模块,可以将飞控与主控的信息进行交换。

物体及其包围盒,如图 6.9 所示。对无人机绕机检查采集到的图像进行裂缝目标检测结果如图 6.10 所示。图 6.11 为使用无人机采集到的图像自定义的 YOLO 目标检测模型训练过程。

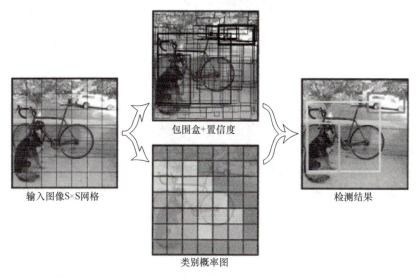

图 6.9 YOLO 模型的目标检测过程

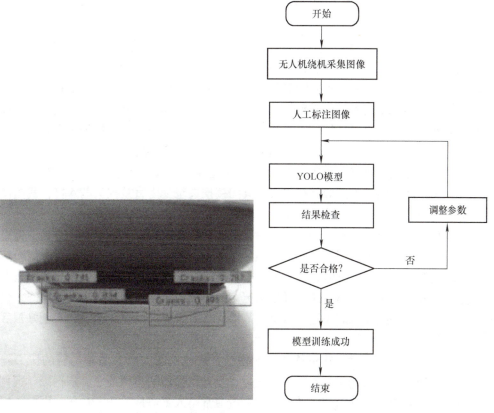

图 6.10 YOLO 裂缝目标检测结果　　　图 6.11 YOLO 目标检测模型训练过程

人工标注图像的目的是给模型提供学习的范本，这与人类小朋友对物品的识别过程类似，需要大人反复向其指定物体并告知物体类比。调整参数则是纠错的过程，通过大人的指导，小朋友可以很快认识到自己的错误之处。

6.4 FOD 检测

2011年民航局在《机场外来物管理规定》中对外来物做出如下定义：飞行区内可能会损伤航空器、设备或威胁机场工作人员和乘客生命安全的外来物体，简称"FOD"。同时在规定中对FOD防范、巡查、移除、信息管理等方面都做了详细的要求。

FOD（Foreign Object Debris）即可能损伤航空器的某种外来的物质、碎屑或物体，如金属零件、防水塑料布、碎石块、报纸、瓶子、行李牌等。典型的外来物有金属器件（螺母、螺钉、垫圈、熔丝等）、机械工具、飞行物品（私人物品、钢笔、铅笔、纽扣等）、橡胶碎片、塑料制品、混凝土沥青碎块（石头、沙子）、纸制品、动植物等。

6.4.1 FOD 检测需求分析

机场范围内外来物的种类繁多、来源复杂，按照对航空器运行安全的危害大小，FOD可大致分为三类：高危外来物、中危外来物和低危外来物。

1）高危外来物：金属零件和重量较重的外来物。高危外来物极为坚硬，击中航空器会对其造成极大的损伤。

2）中危外来物：碎石块、报纸、包装箱等对飞行安全有一定影响的外来物。

3）低危外来物：非金属零碎垃圾、纸屑、食品等对飞行安全威胁较小的外来物。

随着航班量的增加，跑道外来物对飞机的影响越来越大。纸屑、小块塑料布吸入发动机可引起空停，小螺钉或金属片可导致轮胎损坏甚至爆裂，其他物体可能引起液压管和油箱等重要部件的破坏，从而引发事故。飞机受损不仅会给航空公司带来直接经济损失，造成机场航班延误、起飞中断、跑道关闭等间接损失，严重时还会造成机毁人亡。

据统计，全球民用航空业每年因FOD产生的直接损失超过40亿美元，同时还会产生航班延误、起飞中断、跑道关闭等间接损失，其间接损失至少为直接损失的4倍；我国民航每年都发生5000起以上的FOD损伤飞机事件，约占航空事故征候总数的1/3。

长期以来，我国机场对跑道外来物采用人工或驾驶低速行驶车辆巡检的方法，巡检时需要临时关闭跑道，用人工肉眼查找掉落在跑道上的外来物，如图6.12所示。遇到大雾、大雨等特殊天气或夜间光照不好时，这种方法不仅准确性不高，且对机场的运行效率具有重大影响。除此以外，人工定时巡查跑道外来物更大的弊端在于：在两次巡查间隔期间，仍然有飞机起降，如果前一架飞机起飞过程有金属零部件或者蒙皮掉落在跑道上，又刚好被后一架飞机碾压，其后果不堪设想。

近年来，我国民航客货运输量逐年高速增长，确保机场安全高质量运行的压力越来越大，机场跑道外来物人工处理方式已不能满足行业安全发展的迫切需求。根据国际案例，在同一跑道上，自动探测系统探测到的外来物数量通常是人工巡检的7~10倍。因此，启用高度自动化技术监测手段辅助或替代人工巡检方式，提高机场跑道外来物排查的准确性和效率，缩短跑道占用时间，是一个必然的趋势。

图 6.12　机场人工巡检 FOD

6.4.2　研究进展

目前国外机场跑道 FOD 智能检测系统主要包括英国公司设计的 Tarsier Rader 系统、以色列机场安装的 FODetect 系统、美国研发的 FOD Finder 系统和新加坡投放运行的 iFerret 系统，分别如图 6.13 和图 6.14 所示。其中部分系统已实装于世界各大机场。英国 Tarsier Rader 系统一般由毫米波雷达和视频监测装置及配套的测控与信息处理设备构成，可检测到轨道上最大雷达散射截面为 0.01m^2 的 FOD 目标，并对其实施精确定位。

图 6.13　Tarsier Rader 系统和 FODetect 系统

以色列的 FODetect 系统包括 77GHz 毫米波雷达监测装置和摄像装备，由多道面的检测单元构成。检测单元布置在轨道侧的照明设备上，每个单元分别对所覆盖的轨道区域进行拍摄，在找到 FOD 后，可立即发送报警信号，并给出 FOD 的确切地点、发生日期和录像图像，在夜间还可通过激光指示器帮助清理碎片，整个系统能在 30s 内实现对整个轨道的拍摄。目前该系统主要用于美国西雅图机场和泰国新曼谷国际机场等国际民用机场。

美国的 FOD Finder 系统由地面监测系统和后台软件构成，地面监测系统由 78～81GHz 微米波雷达、精密的 GPS 定位装置和图像控制系统构成，雷达扫描速度为 30 次/min，探测半径为 200m，安装在车顶的一个雷达测速帽中；图像控制系统安装在车顶，用以追踪所找到的 FOD；而 GPS 定位装置用来确认探测范围，并显示 FOD 的位置，进行差分校正。

图 6.14 iFerret 系统和 FOD Finder 系统

新加坡的 iFerret 系统采用在跑道上每隔一定距离安装一个高分辨率摄像头的方法,自动检测并辨别跑道外来物,而后台控制器则可依据照明状况和道路条件调节图像参数。发现 FOD 后,系统就可以放大图像,给出外来物的实时图像、外来物的确切地点、报警日期和持续报警记录,并且可以对直径 5cm 的物体进行有效探测。当晴天时,iFerret 系统能够在 300m 内检测到直径约 2cm 的不明物品;在降雨量低于 16mm/h 的雨天,也能够检测到直径约 4cm 的不明物体;另外,该系统在阴天和夜间光照条件较暗的环境下也能够保持高度的准确性和可信度。

国内对 FOD 检测系统的研发起步相对较晚,目前部分民用机场已经启动试运行 FOD 监控管理系统,这些 FOD 自动检测系统通常能识别直径 3cm 以上的 FOD 目标,如图 6.15 所示。国产天眼防侵入系统是由珠海瑞天安科技发展有限公司自主研制的我国第一代机场跑道自动化目标检测装置,该系统根据民航局的标准需求进行研发,并通过了国家相关科技主管部门的指标审查与核验,目前可以部署于各大机场跑道边缘,是一种实用的机场跑道 FOD 检测系统。

图 6.15 国内 FOD 检测系统

中国民航二所自主研制的 FOD 检测管理系统已顺利中标成都天府国际机场航站楼和北京大兴国际机场航站楼,系统检测性能已经超过了美国联邦航空管理局(FAA)的要求。该系统采用毫米波雷达和光学应用传感器技术相结合的方法,对整个机场跑道实现了全区域的覆盖,并在大数据中心对传感器数据进行了分类与融合。在检查出不同类型的 FOD 对象后，系统针对自动提取的含 FOD 对象的样品图像进行校验和信息采集等工作，并及时通过航站楼的控制塔台的控制中枢，向航站楼场务管理人员发出信息提醒和报警。该所还最先提出了塔吊式－边灯型混合制式跑道异物，检测系统的概念，为今后的 FOD 对象智能检测系统的研发奠定了实验基础。

6.4.3　无人机 FOD 检测实现

无人机 FOD 检测系统主要包括无人机巡检路径规划、无人机飞行轨迹跟踪与监控、图像识别机场 FOD 三个部分。该系统的执行流程如图 6.16 所示。

1. 无人机巡检路径规划

建立目标区域三维模型，以无人机机场全覆盖路径规划为主要目标，以巡检用时最短为优化内容，创建无人机路径规划数学模型，规划出一条满足无人机快速遍历所有目标区域的路径，并且参考无人机飞行性能，模拟出无人机在直行时和转弯时的速度，最后计算出巡航完整个目标区域所花费的时间。关于无人机路径规划的具体实现算法在上一节已经做了介绍，不再赘述。

2. 无人机飞行轨迹跟踪与监控

为了确保飞行安全，需要对无人机进行轨迹跟踪与监控。通过学习无人机飞行原理，使用数学公式构建飞行模型。调用 SDK 接口实时返回地理位置信息，依靠飞控系统的反馈及装载高精度的组合导航系统来保证无人机飞行的可靠性。同时在无人机上搭载小型的 ADS－B 发射机，接收广播的 ADS－B 数

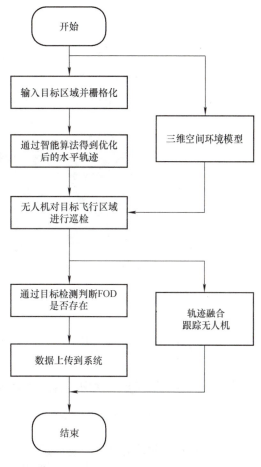

图 6.16　无人机 FOD 检测系统的执行流程

据。将无人机自带 GPS 模块发送的数据与 ADS－B 数据外推至同一周期，然后使用凸组合融合算法进行轨迹融合。

3. 图像识别机场 FOD

检测目标飞行区是否存在 FOD。对整个目标区域进行扫描，将视频传回图像处理平台统一处理，首先对图像进行预处理，对影像进行增强，其次去除噪声与背景分割。通过融合图像亮度、颜色、边缘特征进行目标检测，判断机场飞行区是否存在 FOD[98]。

下面介绍 FOD 目标检测算法。FOD 目标识别的基本算法还是基于 YOLO 系列，虽然 CNN 可以有效提取目标的高维的抽象特征和低维的细节浅层特征，但是在目标比较小、图像占比较少的情况下，网络中的卷积与下采样会使小目标在特征图上的尺寸表现只有个位像素大小，导致后续检测器的分类效果较差。同时机场道面环境比较复杂，一些机场道面 FOD 与道面在颜色上具有相似性，这会导致目前的目标检测模型对机场道面 FOD 小目标的

检测效果并不理想。因此需要对算法进行改进，主要的思路是将 CNN 不同层次提取出的特征进行融合，可以把 YOLO 主干网络看作一个由很多层构成的特征提取器，越靠近输出端，提取的特征越抽象。首先提升图像分辨率，以免图像中 FOD 小目标被过滤掉，其次设计一个可以融合多层特征的工具，最后将融合后的结果输入检测器中。图 6.17 为使用 FOD 检测算法对机场道面进行检测的结果。

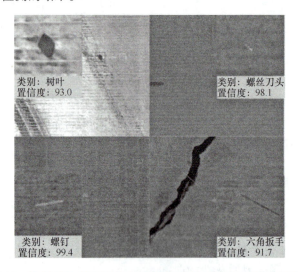

图 6.17　使用 FOD 检测算法对机场道面进行检测的结果（见彩插）

6.5　机场跑道病害检测

机场跑道病害随飞机的使用、自然环境的侵蚀而产生，需要及时发现，及时养护处理。

6.5.1　机场跑道病害检测需求分析

我国民用机场年旅客吞吐总量已经连续多年位居世界第二，道面面积已经超过 3 亿 m^2，我国正处于从"民航大国"向"民航强国"转变的关键阶段。民航机场建设的飞速发展及民航运输量的逐年增长，给机场安全运营带来了新的挑战。机场道面作为承载飞机各类行动的主要设施，其完好性至关重要。然而随着机场使用年限的增加和机场起降飞机架次的增多，道面承受冲击力大，加上道面施工时质量控制不当及环境因素的综合作用，我国大多机场特别是若干重要的枢纽机场，如北京首都国际机场、上海虹桥机场、广州白云机场等跑道道面均出现各种表面病害。道面病害严重影响了跑道的平整度，降低了飞机在起降过程中的舒适度和平稳性，而且在飞机轮胎与道面相互作用下，飞机轮轴等部件的使用寿命将急速减少，将会给飞机起降带来极大的安全隐患。机场道面病害主要为裂缝、板角断裂和板块断裂等，其中板角断裂、板块断裂都可看作特殊的龟裂状裂缝，且裂缝是最主要的道面病害，其他多种道面病害也是由裂缝发展而来。因此，道面安全是民航运行安全的重中之重。随着飞机起降架次快速攀升，众多机场的跑道利用率接近饱和，道面安全检测作业呈现出超高安全与精度要求、超窄作业时限、超大作业范围等特点，传统人工、半自动为主的检测手段在检测效率和精度上均无法满足安全检测需求，需要更为高效、智能的道面安全检测整体解决方案。如果能在道面病害产生早期及早地检测和测量裂缝等病害,并对其进行修补,便能有效地防止道面向更严重情况发展,从而能够保障航班安全起降,降低事故风险,并降低道面的养护成本。

6.5.2 机场道面自动化运维方法

利用机器人、无人车(有人车)车载摄像头、探地雷达快速进行道面病害检测,是当前道面病害识别的主要研究和应用方向,可以大幅提高道面运维检测效率。

1. 基于多源数据融合的道面表观病害检测

结合深度图像与灰度图像,将深度卷积网络的裂缝定位环节与基于多尺度图像融合的裂缝检测环节进行级联;构造深度卷积网络,实现道面表观病害区域的定位,在筛选的病害区域内,通过分析不同强度病害在不同尺度图像中的特征显著性,构建多尺度图像的特征级融合模型。由于道面表观病害与结构层隐蔽病害在空间位置和因果关系方面存在关联,因而构建该关联关系模型,并将其引入表观病害检测中,以提升检测精度和鲁棒性。

2. 基于模型与自主学习紧密结合的道面隐蔽结构病害智能识别

首先,基于三维探地雷达数据,分析不同类型病害的发生机理、空间分布特性、雷达信号特征和形态特征,建立准确的病害先验模型;其次,设计基于机场道面真实病害样本的自主学习与建模方法,实现道面地下典型病害在空间分布、雷达信号、几何形态等多个维度的特征描述,并设计增量式自适应在线学习方法,实现在增加新样本时对模型进行动态修正,提高模型的准确性和环境适应性;最后,以该模型为先验知识,将模型知识向量化并融入深度学习模型,建立基于先验模型的深度关系网络,通过先验模型与少样本、弱监督学习,实现复杂地表环境中典型病害的智能识别。

3. 基于贯入法与超声-回弹方法组合的道面强度检测

针对道面浅层强度检测,研究适用于机器人平台的冲击贯入设备,建立贯入深度与不同类型道面浅层强度的强度检测模型,将其作为道面浅层强度检测中的推定强度指标。

针对道面强度检测,设计基于机场道面结构的超声-回弹综合无损检测方法,研究针对机器人平台的回弹值及道面结构中声速值的准确采集和计算方法,建立回弹值、声速值及道面整体强度的回归关系和强度检测模型;设计基于最佳配合比法的混凝土配合比、结构病害等检测影响关键因素的参数动态修正方法,克服目前浅层强度检测无法全面客观反映道面结构病害对道面整体强度造成影响的问题,提高强度检测模型的准确性和环境适应性。

4. 道面结构病害动态演化建模与预测

首先,通过将多传感器数据对齐问题建模为带约束的优化问题,实现图像及雷达数据同步对齐;其次,通过坐标系和检测路径变换投影,实现多次检测数据的精确配准;最后,将病害的空间位置及几何特征等离散化,获得病害特征离散状态,基于连续高斯混合分布的隐马尔可夫模型,对病害动态演化过程进行建模。针对病害变化,分别采用状态转移算法和后验概率搜索历史最相似时刻的方法进行预测。

6.5.3 机场道面病害图像检测算法实现

机场道面表观病害检测流程如图 6.18 所示。

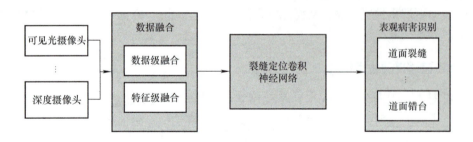

图 6.18　机场道面表观病害检测流程

首先，利用多种图像设备（如可见光摄像头和深度摄像头）采集机场道面图像；其次，将卷积神经网络的裂缝定位环节与基于多尺度图像融合的裂缝检测环节进行级联，定位道面表观病害区域；最后，在病害区域内，通过分析不同强度病害在不同尺度图像中的特征显著性，建立多尺度图像的特征级融合模型，基于统计学假设检验理论实现病害检测。

通过使用一个模型，确定表面裂缝和深层裂缝之间的关联，并将其应用到检测过程中，以提高准确性和可靠性。深度图像（Depth Image）是由深度摄像头采集生成的图像，指将从深度摄像头到目标表面的距离（深度）作为像素值的图像，它直接反映目标表面的几何形状。图 6.19 为深度图像采集的原理，激光发射器发射的激光垂直于地面，摄像头与其夹角已知，通过简单的数学运算就可以计算出摄像头与拍摄地面的距离。

图 6.20 为机场道面深度图像二维视图（图 6.20a）、三维视图（图 6.20b）及搭载深度摄像头的巡检机器人（图 6.20c）。巡检机器人可以与无人机一样设定路径进行自动巡检。

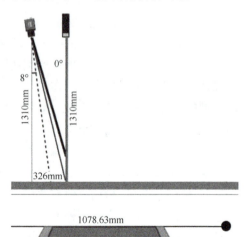

图 6.19　深度图像采集的原理

a) 机场道面深度图像二维视图　　　b) 三维视图　　　c) 搭载深度摄像头的巡检机器人

图 6.20　机场道面深度图像及采集过程

机场多类型病害目标检测结果如图 6.21 所示，框中为道面病害所在位置。

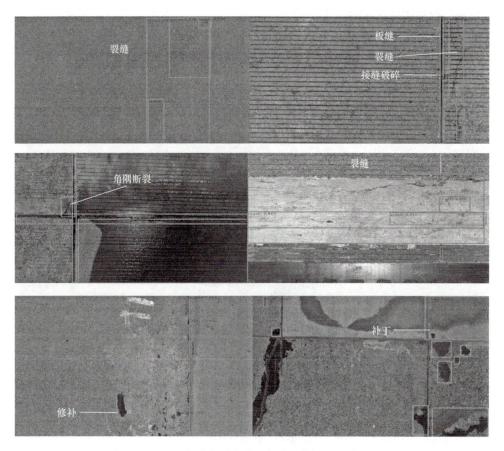

图 6.21　机场多类型病害目标检测结果（见彩插）

6.5.4　机场道面地表病害检测算法实现

基于三维探地雷达数据，采用深度学习模型，研究基于先验模型的深度关系网络，通过先验模型与少样本、弱监督学习，实现复杂地表环境中典型病害的智能识别，同样具备机场道面地表灾害检测识别能力。图 6.22 为道面地表病害识别算法实现过程。

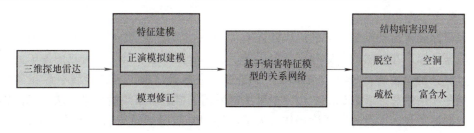

图 6.22　道面地表病害识别算法实现过程

探地雷达在机场道面水平移动，通过天线向地表发射电磁波，当遇到不同电磁特性的物体时会发生反射，天线接收回波信号。A – scan、B – scan 和 C – scan 分别是探地雷达从一维到三维的数据保存形式。如图 6.23 所示，A – scan 记录的是单组发射波和回波的信号强度和行进时间，探地雷达在不同位置会产生一系列 A-scan，多个 A-scan 形成二维 B-scan 数据，如果将信号由灰度值表示，就能得到二维图像。而将 B-scan 按照雷达通道顺序进行组合，可形成三维 C-scan 数据[99]。常见的地表目标病害形态特征如图 6.24 所示。

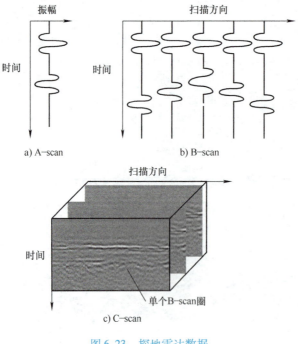

图 6.23　探地雷达数据

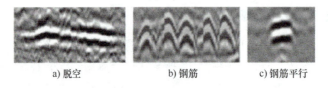

图 6.24　常见的地表目标病害形态特征

地表目标病害自动检测算法的流程如图 6.25 所示。为了能够同时检测雷达图像中的显著和非显著目标，在算法的目标分割部分设计了两步分割算法：第一步分割图像中的显著目标，通过对分割结果进行分析，判断图片中是否存在显著目标；第二步当不存在显著目标时，分割图片中的非显著目标。两步分割算法都采用了自适应双阈值分割算法。其区别在于第二步分割算法加入了直方图压缩操作。为了能够同时获得不同类别目标的分类识别结果，在算法的目标分类部分结合了两种分类器：LeNet 分类器和 SVM 分类器，前者用于识别地表目标的纹理特征，而后者用于识别地表目标的几何结构特征。两种分类器的目标识别结果通过设计数学形态学方法进行连接合并，最终得到地表目标的整体识别结果，将其作为输出。

使用上述算法对道面地表目标病害的检测结果如图 6.26 所示。

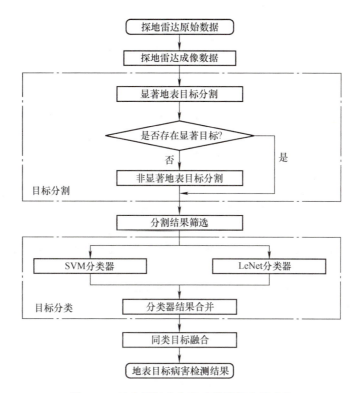

图 6.25 地表目标病害自动检测算法的流程

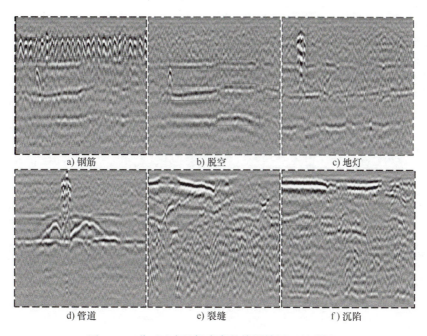

图 6.26 道面地表目标病害的检测结果（见彩插）

习题及实验

1. 习题

（1）填空题

1）根据《中华人民共和国民用航空法》，民航业务又可以分为（　　　　）业务和通用航空业务。

2）经过几十年的发展，民航信息化形成了行业管理部门、（　　　　）和第三方服务商共同建设的发展格局。

3）对于飞机外观检测，最主要的是检测飞机的（　　　　）缺陷。

4）利用无人驾驶地面车辆、（　　　　）、机器人替代人工实现对飞机外观的检测是一种发展趋势，并在近十年取得了阶段性成果。

5）机场道面病害主要为裂缝、板角断裂和（　　　　）断裂等。

（2）判断题

1）民航数据主体由两类数据组成，一类为航班运行数据，一类为机场、航空公司等产生的管理数据。（　　）

2）手机中预约指定航班机票的App属于民航信息化系统之一。（　　）

3）飞机一般会根据飞行小时或起降循环进行A、B、C、D等级检查或维修，检修程序逐渐递增，每个等级检修都是必需的。（　　）

4）飞鸟是FOD的一种。（　　）

5）利用机器人、无人车（有人车）车载摄像头、探地雷达快速进行道面病害检测，是最近道面病害识别的主要研究和应用方向，可以大幅提高道面运维检测效率。（　　）

2. 实验

通过查阅相关资料，总结至少3种检测飞机外观的作业方式，并说明每种方式的优缺点。

实验要求：

1）收集并介绍每种检测飞机外观作业的主要方法，包括作业流程、所用技术、国内外发展过程。

2）用表格形式说明每种作业方法的优点、缺点。

3）指出最新发展趋势。

4）形成至少2000字的实验报告。

第 7 章 Chapter 7

港口应用

港口是水路运输的核心环节，水路运输的业务主要围绕港口进行，港口是水运客流、物流的核心集散地，是船舶停靠、维修、服务的集中地。

根据上海国际航运研究中心发布的《全球港口发展报告（2021）》，全球排名前 10 的港口货物吞吐量及增速情况见表 7.1。

表 7.1 2021 年全球排名前 10 的港口货物吞吐量及增速情况

排名	所属国家	港口	2021 年/万 t	2020 年/万 t	同比增速（%）
1	中国	宁波舟山港	122405	117240	4.4
2	中国	上海港	76970	71104	8.2
3	中国	唐山港	72240	70260	2.8
4	中国	青岛港	63029	60459	4.3
5	中国	广州港	62367	61239	1.8
6	新加坡	新加坡港	59964	59074	1.5
7	中国	苏州港	56590	55408	2.1
8	澳大利亚	黑德兰港	55327	54705	1.1
9	中国	日照港	54117	49615	9.1
10	中国	天津港	52954	50290	7.6

7.1 港口业务及数据

只有熟悉港口业务及对应的数据，才能进行数据分析和利用。

7.1.1 港口主要业务

根据《中华人民共和国港口法》，港口业务包括港口规划、建设、维护、经营、管理及其相关活动。港口规划由县级及以上政府部门执行并公布。县级以上人民政府应当保证必要的资金投入，用于港口公用的航道、防波堤、锚地等基础设施的建设和维护。港口经营主体由企业承担，相关企业应取得港口经营许可，并依法办理工商登记。港口经营包括码头和其他港口设施的经营，港口旅客运输服务经营，在港区内从事货物的装卸、驳运、仓储的经营和港口拖轮经营等。港口经营企业必须依法加强安全生产管理，建立健全安全生产责任制等规章制度，完善安全生产条件，采取保障安全生产的有效措施，确保安全生产。政府相关部门应当依法对港口安全生产情况实施监督检查和执法。

1. 码头和其他港口设施的经营

码头是船舶用来停泊,为旅客提供上下船、货物进行装卸的建筑物。码头配套相关的设施包括客运候船大厅、货运装卸设备、装卸场地(内堆场、外堆场㊀)、货船临时停泊锚地、供电供水设施、住宿就餐等配套设施。港口从业人员需要保证设施的正常运作,并提供配套服务。

2. 港口旅客运输服务经营

对于开辟水路客运专线的港口,需要提供水运客运班线售票、咨询服务,需要制订航班计划,安排客轮,提供检票服务,引导旅客安全乘坐客船,提供客船配套服务(如饮食、住宿、旅游等),提供供油供水等后勤保障。图7.1为客运码头实景图。

图7.1　客运码头

3. 在港区内从事货物的装卸、驳运、仓储的经营

对于货运码头,需要提供到港车辆的货物装卸、到港船舶的货物装卸服务,对于部分货船,需要提供驳船转运服务(把货物从一艘船上直接转到另外一艘船上),并在码头区域提供货物仓储服务。图7.2为海港集装箱码头。

4. 港口拖轮经营

港口拖轮经营主要对国内外大型的无法直接停靠码头的船舶进行拖轮拖带、顶推服务,协助船舶顺利停靠码头、离开码头,也可以对非机动船(驳船、挖泥船、吊杆船等)、漂浮物(浮动船坞、浮动码头、木排等)提供拖航服务。

除了上述核心业务外,大型港口还提供港口设施的租赁维修服务,口岸报关、口岸商检㊁代办服务,货运代理㊂服务,轮船引航㊃服务等。

㊀ 临时集中堆放水运货物的场所叫堆场,位于码头内部的叫内堆场,码头外部的叫外堆场。

㊁ 商检就是商品检验检疫,由国家设立的检验机构或向政府注册的独立机构,对进出口货物的质量、规格、卫生、安全、数量等进行检验、鉴定,并出具证书。这里的检验机构主要指海关。

㊂ 货运代理是指在流通领域专门为货物运输需求和运力供给者提供各种运输服务业务的总称。它们面向全社会服务,是货主和运力供给者之间的桥梁和纽带。

㊃ 引航是指由国家专业引航人员引领船舶安全航行的行为。

图 7.2　海港集装箱码头

现代化港口集团经营范围更加广泛,除了港口主要业务外,还会涉及港口工程、信息化、房地产、物流、贸易加工、文化等其他领域的经营。

7.1.2　港口主要数据

根据港口业务产生对应的业务数据。

码头和其他港口设施可以分为设施基础数据、设备数据、设施养护数据、设施设备维修数据、资产登记及折旧数据、辅助地图数据、BIM 数据等。

港口旅客运输服务数据包括客运航班数据、售票计划数据、售票预订数据、检票上船数据、客船基本信息数据、从业人员基本信息数据、配套服务营业数据、应急管理数据、配套物资数据、物资采购数据、从业人员工资数据等。

港口货运服务数据包括货车预约到港数据、装卸作业调度数据、码头堆场货物数据、船舶基本信息数据、船舶靠岸数据、船舶装卸计划数据、设备调配计划数据、AIS[一]数据、货车进闸数据、货物报关数据、货物检验数据、货物仓储数据、集装箱提箱数据、散货数据、引航作业数据等。

图 7.3 为 hiFleet 平台提供的某一条正在航行的船舶数据,包括 MMSI[二]、船首向/航迹向、IMO[三]、航速、目的港、ETA[四]、类型、吃水、船旗、状态、呼号、纬度、长/宽、经度等。

[一] AIS 是 Automatic Identification System 的缩写,中文翻译为船舶自动识别系统。

[二] MMSI 是 Maritime Mobile Service Identify 的缩写,中文翻译为水上移动通信业务标识码,是船舶无线电通信系统在其无线电信道上发送的,能独特识别各类台站和成组呼叫台站的一列九位数字码。

[三] IMO 是 International Maritime Organization 的缩写,原意应翻译为国际海事组织,直译为船舶代码,是国际海事组织规定的劳氏船舶登记号,IMO 是国际海事组织给船舶的一个注册编号,可以看作国际通用的船舶身份证号。

[四] ETA 是 Estimated Time of Arrival 的缩写,中文翻译为(船舶)预计抵港时间。

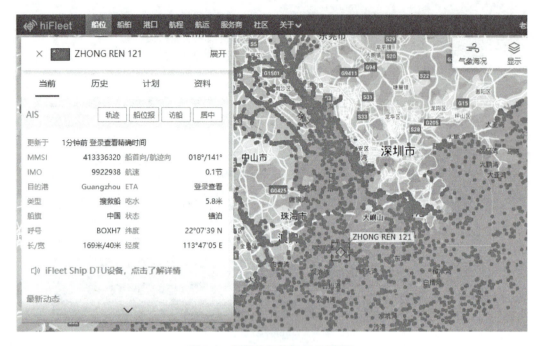

图 7.3　船舶航行数据（见彩插）

港口拖轮经营数据包括拖轮基本信息数据、从业人员基本信息数据、经营许可证数据、拖轮作业数据、拖轮养护数据、拖轮配套物资数据、拖轮维修数据等。

其他数据包括码头气象数据、扬尘数据、污水数据、客服服务咨询数据、货运代理数据等。

7.2　港口主要系统及发展方向

20 世纪 90 年代，国外港口就已经开始利用信息化手段提高港口作业效率。如新加坡港、汉堡港等采用了计算机技术来辅助港口管理工作，又如美国 Navis 公司研发了一种名为 SPARCS 的码头管理系统，用来分配集装箱[100]。

2015 年，新加坡港提出"下一代港口 2030 年（NGP2030）"战略，以应对日益激烈的全球港口竞争。新加坡大士港将创造性地使用智能技术及建造、管理、运营等新技术，采用多套自动化系统，如自动导引车系统、岸桥自动维护系统、码头自动化系统、自动化场地起重机、智能视频分析系统等，以实现码头作业高度自动化、智能化。大士港落成时，还将加入一些新的高科技元素，使用包括自动导引车系统、自动化场地起重机、自动存储与截取系统等，成为真正意义上的全自动化码头。其中，由瑞典电气公司 ABB 制造的自动导引车，将取代现有的集装箱货车，实现真正的无人驾驶运输，采用的智能车队管理和优化系统，能够有效提升码头与货仓之间的运送效率。图 7.4 为新加坡港正在使用的无人驾驶货柜车。另外一项高科技——双悬臂集装箱起重机，分为内悬臂和外悬臂，外悬臂负责将集装箱从船上卸载，再交由内悬臂，将集装箱装放到货车上。自动化场地起重机由摄像头和激光传感器进行精确测量，不需要过多人手，还可以远程进行监控[101]。图 7.5 为新加坡港正在使用的双小车自动化岸桥，用于装卸集装箱。

图7.4　新加坡港无人驾驶货柜车

图7.5　新加坡港双小车自动化岸桥

国内在港口信息化管理研究和使用上与国外几乎同步，招商局集团有限公司1993年为香港集装箱码头设计了"集装箱动态跟踪系统（Container Dynamic Tracking System，CDTS）""堆场集装箱管理系统（Depot Container Managerment System，DCMS）"提升了集装箱码头的作业管理效率[102]。20世纪90年代末，上海港引入并应用集装箱实时管理系统，该系统的使用大大提高了港口工作效率。经过30多年的发展，以信息化为特征的港口现代化管理有了长足的进步，目前国内港口主要业务信息化系统归纳如下。

1. 港口大数据中心平台

随着大数据技术的成熟及港口业务数据的急剧增长，港口数据综合分析及应用需求逐年增长，建设港口大数据中心平台实现数据共享成为近几年的建设和发展趋势。四川的川南港务公司借助大数据、云计算、物联网、5G等先进技术打造了港口一体化运营信息平台，实现了港口管理工作流程信息化、数据标准化、日常工作自动化，实现了港口数据统一管理、统一共享、统一数据分析[103]。天津港通过实施《天津港"智慧港口"建设三年行动计划》（2017—2019年），逐步实现了基于企业专有云的港口云数据中心功能，实现了港口数据整合、集中、统一共享及跨界数据资源融合，为供应链相关方提供统一开放的大数据集成、运营和创新服务平台。

2. 港口作业管理系统

港口作业管理系统根据业务范围的不同，可以分为港口作业船舶调度管理系统、港口集装箱管理系统、港口散货管理系统、港口滚装货管理系统、港口油气石化管理系统、港口拖轮调度系统、客运调度管理系统等。该系统主要功能包括作业调度计划、作业调度记录、作业调度统计分析、作业调度汇总报表等。货运和客运港口作业调度系统差异会比较大，货运调度涉及货船等运输工具的到达计划及货物的装卸计划、货物堆放位置、货物装卸过程、装卸设备的机械效率监控和统计等；客运调度涉及航班计划、客轮值班情况、旅客上船情况、客轮运行状态、旅客流量统计等。

上海港引入的集装箱实时管理系统可以分成三部分：第一部分主要是围绕作业前的数据处理，对船舶规范和集装箱进场资金等加以处理；第二部分是作业中的数据处理，如集装箱数据、船舶配载及堆场管理等；第三部分是作业结束后的数据处理，如集装箱的使用总量、提箱受理等。虽然这些管理体系有着比较好的工作效率，但是在传播的配载及机械设施调度等方面均未实现全自动化，依旧需要人工加以辅助才能完成运作，这是未来发展需要改善的关键[104]。

2020年5月，宁波舟山港股份有限公司自行研发的宁波舟山港集装箱码头生产操作系统（n-TOS⊖）正式上线使用。n-TOS主要包含堆场计划、船舶配载、作业控制、无线终端、远程控制等核心模块，可与智能闸口、智能理货、GIS可视化等系统实现信息交互。

3. 港口物流系统

大型港口往往提供配套物流服务功能，提供到港货物的存储、装卸、再加工、包装、咨询、代理、运输等服务。

大连港充分利用现代物联网、云计算技术对信息进行处理，使信息之间可以相互贯通。大连港把各个其他小港口的基础设施和生产资料数据录入整合，进行智能化处理，并且建立网站可以对港口物联网信息进行查询，然后将实际运用的方法推送到各个核心港区，这样，大窑湾、大连湾、长兴岛、太平湾等几个港区借助集团公司的平台，就拥有了自己的物流业务信息平台和数据中心。大连港的物联网系统不但为员工在实际工作中提供便捷的服务，还为管理者提供更为直观的监督管理功能。

青岛港以港口大宗散货运输业务为依托，创新以配货经纪人为核心、线上线下相结合、差价运输与竞价运输相结合的公路货运组织模式，搭建起有效连接港口、货主、配货站、大型车队及社会车辆各环节的散货物流服务供应链综合服务平台，为港口散货物流服务供应链上的发货人、运输公司及第三方物流企业提供电子配货、物流跟踪、电子支付等多种形式的货运服务，实现青岛港的散货运输车辆全部由平台进行统一调度，全面提高港口散货运输效率，降低港口散货全程物流成本。

4. 港口自动化管理系统[105]

21世纪第二个十年末，随着人工智能、物联网、智联网、卫星定位系统、5G、大数据等新一代先进技术的成熟，以及大型港口日益增长的提升港口作业效率的需要，自动化的无人智能系统开始在各个港口试点应用。

2019年，天津港将港口5G网络（上行带宽100Mbit/s、时延低于20ms）与天津港岸桥

⊖ TOS 是 Terminal Operation System 的缩写，主要指（集装箱）终端操作系统。

设备进行业务对接,从而取代了传统光纤传输方式(时延约 60ms),成功实现岸桥远程操控应用。无人集装箱货车在 5G 网络的保障下,累计行驶超过 20000km,完成 3000 个作业循环,累计运输 4500 箱,是全球首个投入实际作业的港口一体化平面运输系统。通过 5G 网络上传各类视频数据流,并通过 MEC 分流到港口的视频云中心,取代传统 4G 专网传输方式,传输带宽可达 80Mbit/s。按照天津港对于码头的智能化规划,未来还将开展 1 个智能化码头,总需求开展场桥和岸桥超过 200 套、无人车辆超过 100 辆、视频监控摄像头超过 1000 个。

2022 年 11 月,山东济宁能源龙拱港 4 台无人水平运输平板车编队加入港口生产作业,实现了国内第一个内河无人智能水平集装箱运输,如图 7.6 所示。该系统通过激光雷达、毫米波雷达、AI 摄像头,可以实现道路交汇处交通参与对象的深度感知,通过传感器融合感知定位算法,实现了车辆精确定位[106]。

图 7.6 无人水平运输平板车

5. 船舶自动识别系统

船舶自动识别系统(AIS)是国际海事组织航行分委会明确要求 2002 年以后建造的船舶和从 2008 年开始运营的船舶都必须安装的船舶定位跟踪系统。AIS 是指一种应用于船和岸、船和船之间的海事安全与通信的新型助航系统。其常由 VHF○ 通信机、GPS 定位仪、与船载显示器及传感器等相连接的通信控制器组成,能自动交换船位、航速、航向、船名、呼号等重要信息。装在船上的 AIS 在向外发送这些信息的同时,同样接收 VHF 覆盖范围内其他船舶的信息,从而实现了自动应答。此外,作为一种开放式数据传输系统,它可与 ARPA 雷达○、ECDIS○、VTS○等终端设备和 Internet 实现连接,构成海上交管和监视网络,是不用雷达探测也能获得交通信息的有效手段,可以有效减少船舶碰撞事故[107]。

一个典型的 AIS 由两大分系统组成:岸基 AIS 和船用 AIS。岸基 AIS 和船用 AIS 之间进

○ VHF 是 Very High Frequency 的缩写,中文是(海事通信频段中的)甚高频。
○ ARPA 雷达是一种用于电子与通信技术领域的海洋仪器。
○ ECDIS 是 Electronic Chart Display and Information System 的缩写,中文翻译为电子海图显示与信息系统。
○ VTS 是 Vessel Traffic Service 的缩写,中文翻译为船舶交通服务,实指对船舶实施交通管制并提供咨询服务的系统。

行通信服务，岸基 AIS 中心之间可以进行数据交换，方便码头、船舶公司掌握船舶运行状态。

6. 港口客运服务系统

港口客运服务系统早期主要指客船售票系统，为旅客坐船提供售票服务。21 世纪第二个十年后期，随着人工智能、大数据、物联网、智能终端等技术的发展，出现了新一代智能港口客运服务系统，其提供线上线下自助客票预订、自助查询、自助打印客票、自助支付、现场自助刷脸/身份证检票通关、航班排班调度等功能。

2015 年底，宁波舟山港的舟山海星票务平台正式上线使用，大幅提升了旅客服务的质量，提高了作业效率。

2019 年，为了解决琼州海峡存在的"过海慢、过海堵"等实际问题，海口市秀英港、新海港启动部分预约过海系统功能；2021 年 4 月 27 日起，琼州海峡两岸港口推行全面预约出行新模式，旅客过海体验得到大幅度提升，改变了琼州海峡此前无计划出行的局面[108]。

7.3 港口作业调度

为了使港口货运、客运顺利进行，有计划的、科学的作业调度管理成了港口最主要的一项任务。

7.3.1 港口作业调度需求分析

港口特别是大型海港最重要的业务之一是集装箱作业调度，调度核心对象为装卸机力的合理安排，装卸机力包括岸桥、场桥、轮式吊车等，其作业调度类型分为 5 类，如图 7.7 所示。

1. 靠岸船舶-装卸机力调度

集装箱轮到码头后，需要提供两种作业调度服务，一种是通过岸桥等起重设备卸载船上的集装箱，另一种是从码头装载集装箱到船上。因此需要进行靠岸船舶船位计划安排，以确定船舶停靠码头位置和时间，并计划装卸集装箱的内堆场位置，调度对应的岸桥等起重设备和其操作人员，在预定时间、预定地点实现集装箱装卸。

2. 内堆场移箱、翻箱机力调度

有时存放于内堆场的集装箱需要从一个场区平移到另外一个场区，以方便船舶装货、卸货；有时先到的集装箱被后到的集装箱下堆在底层，需要把上面的集装箱移走，才能把底层的集装箱装船，这叫翻箱。这些移箱、翻箱都需要堆场装卸机械的调度作业才能实现。

3. 到港集装箱货车-装卸机力调度

集装箱货车到达港口码头区域后，进行卸载集装箱或者装载集装箱，装卸的集装箱一种是空箱，一种是装货的。鉴于到码头的集装箱货车数量和码头装卸机械的数量不匹配，存在集装箱货车排队等装卸机械的问题，由此，需要根据装卸机械的运转状态，对排队集装箱货车进行调度作业，以实现集装箱货车排队时间最小化、装卸机械工作效率最高化。这里的装卸机械工作效率最高化既要考虑装卸机械之间均衡工作，不能产生一台忙碌另外一台处于长期空闲状态的情况，也要考虑一天不同时段装卸机械工作的均衡性，即尽量避免一段时间太忙一段时间太空闲问题的发生。实质上目前国内外大型港口都存在该问题,这是港口调度研究的重点问题。

4. 内堆场–外堆场机力调度

从船舶卸载到码头内堆场的集装箱属于临时存放,除了部分用集装箱货车等交通工具直接从码头把集装箱运走外,另外一个常见的操作是把内堆场的集装箱通过接驳集装箱货车运送到外堆场,在外堆场进行存储或拆箱等作业。由此,码头需要调度进入内堆场的接驳集装箱货车和堆场装卸设备,把集装箱有序装载并运送到外堆场。同理,外堆场对从其他地方运送过来的需要出港的集装箱,进行存储或拆箱再封装箱,在指定时间通过接驳集装箱货车运送到内堆场指定位置卸载,也需要码头作业调度。

5. 其他机力调度

其他机力调度指海关的检验检疫车辆调度、码头内部维保机力调度等。

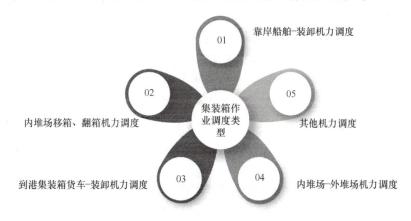

图 7.7 集装箱作业调度类型

由此可见,港口集装箱作业涉及船舶–码头、码头内部、内堆场–外堆场、集装箱货车–码头,甚至船舶–船舶、船舶–铁路、船舶–机场等复杂的作业调度。业务量大增导致的沿港道路大幅拥堵、集装箱货车和船舶长时间排队导致的大气污染、码头装卸作业机械不匹配导致的低效率作业是集装箱作业调度三大问题。

7.3.2 研究进展

港口集装箱调度作业研究可以分为码头装卸机械设备资源分配、集装箱船舶进出港调度、集装箱货车到港排队调度、堆场集装箱堆放策略、作业工具智能化等。

1. 码头装卸机械设备资源分配

AGRA A 等[109]借助有效不等式等建模技术,对离散泊位分配与岸桥指派问题模型进行了改进,并使用 Branch and Cut 对大规模实例进行了求解。

张勇[110]在对船舶到港时间不确定特征进行分析的基础上,分别构建了泊位和岸桥分配计划的鲁棒性优化模型和调度调整模型。

HE J 等[111]以最小化作业延迟和不确定性因素导致的额外损失为目标,研究了堆场任务规模和时间不确定条件下的场桥作业调度问题,并使用遗传算法对问题进行了求解。

2. 集装箱船舶进出港调度

钟平[112]以广州港出海航道为研究对象，分析其船舶进出港调度现状，针对双向航道通航模式转换、需要提前分配拖轮资源、广州港与东莞港公共航道的特点，设计了两种船舶进出港规则，即效率优先规则与大船优先规则，建立了港口航行系统仿真模型。然后选取航道利用率、航道空间利用率、通过航道船舶艘次、通过航道船舶总吨位、船舶等待时间等指标，对港口现有调度规则、效率优先规则与大船优先规则进行比较分析，并结合港区公平性，得出大船优先规则优于其余规则。

3. 集装箱货车到港排队调度

张雨[113]以港口集装箱货车、装卸设备调度为研究对象，在传统蚁群算法的基础上，改进了状态转移规则，结合邻域搜索算法，并与分布式多 Agent 系统结合，构建出了一种分布式的蚁群算法，对港口作业调度进行模拟优化，验证了该算法的速度和精度都能很好地满足实时调度问题的需求。

腾藤[114]提出采用结合深度置信网络（DBN）和向量机（SVM）的模型预测以周为周期的集装箱货车到港量，通过对锦州港、天津港的数据进行训练，证明了该预测模型的有效性及适用性。该研究侧重对历史数据的预测分析，对调度人员具有一定的历史依据参考价值，但是在实际调度作业及集装箱货车行为引导方面缺少相关研究和实践。

4. 堆场集装箱堆放策略

祝慧灵等人[115]以最小化倒箱数量为目标，对集装箱码头中常用的三种倒箱策略进行了对比分析。

WU L 等人[116]研究了岸桥和场桥配置方案协同优化问题，实验结果表明，对二者进行协同优化有助于进一步缩短船舶在港停留时间，提高作业效率。

HE J 等人[117]研究了堆存需求不确定条件下的弹性堆存位置分配问题。该作者考虑了不同场景下进口集装箱的数量波动，建立了以最小化堆存位置短缺风险为目标的随机规划模型，并设计了粒子群算法对问题进行求解。

5. 作业工具智能化

BOYSEN N 等人[118]从布局、作业要求和作业目标三个维度对当前自动化码头中，堆场单场桥模式下的堆存与取箱系统进行了总结与分类。

LU H 等人[119]考虑了堆场设备间的作业干扰，以最小化完工时间和最小化设备等待时间为目标，提出了基于图理论的自动化集装箱码头堆场中的双自动堆垛机协同调度模型，并使用粒子群算法对问题进行了求解。

王盼龙等人[120]详细分析了集装箱从堆场出发，依次经过场桥、自动引导车（Automated Guided Vehicle，AGV）⊖、岸桥门架小车、中转平台、岸桥主小车后到达船上这一过程中多层设备联合作业时的各种状况及运作规则，构建了装船任务的时空流动图。分别使用自适应遗传算法、禁忌搜索算法、模拟退火算法求解出场桥、AGV、双小车岸桥的多层设备联合调度方案。将各算法求解的调度方案在 plant – simulation 仿真场景中实施并对比，得出自适应遗传算法所求结果及运行时间均优于后两种算法。

⊖ AGV 指装备有电磁或光学等自动导航装置，能够沿规定的导航路径行驶，具有安全保护及各种移载功能的运输车。

上述研究主要集中于码头内部调度作业的研究，而缺少对码头外面的集装箱货车调度的系统研究和应用实践。然而码头外面的集装箱货车到港规律会严重影响港口作业调度计划和效率。

7.3.3 码头外部主要影响因素分析

对于港口作业调度效率的研究，在真实的港口集装箱作业环境下，除了码头内部各种影响因素外，还需要考虑码头外部的因素，图7.8为码头外部主要影响作业调度因素。

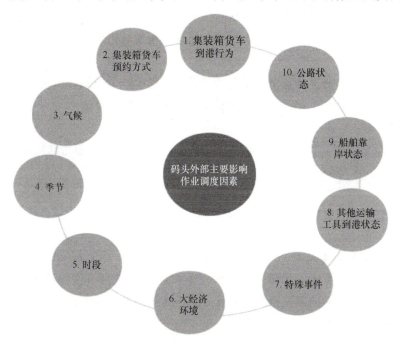

图7.8 码头外部主要影响作业调度因素

1. 集装箱货车到港行为

对于港口作业调度员来说，在没有采取任何措施的情况下，集装箱货车到港的时间是不确定的，有上午到的，下午到的，今天到的，明天到的，行驶中途取消的……集装箱货车到港行为的随机性，会导致港口作业调度的不确定性。比如大量的集装箱货车集中在一天下午2h到港，将会导致港口大拥堵，集装箱货车排起长队，港口装卸机力大为紧张，处于超负荷运作状态；又如早上集装箱货车来得很少，会导致港口装卸机力、人力大幅空闲，人员及机力成本浪费严重，这种不确定性的作业潮汐现象会严重影响港口的调度作业效率，降低港口的服务质量水平，产生负面社会、经济效益，这是急需解决的问题。

2. 集装箱货车预约方式

在集装箱货车经常在港口发生拥堵的情况下，20世纪末，加拿大温哥华港，美国旧金山港、长滩港等陆续采用了集装箱货车预约，可以有效地减少集装箱货车在港口空载作业时间，减少集装箱货车排碳和对环境的污染，增加码头作业经济效益[121]。天津港于2010年试点手工电话、邮箱预约处理，2011年上线网上预约集港系统，并取得了良好的经济效益和社会效益[122]。随着国内经济快速发展，进出港业务量进一步急剧上升，港口资源日趋紧张,集装箱货车预约方式逐渐出现新的问题,存在集装箱货车运输公司一次多预约,预约后部分集装箱货车弃约,码头不同集装箱公司之间预约互不沟通等问题,导致预约效率大打折扣。

3. 气候

气候对港口作业调度会产生明显的影响,如南方的台风天气、北方的暴雪,将导致港口作业停止;春夏季节海港容易起雾,特别是浓雾将会影响港口调度作业。

4. 季节

季节变化也会影响港口作业,如节日前一个月,国内节日相关产品的集装箱运输量将会明显增多;根据国内外的统计,第三季度是全球集装箱航运市场的传统旺季。

5. 时段

一天内不同时段,港口集装箱的作业调度也存在高峰、低谷期。以天津港为例,一般下午 2:00—4:00 为调度作业高峰期,也是集装箱货车大量到港时段。

6. 大经济环境

港口集装箱贸易直接受国内外大经济环境影响,如 2022 年受通货膨胀和地缘政治影响,全球集装箱运输需求减弱,第三季度并未出现传统的旺季景象。

7. 特殊事件

特殊事件指孤立的突发的事件,如港口停电、机械故障等突发事故导致港口作业调度受影响。

8. 其他运输工具到港状态

在多式联运等政策影响下,国内一些大型港口出现了港口-铁路联运、港口-港口联运、港口-机场联运等新的集装箱到港运输方式,这些新的运输方式导致港口作业调度进一步复杂化[123]。

9. 船舶靠岸状态

船舶什么时候靠岸、停泊什么码头、如何排队靠岸,这些都将对码头调度作业产生直接影响,这方面国内外已经有大量的研究。

10. 公路状态

连接港口的公路状态的变化,将对港口作业产生很明显的影响。如公路因天气原因封路、公路施工导致通行受阻、节假日导致市区道路拥堵等。

7.3.4 基于云缓冲区设计思路

以天津港为例,在集装箱货车占运输为主流的情况下,集装箱货车到港规律研究显得尤为重要。然而受集装箱货车数据的限制,以往集装箱货车行为规律研究往往基于港口内或历史到港数据。

天津港进入 21 世纪第二个十年后,建设了面向全港的港口云大数据中心,积累了港口几十个业务系统的数据和其他相关数据,采用大数据、云计算、人工智能、卫星定位、5G 等新一代技术,使研发基于港口大数据的更加强大的调度系统成为可能。

利用集装箱货车自带的卫星定位系统产生的数据,可以准确预知即将到港口的集装箱货车数量,为港口装卸机械机力做提早预分配。

利用集装箱货车驾驶人预约到港数据，为码头堆场计划提供调度依据；在集装箱货车进入码头闸口后，引导集装箱货车到指定码头堆场作业区进行作业安排。

利用集装箱货车到港及作业历史大数据，进行深度学习算法预测，为装卸机械保养、调度，预约调度计划调整提供参考依据。

利用码头作业数据，对码头不同作业场地进行监控，在页面实时显示出各个场地当前的作业车辆数。

利用 Flink、MongoDB、Kafka 等大数据技术，结合 GIS、云计算技术等，实现在线实时虚拟化电子缓冲区集装箱货车到港预测，并做到 15min、30min、60min 分级实时预测。

7.3.5 三级云缓冲区模型及实现

在地图上划定合理的三级"云缓冲区"，展示基于云缓冲区的电子围栏区、临港拥堵区、码头缓冲区拥堵情况，进一步优化压缩缓冲区到码头堆场的调度时间。将货车预测到港数据与码头作业设备从 2h 一调度安排改为近实时调度安排。

利用历史数据和实时数据建立动态电子围栏，实现集/疏港货车的精确识别和数量的动态统计；实现进入围栏区车辆信息动态统计、进入临港拥堵区车辆信息服务提醒。动态生成以天津港为中心的 15min、30min、60min 三级围栏边界，并可以由调度员对电子围栏进行参数设置。

将 GPS 采集的车辆位置信息结合分配的任务，根据车辆运输方向和作业类型，分析作业量和作业类型、车辆轨迹，展示车辆在作业场所的密集程度及作业类型。通过大数据分析，预测未来一段时间内可能到达的集装箱货车数量，为网页端提供接口，实现集装箱货车到达可视化；为码头提前预知作业高峰提供技术支持，方便码头提前进行资源配置，同时为驾驶人提供最佳到港时间段选择。

云缓冲区智能作业调度平台的基于三级电子围栏实时预测集装箱货车数量界面如图 7.9 所示。

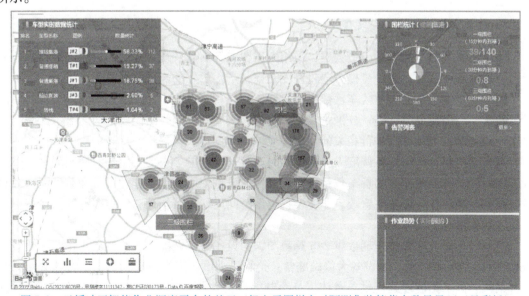

图 7.9　云缓冲区智能作业调度平台的基于三级电子围栏实时预测集装箱货车数量界面（见彩插）

7.3.6 云缓冲区调度模型及实现

在实时采集集装箱货车的卫星定位数据的基础上，结合港口装卸机械调度作业数据、进出港闸口记录数据、三级电子围栏集装箱货车预测到港数据，通过大数据技术实时计算，就可以精准地得到作业区场地监控、调度模型。

图 7.10 为天津港码头公司码头作业区里 A、B、C、D、E、N 不同场地的监控、调度界面，界面显示了一级、二级、三级电子围栏集装箱货车预测到达数量，码头 TQM 缓冲区集装箱货车排队数量，以及每个分区作业饱和状态（正常、忙碌、拥堵）。该界面为港口调度人员提供了直观、实时、精准的集装箱货车装卸情况，为调度人员判断、优化机械调度提供了直观的数据依据。

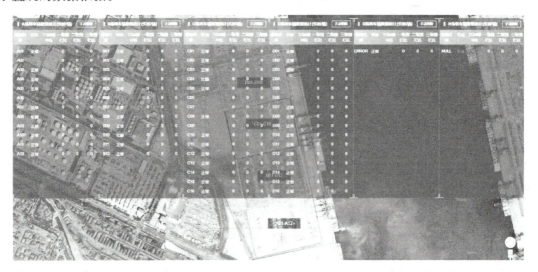

图 7.10　天津港码头公司码头作业区不同场地的监控、调度界面（见彩插）

7.3.7 作业趋势分析模型及实现

通过集装箱货车的海量历史数据，采用人工智能等预测及统计算法，可以为港口作业调度趋势提供各种参考，进一步提升港口调度效率，产生更好的经济效益。

模型可以展示码头作业区车辆数量趋势图。具体内容为对作业区的车辆进行数量统计，绘制的作业趋势图分为三类，分别是实际、最佳、警戒，按照时间段以折线图显示出来。通过作业趋势图，不仅可以进行相关的预测，也可以为调度人员提供一定帮助。

该模型主要为码头设备调度人员提供实时调度安排功能。根据一定的时间间隔进行进入电子围栏区、进入缓冲区的货车数量预测；对作业设备使用数量、作业设备卸载周期、卸载周期服务车辆、作业设备空置数、作业设备启用时间周期进行统计；设定缓冲区拥堵指标及作业区拥堵指标。

绘制码头作业区卸载车辆数量 24h 趋势图，为设备检修做准备；绘制码头作业区卸载车辆数量月 +24h 趋势图，为设备大修做准备；绘制码头作业区卸载车辆数量年月趋势图，为设备采购、码头拓展规划提供参考依据；绘制综合拥堵指数趋势图（电子围栏区、临港拥堵区、缓冲区、作业区），为日常业务协商提供指导依据；绘制港口卸货效率指数趋势图，对调度效果进行评估。

根据不同船舶的航线航次及时间范围分析集/疏港车辆信息，如图 7.11 所示。

图 7.11　集/疏港车辆信息数据分析（见彩插）

7.3.8　作业机力兑现率分析模型及实现

集装箱码头机械利用效率又称机力兑现率，对衡量港口机械作业效率和码头作业管理效率有评估和参考作用。

各航线每个时间段（2h）机力兑现率的计算如下：一是预约机力兑现率，预约机力兑现率 = 实际机力配额释放数（=实际预约数 − 未完成作业数）/实际预约数；二是实际机力兑现率，实际机力兑现率 = 实际机力配额释放数（=实际到港作业数 − 未完成作业数）/实际到港作业数。码头公司可根据机力兑现率适当调整机力配额释放数量。

图 7.12 为根据航线分析机力兑现率信息，纵轴的值越接近 1，说明机力兑现率越高。

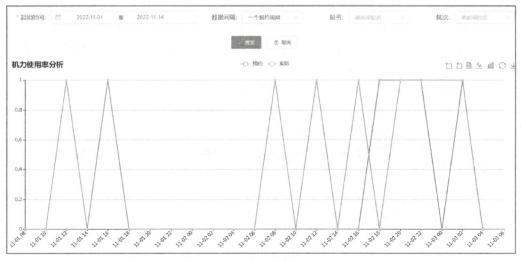

图 7.12　机力兑现率信息分析（见彩插）

7.4 集装箱货车到港预约

集装箱货车到港行为是影响码头作业调度的一个重要因素，主要分为无序到港和有序到港两种行为。无序到港是指各集装箱货车在不同时间段自然到港，没有预先与港口约定到港时间段；有序到港是指各集装箱货车在不同时间段按照约定计划到港。

7.4.1 集装箱货车到港预约需求分析

港口运输规模达到一定程度后，集装箱调度作业工作会变得日趋复杂，码头内因素和码头外因素的联合干扰，经常导致集装箱货车到港拥堵、装卸机械使用效率不高、尾气集中排放等问题。集装箱货车无序到港给港口作业带来了很大压力，于是一些国际大港，如加拿大的温哥华港、美国的长滩港、洛杉矶港、国内的天津港、宁波港等，提出了集装箱货车提早到港预约方法，希望通过集装箱货车与港口提早约定到港时间段，有序引导集装箱货车到港行为，改善港口作业状况。其主要需求为：

1) 集装箱货车在出发去港口前，与港口提早预约到港时间。港口通过船舶到港计划、码头堆场集装箱堆放计划等，确定不同集装箱货车的到港时间段，非预约时间段的集装箱货车提早到港无法进入码头作业，这样人为把不同集装箱货车到港时间做了时段划分，以期减少集装箱货车集中到港产生的大量拥堵问题。

2) 到港预约方式智能化。早期要求通过电话、电子邮箱进行预约，随着信息化技术的发展，出现了计算机 Web 系统预约、手机 App 及微信小程序预约等新功能预约方式。

3) 预约到港验证。接受预约的集装箱货车到达港口进入闸口，验证预约信息，接收码头作业调度安排；未预约的集装箱货车进入码头临时缓冲区或出码头作业区，要求预约排队。

上述预约需求是传统预约模式下的应用场景，推广初期有效减轻了港口作业压力，取得了经济、社会效益的提升。随着系统的使用，新的问题逐步产生，不断积累，并开始形成新的港口拥堵问题：

1) 随着进出港业务量的增大，码头作业可调度的机械资源日趋紧张，集装箱货车企业预约行为出现异常，如一次多预约集装箱货车到港数量，过度占用预约计划资源，导致其他集装箱货车无法正常预约。

2) 不按时履行预约计划问题凸显。有些集装箱货车驾驶人临时改变出行计划，随意取消预约计划，而且在没有强制要求或没有很好的计划改变操作渠道的情况下，无法对该行为进行约束，导致港口作业调度计划频繁被打乱。

3) 部分港口外堆场集装箱货车到码头内堆场依旧存在无预约、无计划调度问题，是码头调度作业的一大难题。

4) 一个港口不同码头之间的作业调度预约计划互不沟通，存在预约时间段互相重叠、集装箱货车集中到港的问题。

5) 部分港口的预约系统本身存在功能落后、无法适应港口作业新需求的问题。

上述新旧问题及产生的需求，需要通过系统研究和实践应用，进行进一步解决。

7.4.2 研究进展

为了防止货车无序、大量集中到港而导致港口长时间拥堵、码头作业资源极度紧张、集中尾气排放污染等问题；或防止部分时段没有货车到港而导致码头作业人员、装卸机械空耗问题，实现货车有序到港，国内外相关港口陆续对到港预约问题进行研究和实践。

2006 年，由 MORAIS、PLORD 等人编写的《终端预约制度研究》报告，总结了自 20 世纪末期开始的早期港口预约机制。最初大多采用电话、传真、电子邮箱作为预约工具，但是该机制在实际使用过程效果不是很理想；后续出现了数据库、Web 等相关的网上预约系统，预约进入实用化，并取得了很好的效果[124]。

2011 年，我国天津东方海陆集装箱码头开始实施预约集港机制。天津东方海陆集装箱码头港口吞吐量不断提高，但发现码头器械工作效率不高，集装箱到港过多时器械又难以满足装卸需求，在集装箱货车大量到达港口时产生了集装箱货车到港的高峰时段，码头严重拥堵；在集装箱货车到港的低谷时段器械空闲，人在岗却无事可做，造成了人力和物力的浪费。因此，码头开始采用预约集港的模式对送箱集装箱货车进行预约，码头根据预约情况提前对人力和物力进行妥善安排。自实施预约集港机制以后，效果显著，大大减少了集装箱货车在码头的平均排队等待时间，解决了港口拥堵的问题。

随着天津东方海陆集装箱码头预约集港机制的成功实施，我国部分港口也开始效仿，2015 年，有多家码头也采用了预约集港模式对送箱集装箱货车进行预约，其中唐山港京唐港区结合当前的科技发展，提出了全新的手机预约模式；天津港太平洋国际集装箱码头有限公司和天津港欧亚国际集装箱码头有限公司受东方海陆集装箱码头影响，也采用了此种模式以期改变集港模式。

针对失约问题，范苗苗提出了两阶段处理失约问题的模型，第一阶段采用按照船舶进行集港预约的模式，考虑船舶的到港时间和装箱量，通过德尔菲法设定每艘船舶的集港时间窗，利用非平稳排队模型和排队网络理论构建送箱集装箱货车预约模型，并用遗传算法求得最优预约方案，即初始调度方案。第二阶段在预约集装箱货车存在失约的情况下，采用重预约调度策略，对失约集装箱货车进行再预约，每一预约时段结束，发布后续时段的重预约份额，不断更新初始调度方案，并借助遗传算法求解[125]。该失约解决方案的提出，为完善集装箱货车到港预约系统提供了参考。

2022 年，孙世超等人基于盐田港港口进出闸口数据驱动建立集装箱货车预约配额优化设计模型，并验证了模型的泛化性和实用性，该模型可以作为各个码头优化集装箱货车预约份额设置的参考依据[126]。

上述研究肯定了采用信息化技术提早预约集港解决港口拥堵问题的方法。同时，针对失约、港口预约配额的优化提供了参考建议。

7.4.3 基于大数据的预约模型设计方法

早期的预约系统功能单一，考虑影响因素单一，只能通过设置简单的码头作业计划，采用定期开放预约的方式确定到港集装箱货车的时间安排，存在预约集装箱货车失约、各码头之间集中时间段预约、外堆场缺失预约机制、无法灵活应对突发事件等问题，给码头作业调度计划造成了严重干扰。

在港口作业调度资源无法扩充前提下，上述问题的产生一方面是因为预约系统预约机制的不完善，另一方面是因为缺少更加有效的解决技术，如缺失大数据的综合运用。数据的缺失导致码头之间调度计划无法沟通和统一规划预约时间段；数据的缺失导致外堆场集装箱货车到码头内堆场缺少均衡的调度机制，外堆场集装箱货车的行为处于无序状态；数据的缺失导致集装箱货车公司可以随意失约，无法对集装箱货车公司的失约行为进行量化评估；数据的缺失导致预约系统的使用缺少对部分集装箱货车驾驶人的吸引力；数据的缺失导致港口因气象异常、船舶靠岸异常、码头突发事件等而影响作业调度计划，使集装箱货车驾驶人无法第一时间获取最新的作业调度计划；数据缺失也会导致码头无法很好为计划改变的驾驶人提供后续服务解决方法，如无法提供临时停车场可停车的有效信息。港口基于多因素的大数据无法融合和统一使用也是港口预约研究的一项重大难题，只能通过仿真、模型预估等方式进行有限验证或提供简易的预约服务功能。

随着大数据技术的成熟，天津港、宁波舟山港、上海港、深圳港、青岛港等陆续建立港口大数据中心，港口业务系统数据无法互通的问题得到了有效解决，通过大数据分析和服务，为集装箱货车驾驶人提供智能、综合、功能丰富的手机端预约系统逐渐成为可能。

智能的基于大数据的集装箱货车到港预约模型如图 7.13 所示。

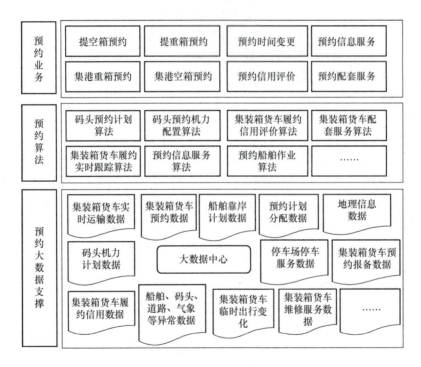

图 7.13　基于大数据的集装箱货车到港预约模型

1）预约业务部分提供了集装箱货车去码头提空箱、提重箱的预约要求，提供了集港空箱、重箱去码头卸载预约要求；当集装箱货车在预约履约过程发生车辆故障、道路封路、驾驶人个人变故等问题时，允许临时在线申请预约时间变更；当码头发生大雾台风等恶劣天气、船舶靠岸计划调整、公路封路等情况时，允许临时调整预约计划，并能及时通知预约集装箱货车驾驶人；当集装箱货车没有任何原因出现失约行为后，必须要有相应的约束机制，这可以是港口集装箱货车的履约信用评价，对于守信的集装箱货车予以调度排队等优惠措施，对应经常失约的予以排队等惩罚措施。考虑集装箱货车到港存在提早到的问题，友好的到港预约系统可以提供港口周围的临时停车、住宿、车辆维修等配套信息服务，提升平台对集装箱货车驾驶人的吸引力。

2）预约算法需要根据码头作业的最优成本开销、码头的最大作业承载能力、装卸任务的履约时间范围约定要求，为最佳预约计划提供算法结果，并能根据实时进展情况，提供自适应优化计算结果。

3）预约大数据支撑是一种全新的、全方位、实时解决集装箱货车预约问题的模型解决思路。通过大数据中心及大数据、人工智能等技术，把涉及集装箱货车、船舶、码头、码头周围的所有业务系统数据进行统一对接和数据融合，以保证以大数据为基础的预约算法能实现和实时计算。

大数据在统计学上具有全样本的特征，在没有全样本数据的情况下，很多集装箱货车预约研究只能解决局部问题。基于港口大数据的研究，关键在于大数据中心平台的建设，有了港口业务的大数据，解决集装箱货车到港预约问题将真正成为可能。

2022年11月，宁波舟山港的易港通App的相关集装箱货车预约功能已经初具图7.13模型的应用特征。

习题及实验

1. 习题

（1）填空题

1）根据《中华人民共和国港口法》，港口业务包括港口规划、建设、维护、（　　）、管理及其相关活动。

2）港口经营包括码头和其他港口设施的经营，港口（　　）运输服务经营，在港区内从事货物的装卸、驳运、仓储的经营和港口拖轮经营等。

3）2019年，全球首个投入实际作业的港口一体化平面运输系统在（　　）运行。

4）为了使港口货运、客运顺利进行，有计划的、科学的（　　）管理成了港口最主要的一项任务。

5）港口集装箱作业涉及船舶-码头、（　　）、内堆场-外堆场、集装箱货车-码头，甚至船舶-船舶、船舶-铁路、船舶-机场等复杂的作业调度。

（2）判断题

1）航道是船舶用来停泊，为旅客提供上下船、货物进行装卸的建筑物。（　　）

2）船舶自动识别系统，简称AIS，也是国际海事组织强制推荐的船舶跟踪定位系统。（　　）

3）2022年11月，山东济宁能源龙拱港4台无人水平运输平板车编队加入港口生产作业，实现了国内第一个内河无人智能水平集装箱运输。（　　）

4）业务量大增导致的沿港道路大幅拥堵、集卡和船舶长时间排队导致的大气污染、码头装卸作业机械不匹配导致的低效率作业是集装箱作业调度三大问题。（　　）

5）对于港口作业调度效率的研究，在真实的港口集装箱作业环境下，除了码头内部各种影响因素外，还需要考虑码头外部的因素。（　　）

2. 实验

收集材料，分析 10 种以上影响港口作业效率的因素。

实验要求：

1）收集原始材料，要求说明材料来源、时间、收集人、所发生港口，并附在调查分析报告后面。

2）分析每种影响港口作业效率因素的产生过程、影响范围及相关研究对策。

3）写出影响港口作业效率因素的调查分析报告。

第 8 章 交通大数据发展展望

随着新一代信息技术的迅猛发展、大数据的不断积累、交通行业应用的深入、国家政策的引导,以交通大数据为基础的交通行业新基建发展日趋加速。

2022 年 12 月 15 日,国家发展改革委发布《"十四五"扩大内需战略实施方案》,明确要求系统布局新型基础设施,加快运用 5G、人工智能、大数据等技术对交通、水利、能源、市政等传统基础设施的数字化改造。

8.1 运输行业新业态发展

根据交通运输部、人民银行、国家发展改革委、公安部、市场监管总局、银保监会关于印发《交通运输新业态用户资金管理办法(试行)》的通知(交运规〔2019〕5号),交通运输新业态是指以互联网等信息技术为依托构建服务平台,通过服务模式、技术、管理上的创新,整合供需信息,从事交通运输服务的经营活动,包括网络预约出租汽车、汽车分时租赁和互联网租赁自行车等。上述新业态主要指向网约出租车、网约汽车分时租赁、互联网租赁自行车这三大类交通工具的新型运行模式。

根据《网络预约出租汽车经营服务管理暂行办法》,网约车(Online Car‐hailing)即网络预约出租汽车经营服务的简称,是指以互联网技术为依托构建服务平台,接入符合条件的车辆和驾驶人,通过整合供需信息,提供非巡游的预约出租汽车服务的经营活动。出租车分为网约车和巡游出租车两大类。巡游出租车仍然属于招手即停的传统出租车行业,网约车属于新业态服务方式。2010 年,北京东方车云信息技术有限公司的易到用车(网约车平台)在北京正式运行,是全球最早的网约车平台之一。其主要技术特征是通过无线互联网技术实现客户手机端预约用车,通过卫星定位轨迹信息跟踪行驶路线,通过智能手机端支付功能实现在线支付,上述数据都是实时传输实时存储,网约车平台由此积累了海量数据。目前国内比较有名的网约车平台还包括滴滴出行、首汽共享汽车、曹操出行、神州专车、滴答出行、美团打车等。

网约汽车分时租赁(Online Car‐rent)即汽车租赁公司为网上预约租赁用户提供车辆,预约租赁成功,用户在规定时间段自行开车消费,消费结束把租赁汽车归还给租赁公司。2006 年 1 月,一嗨租车成为我国首家实现全程电子商务化管理的汽车租赁企业。目前比较有名的网约汽车租赁公司包括 2015 年 8 月成立的首汽共享汽车、2016 年 5 月成立的环球车享旗下的 EVCARD、2016 年 7 月成立的联动云等。

互联网租赁自行车(Shared‐bikes)简称共享单车,又称公共自行车,用户通过智能手机扫描自行车上的二维码解锁,骑行自行车到目的地,然后通过智能手机支付,自行车自动上锁。其采用了无线互联网、卫星定位系统、二维码开锁上锁等技术。随着共享单车的大量使用，共享单车服务平台积累了海量单车骑行数据。共享单车概念起源于20世纪60年代中期，欧洲荷兰采用原始不上锁的方式免费共享自行车，虽然尝试失败，却是人类历史上有记录、有组织的共享单车的开始。2007年8月，北京市率先进行公共自行车投放，是我国共享单车的开始。早期的共享单车只能采用固定桩管理消费，主体由政府主导投放。2015年，随着互联网技术的进步，共享单车采用了无桩基于互联网管理的投放方式，并得到了大规模推广使用。国内知名的共享单车企业有早期的摩拜、ofo，后来的美团单车、青桔单车、哈啰、永安行等。

随着智能技术的成熟和技术的创新发展，新的交通运输业态处于持续不断发展状态，如网络货运、无人机物流配送、无人驾驶出租车等的出现。

如果网约车是针对乘客自助预约服务的，则网络货运是针对城市自助预约货车短途拉货服务的，国内最早的网络货运平台是传化易货嘀，2016年在杭州获颁第一张道路运输经营许可证。国内知名的网络货运平台包括货拉拉、货车帮、快狗打车、运满满等。

无人机物流配送是一种新型的物流配送方式，其速度快，可以节约人力成本，随着无人技术的成熟，此方式逐渐受到了国内外相关企业的重视。2013年9月，顺丰快速作为国内最早获得正式审批的企业在广东东莞进行了无人机配送货物测试，并实现业务落地。2019年，美团在深圳开展无人机外卖配送试点。2022年9月，中国民用航空局为深圳市、石家庄市、太原市、重庆市两江新区等第二批民用无人驾驶航空试验区正式授牌。

无人驾驶出租车是基于自动驾驶技术提供出租服务的车辆。2021年1月28日，阿里巴巴投资的无人驾驶技术公司 Auto X 运营的全无人驾驶出租车（Robtaxi）正式面向公众开放试乘，拉开了我国无人驾驶出租车商业化序幕。国内其他知名的无人驾驶技术公司包括百度、滴滴、小马和文远知行等。

除了上述已经深入应用或即将应用的新业态运输工具外，国内外部分超前技术也在不断研究验证，如真空管道运输、星际运输等。

这些新业态都有一些共同特点：新技术的突破和成熟，促使交通行业出现新的运输方式，为人们出行和物流配送提供了更大方便。这些技术运用的背后，都需要以大数据为支撑，值得读者持续关注和深入研究。

8.2 数据深入融合应用发展

交通领域大数据、人工智能、5G、卫星定位等新一代技术的应用，促进了交通数据的大规模积累和深入应用。

1. 数据深入融合要求业务应用有创新点，能解决实际问题

早期的大数据应用有一个经典故事，就是"啤酒和尿布"的故事。全球零售业巨头沃尔玛超市发现，男性顾客在购买婴儿尿布时，常常会顺带买一些啤酒来犒劳自己。于是在超市里把啤酒和尿布放在一起促销。事后通过大数据分析，这个促销方式很成功，啤酒和尿布销售量都大幅增加。

从这个故事可以得出，"大数据＋业务创新"是大数据成功应用的前提。然而能研究这方面的人，要求既懂数据分析又懂业务特点，还得具有敏锐的创新意识，才能产生成功应用的火花。

在交通领域通过数据深入融合应用，更好地解决问题，是政府管理者、行业专家、科研专家等近几年逐步达成的共识。2021 年 12 月，交通运输部发布了《数字交通"十四五"发展规划》○，明确指出"按照加快建设交通强国要求，大力推进交通新型基础设施建设，统筹交通基础设施与信息基础设施融合发展，通过先进信息技术赋能，推动交通基础设施全要素、全周期数字化，建设现代化高质量国家综合立体交通网，促进交通运输提效能、扩功能、增动能"。

成都派尔城市郑城博士研发的国内领先的"（出租车）驾驶人小秘书 APP"，基于实时出租车大数据，结合城市地理信息、机场航班信息、火车站信息等，采用人工智能算法，为驾驶人提供实时的打车订单推荐信息，大幅提升了驾驶人接单率，体现了数据融合应用的强大生命力。图 8.1 为采用大数据融合分析思路的（出租车）驾驶人小秘书 APP 应用界面。

2. 数据深入融合要求跨业务、跨领域、跨地域数据的结合

城市的拥堵原因涉及教育（是否开学季）、节假日、气象、重要活动、旅游区、道路维修、突发交通事故等，由此涉及教育、交通、公安、旅游、城市管理、气象等各个行业各个部门及公众（手机或汽车等）产生的数据。

交通碳排放研究涉及公交、地铁、铁路、民航、船舶、共享单车、出租车、货车、私家车等产生的数据。

智慧物流涉及公路、铁路、水路、民航、邮政、管道等不同交通工具的多式联运要求，并涉及不同城市、不同省市、不同国家的运输对接要求，也会涉及物流始发地、目的地的 OD 分析及产品变化规律分析。

上述列举的三种应用场景是典型的跨行业、跨领域、跨地域大数据融合应用场景，是最近国内外研究和应用的一个热点。

图 8.1　（出租车）驾驶人小秘书 APP 应用界面

2022 年，成都派尔城市推出了城市公共交通碳排放的大数据展示和策略模拟平台，图 8.2 为基于地铁、公交车、巡游车、网约车、私家车、共享单车 6 种城市出行模式的碳排放因子及相关的关键指标分析界面。

3. 数据深入融合要求相关算法能匹配，需要持续研究

基于大数据的相关算法需要考虑算力问题、数据存储问题、特定求解问题的持续技术突破。

（1）算力问题　在实际工程中会碰到，如大屏数据实时分析和展示时，会产生卡顿问

○　《数字交通"十四五"发展规划》由本书作者顾民臣老师牵头编写。

题,这背后涉及硬件性能、边缘计算、基于内存的实时计算技术、数据存储技术、算法本身的先进技术等的综合运用解决。

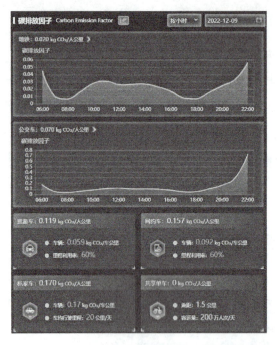

图 8.2　基于大数据融合的碳排放因子及相关的关键指标分析界面

(2) 数据存储问题　在大数据背景下,采用分布式数据库技术成了必然选择,但是现有分布式数据技术存在技术结构复杂、运维部署复杂等问题,技术本身对数据使用和分析带来了挑战,需要培养专业大数据分析人员加以解决。另外基于关系型的分布式大数据存储及分析方法、分析功能仍需要研究突破,目前市面上的基于关系型的大数据分析工具缺少统一、标准化、可以大规模推广的公认技术。

(3) 特定求解问题　指交通某一应用领域的数据分析技术需要继续突破。如在交通图像识别领域,近几年 AI 图像识别技术整体日趋成熟,对道路逆行、违章停车、行人闯高速公路、道路抛洒物、车辆事故等识别率大幅提升,具备实用条件,但是在一些细分识别领域仍需要持续研究。

2022 年 10 月 23 日,在 CCF YOCSEF[⊖]于天津举办的"视频监控技术在智慧大交通中的应用难点"技术论坛上,天津大学胡清华教授所做的"动态开放环境机器视觉新挑战"报告指出"动态开放环境的视觉数据具有类别多、数据细、小样本、长尾分布、数据变化广、噪声大等特性,同时容易受到外界环境的干扰",此问题需要通过新的算法加以解决。

8.3　高级分布式数据中心发展

以数据具备统一归集、共享、大数据级别存储的政务数据中心为例,国内经过十多年发

⊖　CCF YOCSEF 是中国计算机学会青年计算机科技论坛的英文简称。

展,在省市级行政范围,数据中心已经具有如下三种典型分布设计模式。

1. 行业数据中心群模式

图 8.3 是一个省级行政区域在建设数据中心过程中最容易产生的分布设计模式,省级行业主管部门根据各自的行业特点,自行建设行业数据中心,如公安局建设公安数据中心、交通厅(委)建设交通数据中心,自成行业体系,主体实现行业内部数据统一和共享打通。该模式的优缺点如下:

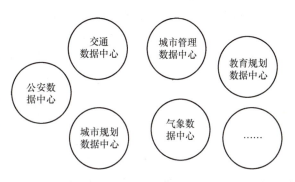

图 8.3　行业数据中心群模式

1)行业人士建设行业内的数据中心,业务和数据紧密结合,有利于发挥行业人员的积极性,有利于与其他省市的行业数据中心、对口行业上级部门的数据中心之间的数据交流;由于数据在行业体系内流动,数据确权相对容易。

2)存在部分弱势行业主管部门,无法或不适宜建立独立的行业数据中心。

3)以行业部门为主的数据中心建设,对于财政资金紧张的部分省份存在建设及运维资金压力。

4)随着大数据的横向交流,各行业部门之间的数据交流将日趋复杂。

2. 主大脑模式

一个省市只建设一个统一的城市大脑数据中心,其他行业主管部门不单独建设独立的大数据中心,如图 8.4 所示。

主大脑模式存在以下优缺点:

1)优点:数据集中存放、统一管理,在硬件、场地建设上能节约资金;具备数据中心人员集中办公的条件;具备统一规划行政区域信息化建设的条件;具备数据集中分析利用和研究优势。

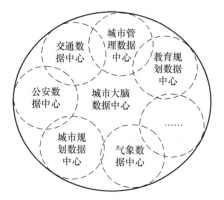

图 8.4　主大脑模式

2)缺点:需要主大脑中心具有超强的业务统领权力,各个业务主管部门能服从统管,存在业务整合管理风险;适合一个中小规模的县级或地区级行政规模的城市使用,不适合省级城市使用,否则将产生人员管理、业务分离、地域沟通、数据管理复杂化等风险;统一主大脑模式对于繁荣当地的 IT 市场也存在弊端,不利于 IT 企业之间的竞争;数据集中存放存在更大的安全隐患,需要建立异地灾备中心;存在数据确权使用的极大困难,存在行业部门之间互相制约的问题。

3. 主-子数据中心群模式

主-子数据中心群模式如图 8.5 所示,该模式吸收了前两种模式的优点,发挥了各主管部门的行业优势、主动性优势,保证了行业体系内数据的统一共享,数据确权相对容易;同时针对一个行政区域不同部门之间的数据共享,统一由城市数据中心进行协调服务。

主数据中心可以理解为城市精干、轻量化的数据桥梁中心,为各个行业部门之间数据交换提供统一的技术支持，并具备建立整个城市统一数据标准、统一数据目录服务的条件；对于基础性、全局性数据，如公共地理基础数据具备统一建设、统一共享的条件；对于数据质量、数据安全、数据研究、数据交易等，具备统一监管的条件；具备行业数据中心重要数据异地灾备的条件。

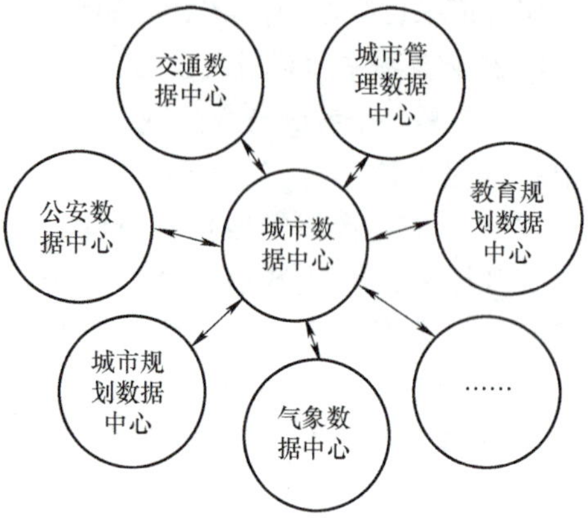

8.4 数据安全、确权及交易发展

大数据建设和使用必然会遇到数据安全问题、数据归属及使用确权问题、数据交易问题。

图 8.5 主-子数据中心群模式

1. 数据安全问题

近十年国内外数据安全问题层出不穷，危害性很大。

2021 年 4 月，Facebook 来自 106 个国家的 5.33 亿注册用户数据泄露，泄露内容包括账户名、位置、生日及电子邮件地址等数据。黑客通过 Facebook 的一个用户账户，使用 Telegram 机器人爬取了该系统的用户数据。

2022 年 1 月，印度尼西亚的国家中央银行遭 Conti 勒索软件袭击，内部网络十余个系统感染勒索病毒，网络勒索团伙称，已窃取超过 13GB 的内部文件。

2022 年 2 月 8 日，某科技公司涉嫌侵犯公民个人信息罪，被判处罚金人民币 4000 万元，是目前国内在此类案件中最重的处罚。该公司组建专门爬虫技术团队，在未取得求职者和平台直接授权的情况下，秘密爬取国内主流招聘平台上的求职者简历数据，获取 2.1 亿余条个人信息。

国内外都对数据安全问题十分重视，以国内为例，发布了一系列法律法规，强化了对数据的安全管理。

2021 年 9 月 1 日，《中华人民共和国数据安全法》发布，是我国第一部有关数据安全的专门法律。

2021 年 11 月 1 日，《中华人民共和国个人信息保护法》发布，是我国第一部保护个人信息的法律。

2022 年 9 月 1 日，《数据出境安全评估办法》发布，对数据出境安全管理要求进行了明确规定。

2. 数据归属及使用确权问题

数据的来源主要是政府部门、企业、个人。企业、个人产生的数据在归属权和使用权上比较容易界定，只要企业、个人授权就可以使用数据；而政府部门内部产生的数据比较复杂，有政府+企业、政府+个人联合产生的数据，有政府不同部门之间产生的数据，而且目前阶段法律没有明确政府部门数据的可交易性，为政府数据流畅使用带来了困扰。

国内交通领域数据主要产生自政府部门，对于政府部门数据归属及确权，现阶段属于法律模糊的状态。由于数据归属及确权模糊，本着谨慎的、利益保护原则，绝大多数政府部门不太乐意共享数据，最主流的数据共享局限于政府部门之间，政府与企业、政府与个人之间的数据共享交流亟须从法律及制度上进行突破。

3. 数据交易问题

数据交易是把数据当作一种资产，具有价格属性，可以通过交易产生价值，为交易双方带去新的利益点。国内借鉴石油交易所模式，把数据看作新的基础资源，通过建立专业数据交易所进行数据交易。贵阳大数据交易所成立于2014年12月，是我国乃至全球第一家大数据交易所。2022年12月，上海市气象局数据产品在上海数据交易所完成挂牌，是政府数据资源交易的重大突破。整体来看，数据交易仍然处于探索阶段，在法律法规、行业制度、政府数据交易等方面需要大力完善。

习题及实验

1. 习题

（1）填空题

1) 目前，交通行业新业态主要指向（　　　　），网约汽车分时租赁、互联网租赁自行车这三大类交通工具的新型运行模式。

2) 如果网约车是针对乘客自助预约服务的，则（　　　　）是针对城市自助预约货车短途拉货服务的。

3) 在交通领域通过数据深入（　　）应用，更好地解决问题，是政府管理者、行业专家、科研专家等近几年逐步达成的共识。

4) 能研究数据深入融合应用的人，要求既懂数据分析又懂业务特点，还得具有敏锐的（　　　　），才能产生成功应用的火花。

5) 大数据建设和使用必然会遇到数据（　　）问题、数据归属及使用确权问题、数据交易问题。

（2）判断题

1) 出租车分为网约车和巡游出租两大类，巡游出租车不提供网约打车服务。（　　）

2) 这些新业态都有一些共同特点：新技术的突破和成熟，促使交通行业出现新的运输方式，为人们出行和物流配送提供了更大方便。（　　）

3) 一个省市只建设一个统一的城市大脑数据中心，其他行业主管部门不单独建设独立的大数据中心是行业数据中心群模式。（　　）

4) 行业数据中心群模式具备数据交换共享条件，不存在数据交换问题。（　　）

5)《中华人民共和国数据安全法》《中华人民共和国个人信息保护法》《数据出境安全评估办法》都对数据安全做了明确要求。（　　）

2. 实验

调查真空管道运输、星际运输的最新研究进展情况。

实验要求：

1) 收集国内外最新研究进展资料，至少各1份。

2) 分析其运输特点及需要解决的问题，分析至少各3个问题。

3) 形成实验报告。

附录 Appendix

配套代码清单

章节	案例名称	代码文件	说明
4.1.1	交通拥堵热力图示例代码	traffic_congestion_heat_map.html	基于百度地图实现交通拥堵热力图
4.1.2	OD 迁徙图示例代码	OD_migration_map.py	调用百度 pyecharts 中的 Geo 类来建立 OD 分析示意图
4.1.4	核密度估计模型示例代码	kernel_density_estimation_univariate.py kernel_density_estimation_multivariate.py	单变量核密度模型和多变量核密度模型
4.2.1	线性回归预测分析示例代码	traffic_forecast_Linear.py	使用线性回归预测地铁流量
4.2.2	K 最近邻算法预测分析示例代码	U11KNN.py	使用 KNN 算法对小蝌蚪和小鲫鱼进行分类
4.2.3	贝叶斯网络预测分析示例代码	traffic_forecast_Bayesian.py	使用贝叶斯网络预测出租车行程是在白天还是晚上
4.2.4	多层感知机预测分析示例代码	traffic_forecast_MLP.py	使用多层感知机预测出租车行程车费
4.2.5	支持向量机预测分析示例代码	traffic_forecast_SVR.py	使用支持向量机预测未来车流量
4.2.6	深度神经网络预测分析示例代码	traffic_forecast_LSTM.py	使用深度神经网络预测未来车流量

上述代码可以通过本书提供的 QQ 群获取。

参 考 文 献

[1] TURING A M. Computing machinery and intelligence [J/OL]. USA. University of Maryland Baltimore County Computer Science and Electrical Engineering Department, 1950, 59 (236): 433 – 460 [2006 – 09 – 06]. https://www.csee.umbc.edu/courses/471/papers/turing.pdf.

[2] 乔杜里, 阿彭, 戴伊, 等. 智能交通系统数据分析 [M]. 马晓磊, 于海洋, 译. 北京: 机械工业出版社, 2021: 1 – 5.

[3] 曲大义. 智能交通系统及其技术应用 [M]. 北京: 机械工业出版社, 2022.

[4] 胡永举, 黄芳. 交通港站与枢纽设计 [M]. 2 版. 北京: 人民交通出版社, 2020.

[5] 中国民用航空局. 民用机场飞行区技术标准: MH 5001—2021 [S]. 北京: 中国民航出版社, 2021.

[6] 周晓. 真空管道运输高速列车空气阻力数值仿真 [D]. 成都: 西南交通大学, 2008.

[7] 王绍周. 管道运输工程 [M]. 北京: 机械工业出版社, 2004.

[8] 国家市场监督管理总局, 国家标准化管理委员会. 物流术语: GB/T 18354—2021 [S]. 北京: 中国标准出版社, 2021.

[9] 国家技术监督局. 常用危险化学品的分类及标志: GB 13690—2009 [S]. 北京: 中国标准出版社, 1993.

[10] 刘瑜, 安义, 王晓智. NoSQL 数据库入门与实践: 基于 MongoDB、Redis [M]. 2 版. 北京: 中国水利水电出版社, 2023.

[11] 马英杰. 交通大数据的发展现状与思路 [J]. 道路交通与安全, 2014, 14 (4): 56 – 59.

[12] 施巍松, 孙辉, 槽杰, 等. 边缘计算: 万物互联时代新型计算模型 [J]. 计算机研究与发展, 2017, 54 (5): 907 – 921.

[13] 华一新, 张毅, 成毅, 等. 地理信息系统原理 [M]. 2 版. 北京: 科学出版社, 2020.

[14] 赵冠伟, 周涛, 谢鸿宇, 等. 基于 SuperMap 的 GIS 开发实验教程 [M]. 武汉: 中国地质大学出版社, 2019.

[15] 派普勒. 基于 ArcGIS 的 Python 编程秘笈 [M]. 牟乃夏, 张灵先, 张恒才, 译. 2 版. 北京: 人民邮电出版社, 2017.

[16] 杨小凡. TCP/IP 相关协议及其应用 [J]. 通讯世界, 2019, 26 (1): 27 – 28.

[17] 蔡皖东. HTTP 协议的传输机制与超文本链的研究 [J]. 微电子学与计算机, 1997, 14 (4): 48 – 51.

[18] 张宝玉. 浅析 HTTPS 协议的原理及应用 [J]. 网络安全技术与应用, 2016 (7): 36 – 37, 39.

[19] 黄世全. FTP 协议分析和安全研究 [J]. 微计算机信息, 2008 (6): 93 – 94, 264.

[20] 刘瑜. Python 编程从零基础到项目实战 [M]. 北京: 中国水利水电出版社, 2021.

[21] 刘瑜. Python 编程从数据分析到机器学习实践 [M]. 北京: 中国水利水电出版社, 2020.

[22] 刘瑜, 萧文翰, 董树南. Go 语言从入门到项目实战 [M]. 北京: 电子工业出版社, 2022.

[23] 胡小强. 虚拟现实技术与应用实践 [M]. 北京: 北京邮电大学出版社, 2021.

[24] 张雄, 叶榛, 朱纪洪, 等. 基于虚拟现实的无人驾驶飞机仿真训练系统 [J]. 系统仿真学报, 2002, 14 (8): 1022 – 1025.

[25] 于勇, 范胜廷, 彭关伟, 等. 数字孪生模型在产品构型管理中应用探讨 [J]. 航空制造技术, 2017 (7): 41 – 45.

[26] 乔杜里, 阿彭, 戴伊, 等. 智能交通系统数据分析 [M]. 马晓磊, 于海洋, 译. 北京: 机械工业出版社, 2021: 56 – 65.

[27] 宋福琳. 浅谈大数据生命周期 [J]. 现代经济信息, 2020 (11): 159 – 161.

[28] 刘瑜, 安义. Python Django Web 从入门到项目开发实战 [M]. 北京: 电子工业出版社, 2021.

[29] 王爱国, 许佳秋. NoSQL 数据库原理与应用 [M]. 北京: 人民邮电出版社, 2019.

[30] 马晓军, 张春节. 云南省交通运输行业数据中心管理平台建设思路 [J]. 数字技术与应用, 2013 (6): 153 – 154.

[31] 曹德胜. 智慧中国地理空间智能体系研究报告（2013）[M]. 北京：社会科学文献出版社，2014.

[32] INMON W H. 数据仓库（原书第4版）[M]. 王志海，译. 北京：机械工业出版社，2019.

[33] INMON B. Building the Data Lakehouse [M]. Westfield：Technics Publications，2021.

[34] 顾君忠，杨静. 英汉多媒体技术简明词典 [M]. 上海：上海交通大学出版社，2016.

[35] 张阳，胡月，陈德旺，等. 基于GCN-BiLSTM的短时交通流预测模型[J/OL]. 武汉理工大学学报（交通科学与工程版）：1-9 [2023-04-17]. http：//kns. cnki. net/kcms/detail/42. 1824. U. 20220923. 1352. 044. html.

[36] 李海丰，景攀，韩红阳. 基于可变形卷积与特征融合的机场道面裂缝检测算法 [J]. 南京航空航天大学学报，2021，53（6）：981-988.

[37] LIA D, MEIB H, SHEN Y, et al. ECharts：A declarative framework for rapid construction of web-based visualization [J]. Visual Informatics, 2018, 2（2）：136-146.

[38] 交通运输部公路局. 公路工程技术标准：JTG B01—2014 [S]. 北京：人民交通出版社，2015.

[39] KIM H T, SONG B. Vehicle recognition based on radar and vision sensor fusion for automatic emergency braking [C] //13th International Conference on Control, Automation and Systems (ICCAS). New York：IEEE, 2014：1342-1346.

[40] MO C, LI Y, LING Z, et al. Obstacles detection based on millimetre-wave radar and image fusion techniques [C] //LET International Conference on Intelligent & Connected Vehicles. [S. l.：s. n.], 2017：1-7.

[41] CHADWICK S, MADDERN W, NEWMAN P. Distant vehicle detection using radar and vision [C] //International Conference on Robotics and Automation. [S. l.：s. n.], 2019：8311-8317.

[42] LEKIC V, BABIC Z. Automotive radar and camera fusion using Generative Adversarial Networks [J]. Computer Vision and Image Understanding, 2019, 184：1-8.

[43] JOHN V, MITA S. RVNet：Deep sensor fusion of monocular camera and radar for image-based obstacle detection in challenging environments [C] //Pacific-Rim Symposium on Image and Video Technology. Berlin：Springer, 2019.

[44] AZIZ K, et al. Radar-camera fusion for road target classification [C] //IEEE Radar Conference. New York：IEEE, 2020.

[45] BAGI S, MOSHIRI B, GARAKANI H G, et al. Blind spot detection system in vehicles using fusion of radar detections and camera verification [J]. International Journal of Intelligent Transportation Systems Research, 2021, 19（2）：389-404.

[46] XIAO W, XU L, SUN H, et al. Bionic vision inspired on-road obstacle detection and tracking using radar and visual information [C] //IEEE International Conference on Intelligent Transportation Systems. New York：IEEE, 2014.

[47] BILLAH T, RAHMAN S M M, AHMAD M O, et al. Recognizing distractions for assistive driving by tracking body parts [J]. IEEE Transactions on Circuits & Systems for Video Technology, 2019, 29（4）：1048-1062.

[48] MARTIN M, ROITBERG A, HAURILET M, et al. Drive&Act：A multi-modal dataset for fine-grained driver behavior recognition in autonomous vehicles [C] //Proceedings of the IEEE international conference on computer vision. New York：IEEE, 2019.

[49] JEGHAM I, KHALIFA A B, ALOUANI I, et al. A novel public dataset for multimodal multiview and multi-spectral driver distraction analysis：3MDAD [J]. Signal Processing：Image Communication, 2020, 88：115960.

[50] 熊群芳，林军，岳伟，等. 基于深度学习的驾驶人打电话行为检测方法 [J]. 控制与信息技术，2019（6）：53-56, 62.

[51] 田文洪，曾柯铭，莫中勤，等. 基于卷积神经网络的驾驶人不安全行为识别 [J]. 电子科技大学学报，2019, 48（3）：381-387.

[52] 褚晶辉，张姗，汤文豪，等. 基于导师-学生网络的驾驶行为识别方法 [J]. 激光与光电子学进展，2020, 57（6）：211-218.

［53］KIM J H，JANG W D，PARK Y，et al. Temporally x real–time video dehazing［C］//Image Processing（ICIP），2012 19th IEEE International Conference on Inc. IEEE. New York：IEEE，2012.

［54］阮雅端. 高速路网视频信息支撑系统构建及其关键算法研究［D］. 南京：南京大学，2014.

［55］LI B，PENG X，WANG Z，et al. End–to–End united video dehazing and detection［J］. arXiv，2017，9（1）：1–8.

［56］KAMIJO S，MATSUSHITA Y，LKEUCHI K，et al. Traffic monitoring and accident detection at intersections［J］. IEEE Trans Its，2000，1（2）：108–118.

［57］DONG H，JIA L，SUN X，et al. Road traffic flow prediction with a time–oriented ARIMA model［C］//International Joint Conference on Inc. IEEE. New York：IEEE，2009.

［58］GUO J H，HUANG W，WILLIAMS B M. Adaptive Kalman filter approach for stochastic short–term traffic flow rate prediction and uncertainty quantifica–tion［J］. Transportation Research Part C，2014，43（2）：50–64.

［59］WANG S Y，ZHAO，SHAO C F，et al. Truck traffic flow prediction based on LSTM and GRU methods with sampled GPS data［J］. IEEE Access，2020，8：208158–208169.

［60］曾宪堂，孙昊. 高速公路短时交通流预测方法对比分析［J］. 公路，2022，67（2）：366–370.

［61］刘群，杨濯丞，蔡蕾. 基于ETC门架数据的高速公路短时交通流预测［J］. 公路交通科技，2022，39（4）：123–130.

［62］胡勇. 基于人工神经网络的高速公路短时交通流混合预测方法研究［D］. 南昌：华东交通大学，2020.

［63］张龄允，韩莹，张凯，等. 基于深度学习的短时交通流预测模型［J］. 计算机与现代化，2022（7）：54–60.

［64］宋旭东，任梦雪. 基于组合模型的短时交通流预测［J］. 计算机仿真，2015（7），156–160，406.

［65］中国民用航空局. 民用运输机场信息集成系统技术规范：MH/T 5103—2020［S］. 北京：中国民航出版社，2020.

［66］刘芳，夏桂锁，温志辉，等. 飞机蒙皮缺陷检测的现状与展望［J］. 航空制造技术，2021，64（Z2）：39–50.

［67］JOVANČEVIĆ，I GOR，PHAM，et al. 3D point cloud analysis for detection and characterization of defects on airplane exterior surface［J］. Journal of Nondestructive Evaluation，2017，36（4）：1–17.

［68］OH X，et al. Initialization of autonomous aircraft visual inspection systems via CNN–based camera pose estimation［C］//2021 IEEE International Conference on Robotics and Automation（ICRA）. New York：IEEE，2021.

［69］李喜柱，陈智超，汪顺利，等. 基于机器视觉技术的飞机绕机外观检查方法研究［J］. 民用飞机设计与研究，2021（2）：18–24.

［70］ALMADHOUN R，TAHA T，DIAS J，et al. Coverage path planning for complex structures inspection usingunmanned aerial vehicle（UAV）［C］//In Proceedings of the International Conference on Intelligent Robotics and Applications. Berlin：Springer，2019：243–266.

［71］SILBERBERG P，LEISHMAN R C. Aircraft Inspection by Multirotor UAV Using Coverage Path Planning［C］//2021 International Conference on Unmanned Aircraft Systems（ICUAS）. New York：IEEE，2021.

［72］TAPPE M，DOSE D，ALPEN M，et al. Autonomous surface inspection of airplanes with unmanned aerial systems［C］//2021 7th International Conference on Automation，Robotics and Applications（ICARA）. New York：IEEE，2021.

［73］PUGLIESE R，KONRAD T，ABEL D. LiDAR–aided relative and absolute localization for automated UAV–based inspection of aircraft fuselages［C］//2021 IEEE International Conference on Multisensor Fusion and Integration for Intelligent Systems（MFI）. New York：IEEE，2021.

［74］BLOKHINOV Y B，GORBACHEV V A，NIKITIN A D，et al. Technology for the visual inspection of aircraft surfaces using programmable unmanned aerial vehicles［J］. Journal of Computer and Systems Sciences International，2019，58（6）：960–968.

[75] CAZZATO D, OLIVARES – MENDEZ M A, SANCHEZ – LOPEZ J L, et al. Vision – based aircraft pose estimation for UAVs autonomous inspection without fiducial markers [C] //IECON 2019 – 45th Annual Conference of the IEEE Industrial Electronics Society. New York：IEEE, 2019.

[76] HE B, HUANG B, LIN Y, et al. Intelligent unmanned aerial vehicle (UAV) system for aircraft surface inspection [C] //2020 7th International Forum on Electrical Engineering and Automation (IFEEA). New York：IEEE, 2020.

[77] RUIQIAN L, JUAN X, HONGFU Z. Automated surface defects acquisition system of civil aircraft based on unmanned aerial vehicles [C] //2020 IEEE 2nd International Conference on Civil Aviation Safety and Information Technology. New York：IEEE, 2020.

[78] SHANG J, SATTAR T, CHEN S, et al. Design of a climbing robot for inspecting aircraft wings and fuselage [J]. Industrial Robot, 2007, 34 (6): 495 – 502.

[79] SHENG W, CHEN H, XI N. Navigating a miniature crawler robot for engineered structure inspection [J]. IEEE Transactions on Automation Science & Engineering, 2008, 5 (2): 368 – 373.

[80] 邢志伟, 高庆吉, 党长河. 飞机蒙皮检查机器人系统研究 [J]. 机器人, 2007 (5): 474 – 478, 484.

[81] 牛国臣, 胡丹丹, 王漫. 飞机蒙皮缺陷检查机器人系统设计 [J]. 机床与液压, 2012, 040 (3): 87 – 90, 114.

[82] 诸葛晶昌, 曾昭鹏, 徐鋆, 等. 飞机蒙皮检测爬壁机器人结构设计与运动分析 [J]. 机械科学与技术, 2021, 40 (4): 641 – 648.

[83] 谢勇. 双框架飞机蒙皮检测机器人气动系统控制研究 [D]. 南京：南京航空航天大学, 2017.

[84] 古嘉樾. 飞机蒙皮检测机器人吸附力自调节控制研究 [D]. 南京：南京航空航天大学, 2018.

[85] 姜俊俊. 飞机蒙皮检测机器人动力学控制与实验研究 [D]. 南京：南京航空航天大学, 2019.

[86] 胡中华. 基于智能优化算法的无人机航迹规划若干关键技术研究 [D]. 南京：南京航空航天大学, 2011.

[87] 谈政. 面向飞机绕检的旋翼无人机协同方法研究 [D]. 天津：中国民航大学, 2020.

[88] 董竞萱. 基于无人机航拍的大型飞机表面缺陷检测技术 [D]. 南京：南京航空航天大学, 2021.

[89] SIMONYAN K, ZISSERMAN A. Very deep convolutional networks for large – scale image recognition [J]. Computer Science, 2014 (9): 1 – 14.

[90] SZEGEDY C, LIU W, JIA Y, et al. Going deeper with convolutions [C] //Proceedings of the IEEE conference on computer vision and pattern recognition. New York：IEEE, 2015.

[91] KAIMING H, Zhang X Y. Deep residual learning for image recognition [C] //In Proceedings of the IEEE conference on computer vision and pattern recognition. New York：IEEE, 2016: 770 – 778.

[92] GIRSHICK R, DONAHUE J, DARRELL T, et al. Rich feature hierarchies for accurate object detection and semantic segmentation [C] //Proceedings of the IEEE conference on computer vision and pattern recognition. New York：IEEE, 2014.

[93] GIRSHICK R. Fast R – CNN [C] //Proceedings of the IEEE international conference on computer vision. New York：IEEE, 2015.

[94] REN S, HE K, GIRSHICK R, et al. Faster R – CNN: Towards real – time object detection with region proposal networks [J]. IEEE Transactions on Pattern Analysis and Machine Intelligence, 2017, 39 (6): 1137 – 1149.

[95] HE K, GKIOXARI G, Dollár P, et al. Mask R – CNN [C] //Proceedings of the IEEE international conference on computer vision. New York：IEEE, 2017: 2961 – 2969.

[96] REDMON J, DIVVALA S, GIRSHICK R, et al. You Only Look Once: Unified, real – time object detection [J]. CVPR2016, 2016 (5): 1 – 10.

[97] LIU W, ANGUELOV D, ERHAN D, et al. Ssd: Single shot multibox detector [C] //European Conference on Computer Vision. Switzerland：Springer, 2016.

[98] 陈济达. 面向机场飞行区无人机异物探测研究 [D]. 南京：南京航空航天大学, 2020.

[99] 李海丰, 赵碧帆, 侯谨毅, 等. 基于自适应双阈值的地下目标自动检测算法 [J]. 计算机应用,

2021，42（4）：1275-1283．

[100] 李洋，解庆功．港口数字化智能化体系建设探究［J］．中国设备工程，2020（10）：20-21．

[101] 罗本成．从新加坡港看全球智慧港口的发展趋势［J］．中国港口，2020（11）：5-9．

[102] 邓长林．堆场集装箱管理系统 DCMS 的设计与实现［J］．交通与计算机，1993（5），9-12．

[103] 扎西美朵．川南港口群数字赋能一体化运营［N］．中国交通报，2022-06-23（2）．

[104] 李洋，解庆功．港口数字化智能化体系建设探究［J］．中国设备工程，2020（20）：20-21．

[105] 何凯，高场，靳冰祎．港口自动化生产中的5G应用［J］．中国科技信息，2022（8）：136-138．

[106] 济宁新闻．全国内河港口首个！济宁能源龙拱港实现无人水平运输常态化［EB/OL］．（2022-12-10）［2023-01-20］．http：//baijiahao．baidu．com/s？id=1751779398858445100&wfr=spider&for=pc．

[107] 辞典编辑委员会．交通大辞典［M］．上海：上海交通大学出版社，2005．

[108] 中国交通新闻网．以我坚守 护你安畅［N］．中国交通报，2022-01-25（5）．

[109] AGRA A, OLIVEIRA M. MIP approaches for the integrated berth allocation and quay crane assignment and scheduling problem［J］. European Journal of Operational Research, 2018, 264（1）：138-148．

[110] 张勇．船舶到港时间不确定下的泊位-岸桥分配优化研究［D］．大连：大连理工大学，2019．

[111] HE J, TAN C, ZHANG Y. Yard crane scheduling problem in a container terminal considering risk caused by uncertainty［J］. Advanced Engineering Informatics, 2019, 39：14-24．

[112] 钟玤．考虑拖轮资源约束的广州港出海航道船舶调度仿真研究［D］．广州：华南理工大学，2021．

[113] 张雨．港口作业调度的分布式多 Agent 优化方法研究［D］．大连：大连理工大学，2017．

[114] 腾藤．集装箱码头外部集卡到港量预测模型［D］．大连：大连海事大学，2017．

[115] 祝慧灵，计明军，郭文文，等．基于配载计划的集装箱提箱顺序和倒箱策略优化［J］．交通运输系统工程与信息，2016，16（2）：195-203．

[116] WU L, WANG S. Joint deployment of quay cranes and yard cranes in container terminals at a tactical level［J］. Transportation Research Record, 2018, 2672（9）：35-46．

[117] HE J, TAN C. Modelling a resilient yard template under storage demand fluctuations in a container terminal［J］. Engineering Optimization, 2019, 51（9）1547-1566．

[118] BOYSEN N, STEPHAN S K. A survey on single crane scheduling in automated storage/retrieval systems［J］. European Journal of Operational Research, 2016, 254（3）：691-704．

[119] LU H, WANG S. A study on multi-ASC scheduling method of automated container terminals based on graph theory［J］. Computers & Industrial Engineering, 2019, 129：404-416．

[120] 王盼龙，梁承姬，王钰．自动化集装箱码头多层设备调度及仿真分析［J］．计算机工程与应用，2022，（11）：1-18．

[121] 许好天．集装箱码头外部集卡预约与场桥资源配置协同优化［D］．大连：大连海事大学，2019．

[122] 吴达，冉祥辰．集装箱预约集港的探索与实践［J］．港口经济，2012（3）：5-9．

[123] 闫柏丞．海铁联运港口铁路作业区集装箱列车装卸作业组织优化［D］．北京：北京交通大学，2020．

[124] MORAIS, PLORD, et al. Terminal appointment system study［R］. Ottawa：Transport Canada, 2006．

[125] 范苗苗．考虑失约的送箱集卡预约优化研究［D］．大连：大连海事大学，2019．

[126] 孙世超，董曜，郑勇．一种数据驱动的港口外集卡预约配额设计方法［J］．大连海事大学学报，2022，48（3）：39-45．

后 记

大数据技术落地始于 2008 年雅虎的 Hadoop 分布系统的上线正式使用,它解决了 TB 级别 10 亿条的网页数据存储及检索问题。得益于互联网的高度发达,大数据技术的研发和应用在国内外几乎处于同步状态。

进入 21 世纪第二个十年中期,国内大数据平台开始进入成熟实用状态,大数据在数量上的定义也提升到了 PB 级别。本书的作者都有幸经历了此次发展期,并在交通大数据领域取得了阶段性的成果。

本书最大的优势是集国内智能交通领域顶尖的研究或实践团队的成果,为读者提供最新的智能交通相关知识。

交通运输部的顾明臣老师作为交通运输部信息领域的专家,陆续参与了国内一些全局性交通信息化项目或课题的规划、设计、研究工作,在国内智能交通建设及发展方面具有全局性的优势,为本书整体定位提供了方向。

天津智能交通的周卫峰老师团队作为交通工程领域资深专家,从行业角度对本书进行了策划和指导,并提供了交通大数据中心平台建设的丰富经验。

上海电科的赵怀柏老师、周伟健老师团队作为智能交通领域工程实践专家,为本书提供了最新实战项目信息。

中国民航大学的李海丰老师团队为民航领域大数据、人工智能应用的发展提供了最新研究成果。

河北工业大学的薛桂香、天津商业大学的宋建材老师作为人工智能专家,从大数据、人工智能算法角度对本书进行了深入把关。

天津智能交通的刘瑜老师发挥了系列 IT 专著作者的优势,为本书的质量提供了保障。

成都派尔郑城博士、北京 TOCC 毛力增博士、中国联通张晓虹老师、天津港李岩老师及戴晓炜老师、舟山港的江峰老师、南大通用的许沛老师、王辉研究生、陈宇昂研究生都为本书提供了相关的最新图片、资料。

得益于上述专家成员的团队协助支持,本书的写作才能圆满完成,实现了 $1+1>2$ 的写作效果。期望通过本书的出版,为智能交通的发展提供有益参考。

编 者